外交学院
2017年科学周论文集

主　编　秦亚青
副主编　夏莉萍

世界知识出版社

图书在版编目(CIP)数据

外交学院2017年科学周论文集 / 秦亚青主编. —北京：世界知识出版社，2018. 12

ISBN 978-7-5012-5903-8

Ⅰ.①外… Ⅱ.①秦… Ⅲ.①社会科学—文集 Ⅳ.①C53

中国版本图书馆CIP数据核字（2018）第270374号

责任编辑 袁路明

责任出版 赵 玥

责任校对 陈可望

封面设计 田 林

书 名 **外交学院2017年科学周论文集**

Waijiao Xueyuan 2017 Nian Kexuezhou Lunwenji

主 编 秦亚青

副 主 编 夏莉萍

出版发行 世界知识出版社

地址邮编 北京市东城区干面胡同51号（100010）

网 址 www.ishizhi.cn

电 话 010-65265923（发行） 010-85119023（邮购）

经 销 新华书店

印 刷 北京虎彩文化传播有限公司

开本印张 850×1168毫米 1/32 9⅝印张

字 数 280千字

版次印次 2018年12月第一版 2018年12月第一次印刷

标准书号 ISBN 978-7-5012-5903-8

定 价 48.00元

本书获中央高校基本科研业务费专项资金资助

目　录

（按作者姓名拼音首字母排序）

一、外交与国际关系

二、国际经济与国际法

三、语言与文化

四、教学管理与人才培养

五、图书馆学

美国国际研究协会（ISA）历史溯源

——一个跨学科协同创新的管理案例①

国际关系研究所硕士研究生　吕蕙伊
中国外交理论研究中心　郦　莉

与代表学科前沿的国际学术共同体围绕一系列研究问题和创新观点开展学术交流活动，累积学术网络资源，是推动高校国际化、构建世界一流学科和学科理论与实践协同创新的重要举措之一。诞生于1958年的美国国际研究协会（The International Studies Association, ISA），至今已成立60年，是国际问题研究领域历史最悠久的全球性学术共同体之一，致力于为会员提供观点呈现与思想交流的平台和机会，搭建学术合作的桥梁。作为国际社会科学理事会（The International Social Science Council, ISSC）成员，享有联合国非政府咨询地位，拥有来自学界、决策界和与实践领域的独立注册会员7000多名。

纵观ISA的发展历程可以发现，其成立源自西方学者对国际问题研究的美国中心主义对现实世界的解释力不足而产生的新思考，具有独特的全球视野。自20世纪60年代中期以来，其注册会员以

① 本文是2018年度北京市哲学社科基金青年项目《“一带一路”背景下北京建设国际组织（机构）驻地研究》（项目编号：18ZGC009）的阶段性成果。

每年100—200人的速度增长，会员的知识背景跨学科特色浓厚，涵盖政治学、外交史、地理学、心理学、数学生物学、新闻学、社会学等，有亚太、加拿大、拉美和南亚四个跨国分会，美国国内则设有中西部、东北部、南部和西海岸四个国内分会，① 研究方向既有相对宏观的全球发展、比较跨学科研究、和平研究、科技与艺术、理论研究等，也有偏重学科和课程建设的外交学、外交政策分析、国际关系史、国际传媒、国际法、国际组织、国际政治经济学、国际政治社会学、国际安全、国际伦理、政治人口与地理学、英国学派、教学方法论等，同时关注与全球治理议题相关的环境研究、全球健康、种族、民族主义与移民研究、女性主义与性别、国际关系教育等，并设有发展中国家、在线媒介等新近成立的研讨会。② 通过组织每年的全国和地方分会年会，ISA吸引着来自四面八方的各国学者。

近年来，随着发展中国家的国际地位不断提升，在会员以提交论文、小型研讨或圆桌会议的方式形成的ISA议题中，对于中国问题的关注度逐年提升。积极参与以ISA为代表的国际学术交流平台，对于提升学科建设水平、中国学派的发展以及提升中国学界的话语权，都有重要的现实价值和学术意义。鉴于此，国际关系、外交学和相关学科的教研人员和有志于从事研究工作的学生，有必要对以个人会员制运行的ISA进行更为深入细致的了解。

① International Studies Association, “ISA Regions” , https://www.isanet.org/ISA/Regions, 2018-01-14.

② International Studies Association,“ISA’s Sections”, https://www.isanet.org/ISA/Sections, 2018-01-15. 29个分会分别为：国际问题研究主动学习方法（ALIAS）、外交学（DPLST）、英国学派（ENGSS）、种族、民族主义和移民研究（ENMISA）、环境研究（ESS）、外交政策分析（FPA）、女性主义与性别研究（FTGS）、全球发展研究（GDS）、全球健康研究（GHS）、国际关系史（HIST）、人权（HR）、情报研究分会（ISS）、跨学科研究［IDSS，其前身为比较跨学科研究（CISS）］、国际传媒（ICOMM）、国际关系教育（IEDUC）、国际伦理分会（IETHICS）、国际法（ILAW）、国际组织（IO）、国际政治经济学（IPE）、国际政治社会学（IPS）、国际安全研究（ISSS）、和平研究（PEACE）、政治人口学和地理学（PDG）、国际关系后共产主义（POSTCOMM）、宗教与国际关系分会（REL）、国际关系科技与艺术（STAIR）、国际进程科学研究（SSIP）、南亚研究（SAWP）和国际关系理论（THEORY）。

一、ISA历史溯源：内向型向国际化的转变

1958年，在第二次世界大战美国向日本投掷原子弹之后的第13个年头，出于对如何应对美苏拥有核武器这一国际安全的重大威胁以及如何防止朝鲜战争、越南战争向核战争升级等现实问题的思考，美国旧金山州立大学教授查尔斯·麦克莱伦（Charles McClelland）（后执教于南加州大学）与斯坦福大学教授罗伯特·诺斯（Robert North）借鉴兰德公司做法，在已有的政治学和外交史学学科基础之上，吸纳经济学领域的专家（如后来获得诺贝尔经济学奖的托马斯·谢林（Thomas Schelling）），组建了ISA这一跨学科学术团体。

（一）20世纪50—60年代：学术生命的开始

处在初创阶段的ISA，由于缺乏组织运行所需要的必要资金和管理条件，主要靠会员的学术热情提供动力和支持。1959—1961年，首任ISA主席为圣地亚哥州立大学教授米诺斯·吉拉斯（Minos Generales），他为ISA的诞生付出了巨大的努力。

1962年，丹佛大学教授文森特·戴维斯（Vincent Davis）担任ISA执行主任，当时由于ISA面临经费紧张，大批会员退出，截止到1963年，原有的近200名会员只剩不到60人了。戴维斯通过不懈的努力，向卡内基基金会筹得赠款，1964—1966年间资助金额为1.5万美元/年，此后增至2万美元/年，这使得ISA能够提供执行主任和副主任莫里斯·伊斯特（Maurice A. East）的薪酬，注册会员在1964—1970年增至千人。

（二）20世纪70年代："走出去"的权衡与抉择

到1970年，约翰·特纳（John Turner）担任ISA执行主任，

1973年会员人数增至1900人。这一时期，ISA从地方学术组织成长为全国学术组织，会员的研究旨趣也日趋多样。此后，ISA的注册需求进一步扩大，成立了加拿大和加勒比海地区研究分会，但进而也随之出现了研究方向过于繁杂的情况。特别是在70年代越南战争期间，ISA面临着自身究竟应当保持美国的全国性协会身份、还是继续向海外扩展的难题。如果会员的关注议题差异性过大，可能会失去ISA最初设定的研究方向和目标。因此，ISA将自身的定位限定在北美洲范围，会员无论是来自学界还是决策界，都必须是美国学者或联邦、州政府、国防、情报部门的国内官员，以此化解学科多样性与统一性矛盾的重大身份危机。

70年代初，在拉丁美洲西印度群岛中的美国属地波多黎各举行的ISA年会标志着这一北美区域性学术共同体开始了国际化的进程。尽管加勒比海地区的会员参会人数较少，但原因不在ISA，而是因为该地区发生的内部政治动荡对大学教研人员形成了影响。ISA在向海外开放的过程中遇到一个难题："如何与美国以外的注册会员（高校或外国人）相处？"对此，1971年，俄亥俄州立大学国际安全研究莫尚中心（Mershon Center）发布了关于国外个人或机构注册ISA的相关政策。[①] 这些政策原则主要体现在ISA的章程中，其管理模式具有鲜明的跨学科协同创新特色，值得国内学术共同体和相关研究机构借鉴。

二、ISA管理模式：跨学科协同创新的案例

ISA的最新章程（ISA Constitution）是2015年6月15日由全球会员投票通过、正式采用的，共有17章，内容包含名称、宗旨、

① Henry Teune, "The International Studies Association", ISA Leadership Meeting paper, University of South Carolina, 1982, http://www.isanet.org/Portals/0/Documents/Institutional/Henry_Teune_The_ISA_1982.pdf, 2018-03-06, pp.3-4.

会员制、组成机构、管理委员会、主席职责、财务管理、联席会议、提名选举等。[①]从中可以了解关于ISA的身份定位、运行机制、分会管理等事宜的相关规定。更为重要的是，通过结合往届主席回顾ISA发展过程中曾经遇到的难题及其化解方式，可以看出其相对微观的管理模式及其学科发展脉络。

（一）会员制与机构合作相结合

ISA是一个基于学者个人参与的国际学术共同体，不代表政府或国家。基于学者个人的独立身份，以论文提交入选的方式参与跨国学术研讨会。ISA鼓励为具有创新观点的会员个人提供学术资助、网络分享和方法指导，并为不同年龄的学者提供关于职业生涯的研讨机会。1971年，ISA获得福特基金会的资助，为了进一步检测国际化能力，ISA在内华达州拉斯维加斯贝拉吉奥的洛克菲勒中心召开会议，其探讨的主要议题为如何让欧洲学者成为ISA会员参与活动，因为很多欧洲学者是从美国高校毕业的，通过参加ISA会议，可以与美国学界保持不间断的学术交流。能否接纳非北美地区的学者注册参会，一度引起了ISA内部的热议，争论的焦点主要在于：是应当保留ISA美国会员的核心利益，还是应当更加积极地拓展会员多样性？

尽管整个70年代晚期，ISA相关人士都在讨论这一话题。然而，以学者个人身份注册会员并不表明ISA无法与各国机构展开合作。尽管在强化和深化学术属性的过程中，ISA不再举办学界与政界（美国国务院外交官）共同参加的研讨会，但是，其与世界各地各类机构合作的方式仍可以通过出版合作、合办会议、机构订阅、编委邀请、政策咨询等灵活多样的形式展开。已有的几种具体方式如下：

---

① International Studies Association, “The ISA Constitution”, June 15, 2015, https://www.isanet.org/ISA/Governance/Constitution, 2018-03-06.

1.期刊订阅

在ISA发展的过程中，协会主席和分会负责人根据所关注议题，逐步建立了与全球优质出版社和学术期刊的长久合作关系，共有8种会刊与ISA建立了共生关系。它们分别是:《国际研究季刊》（ISQ）、《国际研究评论》（ISR）、《国际研究展望》（ISP）、《外交政策分析》（FPA）、《国际政治社会学》（IPS）、《国际互动》（II）、《全球安全研究》（JoGSS）和《牛津国际研究百科全书》（OREIS）。其中，ISQ、ISR、ISP、FPA、IPS和II这6种为社会科学引文索引（SSCI）检索期刊。[①] 会员注册时是免费的，但若在ISA官网（http://www.isanet.org）提交年费，则可以免费下载8种会刊的电子期刊文档。如果会员所在大学或研究机构的图书馆有相应的经费预算，也可以通过机构注册会员，缴纳机构所需的订阅年费，则可供机构所有用户免费下载。

2.圆桌研讨

ISA的年会申请有三种方式：一是个人提交论文；二是组织由3篇以上论文组成的专题研讨小组；三是组织围绕一定的议题展开的圆桌研讨会。无论以哪一种方式提交申请，都要在前一年的6月1日之前提交论文、专题或圆桌研讨的摘要。申请结果在10月底左右公布，如果摘要入选，就会列入年会日程，ISA总部或分会负责人可以向受邀各方发送正式的参会邀请函。对于初步需要了解ISA、有望获取资助的机构和学者而言，是一种重要的参与方式。

3.设立分支

70年代中期，ISA曾尝试将关注点从学者个人转向组织机构。其协会章程规定：ISA的副主席中，必须有一位来自北美以外的其他国家。这一条款正式地将ISA主动转化为北美分支机构，而在ISA总部之下挂靠了英国、日本和波兰的对等研究机构为国外分支

① International Studies Association, “Publications”, https://www.isanet.org/Publications, 2018-01-16.

机构。这一组织国际化拓展进程一直持续到20世纪80年代。[①]

4.赞助支持

ISA不仅是一个全球学术共同体，也是国际学术网络的一部分。它是美国科学促进会（AAAS）旗下机构，曾支持美国国会为联合国大学（UNU）的筹建提供资助，是联合国教科文组织（UNESCO）委员会成员之一，并通过各种渠道参与联合国合作项目。ISA全球各分支机构向ISA总部负责，ISA则作为联合国教科文组织的美国委员会向联合国机构负责。[②]

5.年会书展

在ISA年会和地方分会中，各国出版社和杂志编辑部均可提前申请在图书展览时段设置推介出版物的摊位，编辑可以与作者进行直接沟通，拓展业务或选投刊物。

6.专家邀约

在面临“走出去”的矛盾心态时，ISA仍然尝试从北美以外邀请知名专家学者参加专题会议、资助旅费、任命会刊编委，并通过向会员宣介其成果价值和学术贡献，推动连选连任。

（二）主席人选凸显跨学科特色

自20世纪70年代以来，除了国际政治和国际关系学者能够担任ISA主席和副主席之外，研究专长为比较政治学或其他学科的知名学者也会被邀请参与ISA主席（1位）和副主席（3位）的竞选。比如1973—1974年担任ISA主席的斯坦福大学政治学教授、行为主义学家亚历山大·乔治（Alexander George），此前的ISA主席学科背景均为从属于政治学的国际关系，而乔治则从行为主义的角度为ISA带来了一些跨学科的新动向，然而，在他那个年代，政治学与

① International Studies Association, “History”, http://www.isanet.org/ISA/About-ISA/History, 2018-03-06.

② Ibid.

比较跨学科研究还是相互疏离的两个不同研究领域。[①] ISA历史上当选的主席中，第一位非政治学学科出身的是1974—1975年的ISA主席、美国著名经济学家肯尼斯·博尔丁（Kenneth E. Boulding）。在相互依存理论、世界体系理论、全球人权概念提出之前，他已经提出应在国际体系与一般人类问题之间建立联系，认为像环境、伦理、文化等全球问题并不受民族国家的国界限制，因此，应当以比较学的视野考察国际问题。

（三）组织管理体现学科多元化

ISA倡导的跨学科研究理念也体现在其分会设置思路和行政管理信息当中。比如“跨学科研究分会（IDSS）”的前身“比较跨学科研究分会（Comparative Interdisciplinary Studies Section, CISS）”，将比较研究方法与跨学科互动巧妙地结合起来，其所关注的研究问题既不同于政治学和国际政治，也不同于国际关系、国际法、国际组织、国家安全或外交政策，而是关注那些因国内治理“溢出”国境而出现的跨国“公地”或“公域”问题，这样的跨国治理问题往往需要社会学、政治学、经济学、心理学等多学科相互支撑、协同创新，才能找到解决方案。这种跨学科的比较研究方法与视角成为CISS的体系智识原则，并在其指导下出现了学术研究方面的迅速发展，获得了美国国家人文基金会（NEH）的科研项目资助。尽管这一分支又使ISA面临多元化和碎片化的危机风险，但却衍生出了一大批具有学术独立性的学术创新网络。[②]

于是，比较研究的影响力逐渐从ISA的学科研究渗入其行政管理活动中。ISA的总部最初选址在美国西海岸的加利福尼亚州，后陆续迁至科罗拉多州丹佛大学、明尼苏达大学、南卡罗来纳大学、犹他州杨伯翰大学和亚利桑那大学，2015年，ISA总部移师美国

① Henry Teune, “The International Studies Association”, p.5.

② Henry Teune, “The International Studies Association”, p.5.

东北部新英格兰地区的康涅狄格大学，由马克·波义尔（Mark A. Boyer）教授任执行主任。[①] 以政治学和国际关系为学科专业背景，波义尔教授的研究方向涵盖政治经济学、环境治理与地理学。[②] 越来越多的比较研究专家当选ISA管理委员会成员，为全球注册会员发布富含比较研究元素的简报，具有跨学科特色的环境研究分会和政治经济学分会也陆续得以设立，对于跨学科原则的尊重逐渐内化为该协会学术研究和管理服务的重要传统。[③] 卡耐基基金会、福特基金会和美国国家人文基金会的资助，使得ISA更加倾向于接受北美以外的注册会员，朝国际化、多样化的方向走得更远。

三、通过ISA融入国际学科前沿的几点建议

如图1所示，2002年以来，ISA成员持续增长，特别是在2009年后，增长速度十分迅速，但地区发展不均衡。美国、英国的注册会员人数均超过千人；加拿大、巴西、德国、挪威、瑞典、土耳其、瑞士、日本、澳大利亚等国的注册会员在100—1000人之间，而中国、俄罗斯、印度、法国、意大利、芬兰等国则仅在50—100人之间。

近年来，随着中国国际地位的不断提高，国际学界对中国问题的关注度不断增加，这为中国学者曾参与代表国际学科前沿的国际学术共同体创造了有利条件。中国人民大学国际关系学院教授、

① International Studies Association, “History”, http://www.isanet.org/ISA/About-ISA/History, 2018-03-06; Ole R. Holsti, “Present at the Creation”, Address at the Annual Meeting of ISA, West, Pasadena, California, September 27, 2014, http://www.isanet.org/Portals/0/Documents/Institutional/Holsti_ISA_West.pdf, 2018-03-06, p.7.

② University of Connecticut (UConn), “Faculty and Staff”, Department of Natural Resources and the Environment, College of Agriculture and Natural Resources, http://www.nre.uconn.edu/Faculty_and_Staff/index.php, 2018-03-06.

③ Ole R. Holsti, “Present at the Creation”, p.6.

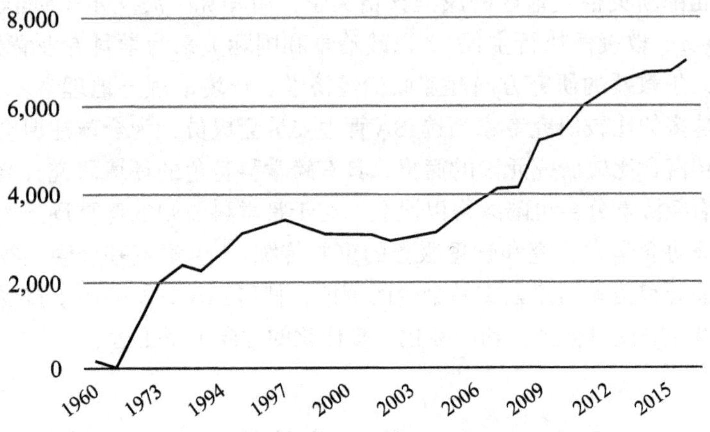

图1　1958年以来ISA成员人数增长示意图

数据来源：International Studies Association, "Membership Growth over Time", November-December 2017, https://www.isanet.org/ISA/About-ISA/Data/Membership, 2018-01-18.

"一带一路"问题研究专家王义桅就曾表示："ISA的与会学者对中国问题十分关注，会上对中国议题的讨论多于美国。"① 可以说，在全球国际关系理论的研究热潮中关注中国问题，如今进入了一段难得的黄金机遇期。如同中国各行各业"走出去"过程中会面临众多挑战一样，中国社科学者"走出去"的道路也不会平坦。首位获得ISA"年度最佳著作奖（ISA Annual Best Book Award）"的亚洲学者、复旦大学唐世平教授曾在接受采访中表示："处于国际问题研究边缘地带的学者（比如中国、印度、非洲等），要想获得国际承认，要付出比中心地带（欧美国家）学者更艰辛的努力。"② 国际关系研

① 《琢磨中国，西方真的警醒了》，新浪网，2012年4月17日，http://news.sina.com.cn/pl/2012-04-17/071424283550.shtml，2018年1月20日登录。

② 《对话"ISA最佳著作"首位亚洲获奖者："中国学派"缺什么》，网易新闻，2105年3月23日，http://news.163.com/15/0323/15/ALDD9FUC00014SEH.html，2018年1月20日登录。

究的国际化是一个涉及到研究方法、研究选题、期刊选择、外语能力、网络构建等环环相扣的有机演进过程。在国内的国际问题研究日渐成熟的前提下，学者应当有计划地通过撰写英文论文、组织学术研讨或圆桌会议的方式参与到ISA年会当中，通过不断跟进其各类学术交流活动、了解其运行机制，从而有的放矢地产出高质量的学术成果，融入国际学科前沿。

笔者根据自2012年以来参加ISA年会的切身经历和感受，尝试从以下几个方面提出粗浅的建议，仅供读者批评指正。

（一）强化受众意识、确定适当选题

在世界一流学科发展的众多评估指标中，核心期刊发文量是一项硬指标。中国学者以英文在国际核心期刊发表论文的能力，近年来在不断提高，对于国外核心期刊关注议题和写作风格的前期研究，应当放在论文选题和文字撰写之前。而做到这一点，首先要有针对性地跟踪学术刊物，长时间关注该刊的收文需求，或通过谷歌学术对与自己感兴趣的议题相关的各类期刊进行排列，以便在撰写参会论文摘要时，有针对性地设置能够激起中外共鸣的核心研究问题。

ISA的6种SSCI核心期刊为学者提供了很好的学术研究资源。这些期刊大多为季刊，每年4期，提交年费的注册会员可以定期到ISA网站下载最新电子期刊，对发表论文的题目和作者建立印象，对自己感兴趣的论文进行细读，养成这样的阅读习惯，对于写作方向的把握会大有裨益。

（二）跟踪分会会议、把握前沿动向

ISA的29个分会在很大程度上能够体现出国际问题研究学科发展的创新增长点所在。从人数上来看，国际安全研究（1072人）是人数最多的分会。如前文所述，比较跨学科研究分会的包容性很强，出成果也较多。全球发展目前是一个非常受学界关注的研究方

向，它与国际政治经济学有一定的联系，但更关注发展中国家的经济发展路径与发达国家会有怎样的不同，特别是在“一带一路”倡议的带动下，中国能为世界提供怎样的方案和智慧，这些方案和智慧是否适用于西方发达国家，是国际学界非常关注的话题。国际传媒分会与公共外交有很多交叉内容，在ISA的研讨议题中，很多做公共外交研究的学者都是国际传媒分会的会员。国际关系教育分会关注国际关系与教育学相交叉的领域，比如孔子学院、留学生人口流动等，很适合对人才培养、教学方法和教育理论感兴趣的国际关系学者。

ISA各分会在年会举办期间，都会组织自己的管理例会，会上会评选代表学科发展方向的年度最佳著作或论文，并由分会负责人为获奖者颁发奖项。例会也会就日常运营事务和财务收支情况进行汇报和交流，并选举分会具体工作人员负责协调和联系。很多外文期刊编辑会在ISA会议论文中选择高质量的论文，或到发言现场去旁听或提问，因此，参会学者应尽量在截止日期之前提交8000字左右的英文论文，以便议题主持人和评论问题能够提前一周阅读论文内容，届时提出有针对性的修改意见和建议。

（三）关注协会简报、主动交流信息

ISA每年会就热点问题提供全球范围内的会议资助，申请方可以是任何注册会员。如果学者有相关国际会议举办的计划，可以尝试申请会议，通过ISA的简报平台让国际学界更多地了解正在进行的研究。协会简报中有时还会有一部分经费，用于资助参会学者的差旅费（300—500美元）。在截止日期之前，参会人员可以将自己的信息填入上交。分会工作人员会定期向会员征集简报信息。有些出版社或学术研究机构会向ISA所有会员群发邮件，欢迎会员参加其即将推出的学术出版物的意见征集活动，近年来针对中国问题研究和有关中国的政策和理论研究交流活动日益增多。

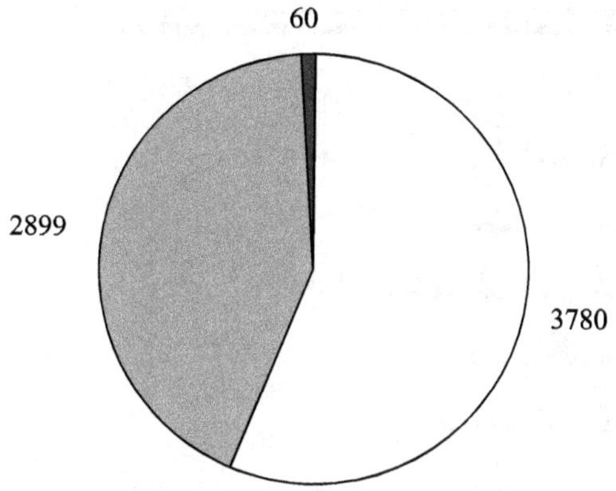

图2 ISA会员性别分布状况

数据来源：International Studies Association, "Gender Distribution of ISA Members", http://www.isanet.org/ISA/About-ISA/Data/Gender, 2018-03-05.

参加ISA会议的另一个学术资源，是年会日程当中几千名学者提交的论文。以自己研究关注的关键词搜索，往往可以找到有相似研究旨趣的学者提交的论文及其发言地点和时间，这是非常好的学习机会。如图2和图3所示，ISA的参会人员当中，学生是一个人数最多的参会群体，其次是教授、副教授、助理教授和其他研究人员。很多论文的作者是2个以上，以团队协作的方式进行学术创新，会使研究视角更具包容性。很多时候，一些优秀研究生撰写的论文质量非常高，ISA每年都会评选出研究生优秀论文，也会为青年学者提供专门的论文会诊小型研讨和职业生涯规划培训。

纵观ISA的发展历程可以发现，这个目前享誉全球的国际学术共同体经历了从无到有、逐渐完善的过程，其面临的很多难题及其化解方式，对于仍处在追赶阶段的中国学界来讲，有很多可资借鉴的经验和理念。面向会员个人的管理模式决定了管理平台的较高服

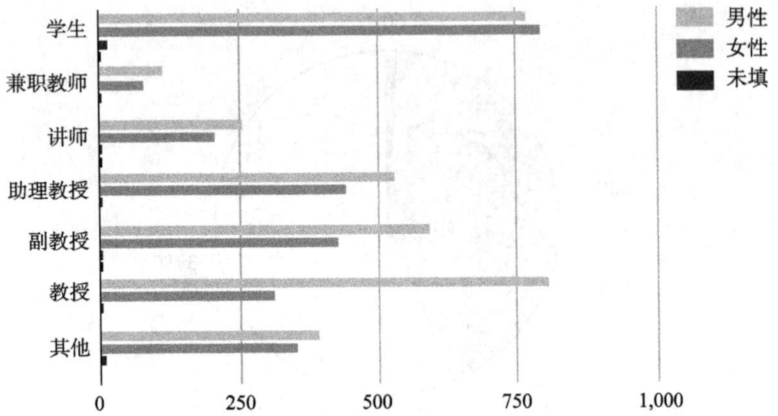

图3　ISA会员学术职称构成分布图

数据来源：International Studies Association, “Members by Gender and Academic Rank”, http://www.isanet.org/ISA/About-ISA/Data/Gender, 2018-03-06.

务水平和用户友好程度，在本土化、国际化和多样化的权衡过程中，ISA的管理者与研究者通过互联网连接的共享空间，就各自关注的话题开展的学术创新活动，具有独特的跨学科协同创新特质，有益于形成基于知识增长点的学科创新集群，从而生成不受国界限制的学科知识创新中心，这是世界一流学科的远大目标在未来得以达成的典型知识生产范式。对于我国学者而言，在科研项目的框架下设计国际合作与交流活动，通过不断创新研究合作模式产出高质量的科研成果，则有望助推中国的国际问题研究和社会科学研究创新进程。

此外，作为国际学术共同体，ISA总部驻地发源于美国西海岸的加州，经中西部诸多大学移至东北部新英格兰地区的康涅狄格大学，其选址标准也体现了这一跨国界、跨学科的国际学术组织对于公立研究型大学和高校知识管理水平的重视。其通过ISA官方网站对全球7000多名会员进行实时管理的大规模国际会议组织经验，值得具有相似会员规模的学术网络和知识共同体借鉴。同时，对于城市而言，在关注政治、经济、社会相关的国际组织驻地建设同时，也应重视学科相关的国际组织，通过行业相关知识思考建设国际组织驻地的可能。

略论改革开放以来的中国外交思想

外交学与外事管理系　李潜虞

改革开放以来，中国的外交工作始终是围绕维护国家与民族的最高利益，维护国家主权与民族尊严展开的，同时，中国的外交工作也始终是围绕维护世界和平，促进人类进步和伸张国际正义展开的。在这一过程中，形成了有鲜明中国特色的外交思想。改革开放以来的中国外交思想是不同时期中国外交工作的指导方针，也是宝贵的思想遗产和理论成果，值得深入研究。改革开放以来，中国外交思想的发展大致可以分为四个阶段，以下分别略述之。

一、邓小平外交思想

（一）和平与发展的时代观

20世纪70年代末，随着改革开放进程的启动，中国工作重点转到经济建设上来。这对于中国外交提出的一个最为重大理论问题就是，维护一个较长时间的和平的国际环境是否可能，如果答案是否定的，则社会主义现代化建设将不具备外部条件。因此，对时代的主题的判断就成为涉及到改革开放战略是否可行的首要理论问题。

早在1980年10月，邓小平同志就提出世界大战“再有五年或者更多时间，也还是打不起来，因为双方的战略部署都还没有完成。这样，我们的工作就不能还是建立在过去那种估计的基础上”。[①] 1984年11月，在中央军委座谈会上，邓小平再次明确指出对时代主题的新判断对我们是非常重要的。首先就是我们能够安安心心地搞建设，把我们的重点转到建设上来。没有这个判断，一天诚惶诚恐的，怎么能够安心地搞建设？更不能搞全面改革。[②] 最终，在1985年6月中央军委扩大会议上，邓小平全面阐述了对战争与和平问题的看法，他谈道：“在较长时间内不发生大规模的世界战争是有可能的，维护世界和平是有希望的。”[③] 邓小平之所以提出维护较长时间的世界和平是可能的，是基于四点原因，首先，美苏两个超级大国实现了战略力量的平衡，“美苏两家原子弹多，常规武器也多，都有毁灭对手的力量”；其次，“美苏两家都在努力进行全球战略部署，但都受到了挫折，都没有完成”；第三，“世界和平力量的增长超过战争力量的增长”，和平力量包括第三世界国家、美苏以外的发达国家和美苏两国人民；第四，“世界新科技革命蓬勃发展，经济、科技在世界竞争中的地位日益突出”。[④]

在此基础上，邓小平提出当前世界面临的两个主要问题是和平问题和发展问题，和平与发展成为时代的主题。1985年3月，邓小平在会见日本客人时明确指出：“现在世界上真正大的问题，带全球性的战略问题，一个是和平问题，一个是经济问题或者说发展问题。和平问题是东西问题，发展问题是南北问题。”他特别强调，不解决发展中国家的贫困问题，发达国家的发展也要受到限制。[⑤]1987年5月，邓小平告诉联合国秘书长德奎利亚尔（Javier

① 中共中央文献研究室编：《邓小平年谱（1975—1997）》（上），北京：中央文献出版社，2004年版，第685—686页。

② 同上书，第1012页。

③ 邓小平：《在军委扩大会议上的讲话》，载《邓小平文选》第三卷，北京：人民出版社，1993年版，第127页。

④ 同上注。

⑤ 邓小平：《和平和发展是当代世界的两大问题》，载《邓小平文选》第三卷，第105—106页。

Perez de Cuellar）："我们关心的问题，一个是和平问题，一个是发展问题。"中国的政策与联合国一样，"是把战争与和平问题、南北的经济发展问题，以及建立国际经济新秩序的问题，作为主要任务。"[①] 1988年12月，邓小平在会见印度总理拉吉夫·甘地（Rajiv Gandhi）时又谈道："当前世界主要有两个问题，一个是和平问题，一个是发展问题。和平是有希望的，发展问题还没有得到解决。"他特别强调应该从人类发展的高度来认识南北差距问题。[②] 发展问题之所以带有全局性和战略性，是因为它不仅与发展中国家人民的进步事业息息相关，也同全人类的文明进程密切相关。没有发展中国家的进步，发达国家也不可能得到持续发展，世界经济的增长就会受到阻碍。而和平与发展问题又是密切联系的，和平是发展的前提和保证，发展是实现和平的有效手段。

（二）对外开放的战略思想

邓小平同志首先是从国家战略的高度认识对外开放这一问题的。1983年7月，他就明确指出："要扩大对外开放，现在开放得不够。中国是一个大的市场，许多国家都想同我们搞点合作，做点买卖，我们要很好利用。这是一个战略问题。"[③] 邓小平同志之所以能够从国家的战略的高度认识对外开放问题，是因为他非常清楚地看到了世界各国在经济、贸易、科技、文化等方面的联系越来越密切，国与国的相互依存程度在不断增加，没有一个国家可以单靠自己的力量来发展自己。而中国落后的一个重要原因就是故步自封。1984年6月，他就明确地指出："现在的世界是开放的世界。中国在西方国家产业革命以后变得落后了，一个重要原因就是闭关自守。建国以后，人家封锁我们，但在某种程度上我们也还是闭关自守，

---

① 中共中央文献研究室编：《邓小平年谱（1975—1997）》（下），第1187页。

② 邓小平：《以和平共处五项原则为准则建立国际新秩序》，载《邓小平文选》第三卷，第281页。

③ 邓小平：《利用外国智力和扩大对外开放》，载《邓小平文选》第三卷，第32页。

这给我们带来了一些困难。三十几年的经验教训告诉我们，关起门来搞建设是不行的，发展不起来。”①

对外开放战略充满了辩证唯物主义的思想光辉，是两点论与重点论的有机结合，这表现在以下四个方面。首先，中国的开放是全方位的开放，这表现在两个方面。从地域上讲，不仅要对西方发达国家开放，还要对世界其他国家开放。其次，中国的开放不是单方向，而是双方向的。中国既接受别国的帮助，也对世界经济作出自己的贡献。中国的开放不仅要引进来，还要走出去，要扩大出口，开拓国际市场，增加对海外的投资。第三，中国的开放是自力更生基础之上的开放。因此，中国的政策是自力更生与对外开放两点的有机统一，片面强调任何一点都是错误的。自力更生不是闭关锁国，盲目排外，对外开放也不是全面倚赖外部世界。第四，中国的开放是坚持社会主义道路的开放，中国的开放不会导致资本主义。中国的开放是有选择的开放，不会让外部世界上一些有害的东西来腐蚀我们。在对外开放战略思想的引领下，中国从经济特区到沿海开放城市，从沿江到沿边开放，形成了全方面的开放格局，中国社会的面貌也焕然一新了。

（三）“一国两制”

针对台湾、香港及澳门问题，中国提出了“一国两制”的伟大构想。“一国两制”的前提是一国，即台湾、香港、澳门同属一个中国，在一个中国的前提下，中国大陆实行社会主义制度，而台湾、香港、澳门继续实行原有的资本主义制度。邓小平还特别强调，在中国恢复对香港行使主权之后，“香港现行的社会、经济制度不变，法律基本不变，生活方式不变，香港自由港的地位和国际贸易、金融中心的地位不变，香港可以继续同其他国家和地区保持

① 邓小平：《建设有中国特色的社会主义》，载《邓小平文选》第三卷，第64页。

和发展经济关系”。[①] 澳门问题也同样如此处理。

“一国两制”伟大构想同样也充满了辩正思维的色彩，是两点论和重点论的结合。首先，“一国两制”的前提是“一国”，不论台湾、香港还是澳门都同属一个中国，祖国的统一是最终目标和最大利益所在，主权问题不容谈判。在“一国”的前提下，又要坚决实行“两制”，这既是为了和平解决问题，也是为了切实维护台港澳同胞的切身利益。其次，台港澳地区实行资本主义制度不能影响到大陆的社会主义制度，中国的主体必须坚持社会主义道路。第三，实行“一国两制”前景不是谁吞掉谁的问题，而是各得其所，共同发展。“一国两制”伟大构想的提出为中英、中葡协商解决香港、澳门问题奠定了良好的基础，同时为解决台湾问题提供了范例，极大地推进了祖国统一大业的完成，同时还为解决其他国际争端提供了新的思路。

（四）党际交往的新原则

新中国成立后，由于缺乏经验中国没有能够将党关系与国家间的关系进行很好的区分。20世纪50年代末至60年代中期发生的中苏大论战更使得中国共产党的对外工作受到了严重的影响。针对这种情况，早在1978年11月，邓小平在访问泰国时就明确指出：“就中国来说，把党和党的关系同国家之间的关系区别开来，使这样的问题不影响我们发展国家间的友好关系。”[②] 1982年举行的中国共产党第十二次全国代表大会再次确定了党与党关系的原则，十二大报告指出：我们党坚持在马克思主义的基础上，按照独立自主、完全平等、互相尊重、互不干涉内部事务的原则，发展同各国共产党和其他工人阶级政党的关系。[③] 这样独立自主、完全平等、互相尊

① 邓小平：《一个国家，两种制度》，载《邓小平文选》第三卷，第49页。

② 中共中央文献研究室编：《邓小平年谱（1975—1997）》（上），第422页。

③ 韩念龙主编：《当代中国外交》，北京：中国社会科学出版社，1987年版，第457页。

重、互不干涉内部事务就成为新时期中国处理党际关系的基本原则。中国提出党际交往四项原则的根本原因在于以下两点。首先，中国在总结历史经验的基础上认识到，各国的事情，革命也好，建设也好，必须由各国的党、各国的人民根据国际形势和本国国情去寻找道路，去解决问题。革命不能输出，道路与模式也不能输出。认识到这一点，独立自主、互相尊重、互不干涉内部事务就成为党际交往原则的应有之意。第二，历史上，中苏两党之间“父子党”“猫鼠党”的关系给中国留下了深刻的印象。“己所不欲，勿施于人”，邓小平多次强调：“我们反对人家对我们发号施令，我们也决不能对人家发号施令。这应该成为一条重要的原则。国家无论大小，党无论大小，应该一律平等。”[①] 历史经验促使中国以平等的姿态对待其他国家的政党。党际交往新原则的提出消除了一些国家对中国的顾虑和恩怨，为中国共产党的对外交往打开了新局面。

二、跨世纪的中国外交思想

（一）韬光养晦，有所作为

20世纪80年代末90年代初，东欧剧变，苏联解体，冷战终结。以两极对峙为主要特点的战后国际关系格局发生了根本性的变化。在这一历史背景下，中国与以美国为首的西方国家的共同安全利益相对减少，再加上1989年北京政治风波，使得中国外交面临着前所未有的压力。在这种情况下，邓小平同志提出了冷战后指导中国外交工作的方针——“冷静观察、稳住阵脚、沉着应付、韬光养晦、有所作为”。1989年9月，邓小平同志明确指出：“对于国际形势概括起来就是三句话：第一句话，冷静观察；第二句话，稳住阵脚；第三句话，沉着应付。不要急，也急不得。要冷静、再冷

① 本书编写组：《邓小平外交思想学习纲要》，北京：世界知识出版社，2000年版，第118页。

静，埋头实干，做好一件事，我们自己的事。”[①] 这一方针的贯彻实施使中国外交度过了难关，开辟了外交工作的新局面。

后冷战时代初期中国外交战略的核心是“韬光养晦、所有作为”。所谓“韬光养晦”就是从我国的基本国情和国际力量对比关系的实际出发，先埋头干好中国自己的事业。在国际事务中，避免过分张扬，避免成为国际斗争西方国家的主要对立面，避免引火烧身。“韬光养晦”的主要内容可以用不扛旗，不当头，不树敌，不对抗、超脱和超越意识形态来概括。不扛旗是指在苏联解体的情况下，中国继续坚持走社会主义道路，但是不充当社会主义阵营旗手的角色。中国是世界上最大的也是最有影响力的第三世界国家，但是中国不当第三世界国家的头，这就是不当头。不树敌指的是针对东欧国家的变化不与它们进行论战，尊重他们的选择，与他们保持正常的国家间关系，不给自己树敌。不对抗是指在涉及国家主权和国家利益的问题上要坚持原则，但与西方国家的斗争要有理、有力、有节，不寻求与西方国家对抗。“韬光养晦”并不是无所作为，不扛旗、不当头也不等于在国际事务中就没有中国的观点和影响。在涉及中国的国家主权、安全和根本利益的问题上，要坚持原则，进行必要的斗争。在涉及世界和平与地区稳定的问题上，在涉及建立公正合理的国际政治经济新秩序问题上，要进行卓有成效的工作。因此，对于“韬光养晦、有所作为”方针的理解偏废任何一点都是错误的。

（二）世界多极化

以江泽民同志为核心的党中央对世界多极化的趋势进行了科学论述。江泽民同志指出：“冷战结束后，两极格局解体，世界各种力量此消彼长，进行新的分化组合。美国成为唯一的超级大国。欧盟、日本、俄罗斯、中国几大力量也相对突出。广大发展中国家整

① 邓小平：《改革开放政策稳定，中国大有希望》，载《邓小平文选》第三卷，第321页。

体实力增强。各种区域性，洲际性、全球性组织空前活跃。这些事实表明，世界格局正在加速超着多极化方向发展。”①

但是，中国也认识到世界上各种力量的对比关系是很不平衡的。美国正在试图建立一个单极世界，由它一家来主宰世界事务，尽管受到各方牵制，但仍将在较长时间内保持在政治、经济、科技、军事等各个领域的领先优势。欧洲、日本、俄罗斯和发展中国家的力量正在增强，但是，它们都面临一系列内部和外部的问题，一时还难以与美国匹敌。

如何认识中国在多极化世界中的位置也是一个重要问题。在这一问题上必须坚持两点论。首先，中国无疑是世界几大力量中心之一，我们不宜妄自菲薄。但同时必须看到，在冷战刚刚结束的时候，中国各方面事业都取得了重大进展，综合国力在不断上升，国际影响力在不断提高，但中国仍然是一个发展中国家，人口多，底子薄，国内亟待解决的问题还很多，中国在今后一个相当长的历史时期都将处于社会主义初级阶段。以上两点的结合是对中国在多极化的世界中所处位置的科学认识。

一个多极化的世界对中国究竟是利大于弊还是弊大于利呢？中国认为，多极化的世界对中国总体是有利的，因此中国应该推动这种多极化趋势的发展。江泽民同志指出：“世界多极化趋势继续发展，终将形成多种力量竞争共处的新格局。各种力量共存，既有竞争和矛盾，又有协调和合作，谁也不吃掉谁，谁也压不倒谁。在这种情况下，对我国有利的因素将会不断增多。”② 中国还明确指出，多极化的世界是时代进步的表现，这种多极化并不是历史上大国争霸、瓜分势力范围的局面，各国都是独立自主的。大国要尊重小国，强国要扶持弱国，富国要帮助穷国。

---

① 江泽民：《当前的国际形势和我们的外交工作》，载《江泽民文选》第二卷，北京：人民出版社，2006年版，第195页。

② 江泽民：《外交工作要坚定不移地维护国家和民族的最高利益》，载《江泽民文选》第一卷，第311页。

（三）国际关系民主化

在一个多极化的世界里到底应该建立怎样的国际秩序才能符合世界人民的根本利益呢？中国的回答是国际关系应该民主化。所谓国际关系民主化就是世界各国不论大小、强弱、贫富都是国际社会平等的成员，对于国际事务都拥有平等的参与权利。国际事务应由世界各国协商决定，而不能由一个或某些大国独断专行。党的十四大报告指出："国家无论大小、强弱、贫富，都应当作为国际社会的平等成员参与国际事务。国与国之间理应互相尊重，求同存异，平等相待，友好相处。"[①] 此后中国又多次在双边和多边外交场合强调国际关系民主化的重要性。2000年，在联合国千年首脑会议上，江泽民主席代表中国再次提出了国际关系民主化的原则。他说："世界上所有的国家，无论大小、强弱、贫富，都是国际社会平等的一员，都有参与和处理国际事务的权利。各国主权范围内的事情只能由本国政府和人民去管，世界上的事情只能由各国政府和人民共同商量来办。这是处理国际事务的民主原则。"[②]

中国之所以要提倡国际关系民主化并不仅仅因为这是一种政治理想，更是因为这一概念使得许多亟待解决的国际问题变得可以操作。当时，在国际关系中一些需要加以反对的东西，或者一些需要加以改进和防止的东西，通过贯彻国际关系民主化这一原则将变得比较易于操作。比如，要反对霸权主义、单边主义和强权政治，国际关系民主化恰恰是霸权主义和单边主义的对立面。在国际上建立了民主制度就可以有效地束缚霸权主义的手脚。国际关系民主化是冷战后中国国际秩序观的根本点，抓住了国际关系民主化就抓住了建立更加公正合理的国际政治经济新秩序的关键问题。

① 江泽民：《加快改革开放和现代化建设步伐，夺取有中国特色社会主义事业的更大胜利》，载《江泽民文选》第一卷，第243页。

② 江泽民：《在联合国千年首脑会议上的讲话》，载《江泽民文选》第三卷，第243页。

（四）尊重世界的多样性

冷战后，一些西方学者认为，今后的国际斗争将主要在不同的文明之间展开。不同文明之间的冲突将是永恒的，世界政治也将由文明的冲突来决定。如何认识世界上存在的各种各样千姿百态的文化也是中国特色外交思想需要回答的一个重要理论问题。更为重要的是，在20世纪90年代初期，西方国家将自己的价值观与政治制度作为一种“放之四海而皆准”的真理，并以此来批评中国，对中国施加压力要求中国做出改变。这种情况突出地表现在中美关系中的人权问题上。因此，对如何认识世界文明做出理论归纳不仅是国际政治领域的重大学术问题，也是和中国外交密切相关的现实需要。

1993年，江泽民主席出席在美国西雅图举行的亚太经合组织领导人非正式会议。他在与美国总统克林顿会谈中首次阐述了对世界文明的看法。他指出：“世界这样丰富多彩，是件好事，并不是坏事。各国和各种文化应该可以相互交流、学习借鉴、取长补短，共享人类文明的成果。世界多样性是客观存在，应该正视它、适应它。这就要求各国互相尊重、互不干涉内政，平等相待，求同存异，和平共处，发展合作。”[①] 这其中的逻辑关系已经非常清楚，那就是只有正确认识世界上存在不同文明的状况，才能真正做到和平共处，共同发展。

此后，在党的十五大上，中国又再次明确提出了要尊重世界多样性的问题，并明确指出，尊重世界多样性就是尊重世界各国人民根据本国国情选择的社会制度、发展战略和生活方式，也才能真正做到国际关系民主化。党的十六大也肯定了这样的观点。到了20世纪末21世纪初，西方国家与阿拉伯世界之间的矛盾存在某种程度的激化，正确认识世界文明更成为一个国际政治领域中迫切需要

① 江泽民：《把一个和平繁荣的世界带到二十一世纪》，载《江泽民文选》第一卷，第331页。

解决的问题。中国在许多重大国际场合多次阐明："各个国家、各个民族都为人类文明的发展作出了贡献。应充分尊重不同民族、不同宗教、不同文明的多样性。世界发展的活力恰恰在于这种多样性的共存。应本着平等、民主的精神，推动各种文明相互交流、相互借鉴，以求共同进步。"[①] 应该说，中国提出的尊重世界多样性的世界文明观为维护世界和平，促进共同发展作出了自己的理论贡献。

三、新世纪的中国外交思想

（一）和谐世界

和谐世界的理念为国际社会描绘了美好的未来，也为21世纪的中国外交工作指出了奋斗目标。和谐世界理念的提出也具有很深刻的国内背景。党的十六大以来，中国的改革开放进入攻坚阶段，很多深层次的矛盾和新矛盾开始显现出来。中国共产党提出了建立和谐社会的奋斗目标。中国对内促和谐，也必然导致中国在国际上推动建立和谐世界，中国建设和谐社会需要一个良好的国际环境，和谐世界也成为建设和谐社会的必然要求。

在2005年4月举行的亚非峰会上，胡锦涛主席首次提出了建立和谐世界的倡议。他强调要推动不同文明友好相处、平等对话、发展繁荣，共同构建一个和谐世界。[②] 同年7月，中国在与俄罗斯签署的联合声明中又提出建立和谐世界的号召。同年9月，胡锦涛主席出席联合国成立60周年首脑会议，并发表了题为《努力建设持久和平、共同繁荣的和谐世界》的讲话，正式提出了和谐世界理念。在讲话中，胡锦涛主席就如何建立和谐世界提出了四点建议：第

① 江泽民：《在联合国千年首脑会议上的讲话》，载《江泽民文选》第三卷，第243页。

② 胡锦涛：《与时俱进，继往开来，构筑亚非新型战略伙伴关系》，载《中国外交/2006年版》，北京：世界知识出版社，2006年版，第379页。

一，坚持多边主义，实现共同安全。第二，坚持互利合作，实现共同繁荣。第三，坚持包容精神，构建和谐世界。第四，坚持积极稳妥方针，推进联合国改革。[①] 在党的十七大报告中，中国又提出了建立和谐世界的主张。并阐明了建立和谐世界的途径："政治上相互尊重、平等协商，共同推进国际关系民主化；经济上相互合作、优势互补，共同推动经济全球化朝着均衡、普惠、共赢方向发展；文化上相互借鉴、求同存异，尊重世界多样性，共同促进人类文明繁荣进步；安全上相互信任、加强合作，坚持用和平方式而不是战争手段解决国际争端，共同维护世界和平稳定；环保上相互帮助、协力推进，共同呵护人类赖以生存的地球家园。"[②]

和谐世界有着其深刻的内涵。首先，从安全角度讲，和谐世界是一个和平和安全的世界，是一个世界各国普遍获得安全的世界。从经济角度讲，和谐世界是一个繁荣的世界，而不是一个南北差距不断拉大的世界。从国际秩序的角度讲，和谐世界应该是一个有秩序的世界，或者说是一个法制的世界。从解决矛盾的方式上看，和谐世界应该是一个通过协商解决矛盾的世界。从文明的多样性来讲，和谐世界应该是一个多种文明相互对话、相互交流、共存共荣的世界。中国提出建立和谐世界为世界描绘了美好的未来，中国的外交工作也从各个角度为建立和谐世界而不断努力，如中国强调通过和平方式解决国际争端，反对使用武力；强调发展的重要性；加强国际合作，重视多边外交等，都是为实现和谐世界的具体措施。

（二）和平发展的道路

21世纪以来，中国国力的迅速增长导致了国际力量对比关系发生了明显的变化。如何看待中国的发展；中国未来会走怎样的道

① 胡锦涛:《努力建设持久和平、共同繁荣的和谐世界》，载《中国外交/2006年版》，第386—387页。

② 《胡锦涛在中国共产党第十七次全国代表大会上的报告》，人民网，2007年10月25日，http://cpc.people.com.cn/GB/64093/67507/6429855.html，2018年2月19日登录。

路；中国的发展会对世界造成什么样的影响等问题已经引起国际社会的广泛关注，中国特色外交思想必须对这些问题提出令人信服的答案。进入21世纪，中国反复强调将坚持走和平发展的道路。在党的十七大上，胡锦涛主席代表中国表示：中国将始终不渝走和平发展道路。这是中国政府和人民根据时代发展潮流和自身根本利益做出的战略抉择。[①] 特别是在2011年9月，中国政府发表了《中国的和平发展》白皮书，全面阐述了和平发展的道路。白皮书论述了中国和平发展的目标，而为此将实行的外交政策。

中国之所以走和平发展的道路首先是中国的基本国情决定的，30多年的改革开放虽然取得了巨大的成就，但是我们必须清醒地看到中国面临很多难题。中国人口多、底子薄，用世界7.9%的耕地和6.5%的淡水资源养活着世界近20%的人口，经济社会发展成就要由13亿多人共享，不断满足众多人口生存和发展需求是巨大难题。中国城乡、区域发展很不平衡，经济社会发展结构性矛盾突出，我们正面临着转变经济增长方式的重大和艰巨的任务。中国的现代化是惠及13亿多人口的现代化，这无论是在规模上还是在难度上，在当今世界都是绝无仅有的。我们面临这么多这么大的问题，我们首先要解决的是让中国人吃得好一点，穿得好一点，住得好一点，出行方便一点，根本不可能走上对外侵略扩张的道路。其次，中国走和平发展道路也是由世界潮流决定的。当今世界各国相互联系，相互依存，相互交融已经达到了前所未有的程度，世界各国实际上已经成为一个命运共同体，任何一个国家也不可能独善其身，解决自身面临的所有问题。而一个国家所采取的行动，势必影响到其他国家。在这种情况下，世界各国只有同舟共济，和谐相处才能实现共同的生存和发展，而采取“斗”的方式已经是不可想象的。第三，中国走和平发展的道路也是由中国的传统文化决定的。

① 《胡锦涛在中国共产党第十七次全国代表大会上的报告》，人民网，2007年10月25日，http://cpc.people.com.cn/GB/64093/67507/6429855.html，2018年2月19日登录。

中国自古就认为人与人、人与宇宙是一个和谐的整体，强调“亲仁善邻，和谐万邦”，中国文化对待外部世界始终采取一种开放包容的态度。深受这种文化滋养的中国人不可能走上一条争霸的道路。

因此，和平发展的道路不是无源之水、无本之末，不是书斋里的空想。和平发展道路更不是权宜之计，而是一项长期战略，不是哄骗外国人的，而是真正要实行的政策。中国宣示走和平发展的道路不是口头说说，而是要真正实行的。走和平发展的道路是建设和谐世界的基础和前提，建设和谐世界是走和平发展道路的必然目标。

（三）以人为本，外交为民的新理念

进入21世纪，以胡锦涛同志为总书记的党中央提出了科学发展观，科学发展观成为指导当前中国各项工作的总方针。而科学发展观最终的特征之一就是以人为本，同时科学发展观目标之一就是要做到统筹国内发展和对外开放。因此，中国这种大政方针的变化必然影响到中国外交的工作，外交工作也必然体现出以人为本的特点。因此，新世纪中国特色外交思想提出了以人为本，外交为民的理念。

以人为本，外交为民的理念的基本内涵包括两个方面，首先是把人主要是中国广大的人民群众作为外交工作的根本目的。把维护和促进人特别是中国广大民众的权益和利益作为外交工作出发点和归宿。外交是一种服务。外交工作的根本目的应该是为中国人民，特别是普通民众服务。中国外交工作的成果应该由13亿中国人共享。民众权益的维护和增长应该成为评价外交工作的重要标准之一。其次，人应该成为中国外交工作的力量源泉。这主要分为几个方面：首先，外交工作要取得成绩要依靠党中央国务院的领导和政府各部门的配合，而这归根结底要靠中国政府各层级公务人员的能力与水平。其次，外交部的工作要靠兢兢业业甘于奉献的高素质的外交官。外交工作的成败依赖于职业外交官的素质。第三，中国外交的成绩依赖于中国全体人民的支持。中国外交工作要加大决策科学化民主化的程度，从广大人民群众中汲取智慧，从而提高中国的外交工作。

以人为本，外交为民理念的提出有着深刻的国内和国际背景。如前所述，科学发展观的确立是外交为民理念提出的直接原因。这是执政理念的变革在外交工作中的反映。从更深层次讲，这首先是国内社会变动的必然要求。改革开放以来，民众对于参与政治的愿望在不断加强，民众对政治的影响力在不断加大，民主对决策的参与程度也在不断加大，决策越来越带有双层博弈的特点，因此，外交工作也必须将民众作为服务的目标。其次，中国国家利益的结构在调整。改革开放以来，中国的国家利益逐渐多元化，个人的利益被认可，并成为国家利益的一部分，因此，外交工作也必须为保护民众利益而努力。同时，中国的国家利益从“高政治”转变为“高政治”与“低政治”并重，与人民生活密切相关的经贸、环保、公共卫生、减灾防灾、教育、技术等问题都成为国家利益的一部分，中国外交思想也必然因此做出调整。中国的国家利益大规模向海外拓展，出国的中国公民，在海外投资兴业的中国企业越来越多，领事保护已经成为中国外交工作的重点之一，因此，外交理念也必然因此做出变化。最后，对个人尊严和权益的关切与维护是世界政治的潮流，中国外交思想要对此做出回应。

四、习近平外交思想

（一）构建人类命运共同体

构建人类命运共同体这一命题在习近平外交思想中占有中心地位，它不仅是中国各项外交工作的指归，是对和谐世界理念的继承和发展，而且为世界各国向美好未来前进提供了中国方案。

构建人类命运共同体的提出有三个关键节点。2013年3月，习近平在就任国家主席后首次对俄罗斯和非洲进行国事访问，在莫斯科国际关系学院发表了题为《顺应时代前进潮流，促进世界和平发展》的讲话。在讲话中，习近平主席提出："这个世界，各国相互联系、相互依存的程度空前加深，人类生活在同一个地球村里，生活在历史和现实交汇的同一个时空里，越来越成为你中有我、我中有你的命运共同体。"[①] 这是人类命运共同体概念首次正式出现在国际舞台上。2017年1月18日，习近平主席在联合国日内瓦总部发表了题为《共同构建人类命运共同体》的讲话，系统阐述了构建人类命运共同体的背景、基本遵循、基本方法和中国能够作出的贡献。习近平主席指出，构建人类命运共同体的基本遵循是，主权平等、沟通协商、遵守国际法、开放包容、推动国际关系民主化等。构建人类命运共同体的基本方法是："坚持对话协商，建设一个持久和平的世界；坚持共建共享，建设一个普遍安全的世界；坚持合作共赢，建设一个共同繁荣的世界；坚持交流互鉴，建设一个开放包容的世界；坚持绿色低碳，建设一个清洁美丽的世界。"[②] 从中也基本导出了人类命运共同体的基本内涵和特征，即持久和平、普遍安全、共同繁荣、开放包容、清洁美丽。这也是人类命运共同体概念的独特之处，即它覆盖了政治、安全、经济、文化、环境五大方面，构成一个全面而有机的整体，为世界各国提出了一个周全而完整的奋斗目标。第三个节点是2017年10月召开的中国共产党第十九次全国代表大会。习近平总书记在大会报告中把构建人类命运共同体作为十四项新时代中国特色社会主义的基本方略之一，将这一理念提升到了在新时代建设中国特色社会主义的战略高度。十九大报告的第十二部分以"坚持和平发展道路，推动构建人类命运共同体"为标题，专门讲构建人类命运共同体，系统阐述了人类命运共同体思

① 习近平：《顺应时代前进潮流，促进世界和平发展》，载《习近平谈治国理政》，北京：外文出版社，2014年版，第272页。

② 习近平：《共同构建人类命运共同体——在联合国日内瓦总部的演讲》，新华网，2017年1月19日，http://www.xinhuanet.com/world/2017-01/19/c_1120340081.htm，2018年2月20日登录。

想的丰富而深刻的内涵及其时代价值。该部分再次重申了人类命运共同体的五大特征，并依据这些特征提出了构建人类命运共同体的基本方法，要相互尊重、平等协商，坚决摒弃冷战思维和强权政治。要坚持以对话解决争端、以协商化解分歧。要促进贸易和投资自由化便利化，推动经济全球化朝着更加开放、包容、普惠、平衡、共赢的方向发展。要尊重世界文明多样性。要保护好人类赖以生存的地球家园等。[①] 随后，构建人类命运共同体也被写进了《中国共产党章程》，2018年3月，又被载入了《中华人民共和国宪法》。

之所以构建人类命运共同体理念具有如此重要的地位，应该从统筹国际国内两个大局的视角去理解。人类的历史已经进入到21世纪的第二个十年，随着全球化的迅速发展，世界俨然变成了一个“地球村”，世界各国相互影响、相互依赖的程度前所未有的提升。世界所面临的很多问题，如促进经济的持续增长、保护环境、防控传染病、打击恐怖主义和跨国犯罪等均不是依靠某个国家单独力量可以解决的，世界各国人民要想活得下去，活得好，必须携手共同构建人类命运共同体，这是世界历史发展的必然趋势。同时，世界任何一个国家都不可能在封闭和孤立中发展自己，中国的发展离不开世界，世界的发展也离不开中国。中国需要一个总体上和平稳定、开放友好的国际环境来支持自身的发展，这也使中国必然提出构建人类命运共同体的理念。

（二）“一带一路”建设

“一带一路”建设是指中国提出世界各国共同建设“丝绸之路经济带”和21世纪“海上丝绸之路”。这一建设工程是中国对外开放工作的重点和新的增长极，同时也是构建人类命运共同体的

① 习近平：《决胜全面建成小康社会 夺取新时代中国特色社会主义伟大胜利》，北京：人民出版社，2017年版，第59页。

具体落实措施和抓手，与构建人类命运共同体是一个不可分割的整体。

2013年9月7日，习近平主席在对哈萨克斯坦进行国事访问期间，在纳扎尔巴耶夫大学发表了题为《共同建设“丝绸之路经济带”》的演讲，正式提出这一倡议。习近平主席指出：“为了使我们欧亚各国经济联系更加紧密、相互合作更加深入、发展空间更加广阔，我们可以用创新的合作模式，共同建设‘丝绸之路经济带’。”随后，习近平主席还指出了建设“丝绸之路经济带”的基本方法，即加强政策沟通；加强道路联通；加强贸易畅通；加强货币流通；加强民心相通。[①]同年，习近平在对印度尼西亚进行国事访问期间，又提出了建设21世纪“海上丝绸之路”的倡议。习近平主席指出：“东南亚地区自古以来就是“海上丝绸之路”的重要枢纽，中国愿同东盟国家加强海上合作，使用好中国政府设立的中国—东盟海上合作基金，发展好海洋合作伙伴关系，共同建设21世纪‘海上丝绸之路’。”[②]2015年3月，国务院授权国家发改委、外交部、商务部发布了《推动共建丝绸之路经济带和21世纪海上丝绸之路的愿景与行动》文件，自此，“一带一路”建设正式启动。2016年，“一带一路”建设进入实施阶段。2017年5月，“一带一路”国际合作高峰论坛在北京举行，习近平主席在开幕式上明确界定了“一带一路”建设的基本特点，即和平合作、开放包容、互学互鉴、互利共赢。习近平主席还指出“一带一路”建设的核心内容是促进基础设施建设和互联互通，对接各国政策和发展战略，深化务实合作，促进协调联动发展，实现共同繁荣。他强调：“设施联通是合作发展的基础。我们要着力推动陆上、海上、天上、网上四位一体的联通，聚焦关键通道、关键城市、关键项目，联结陆上公路、铁路道路网络和海上港口

① 习近平：《共同建设“丝绸之路经济带”》，载《习近平谈治国理政》，第289—290页。

② 习近平：《共同建设21世纪“海上丝绸之路”》，载《习近平谈治国理政》，第293页。

网络。”①

“一带一路”建设的重要性可从以下四个方面理解。首先，这一倡议的提出充分体现了平等互利、开放包容的精神。历史上，丝绸之路和海上丝绸之路是中国人民和亚、欧、非各国人民共同建设的，在世界各国都享有极大的知名度。中国是丝绸之路的一端，但丝绸之路是世界各国人民共有的。作为新时代中国外交的重点，中国并没有提出一个自己独有外界陌生的概念，而是让世界人民共同获利的古老丝绸之路重新焕发生机，这不能不说是非常绝妙的。其次，有利于对外开放和国家经济建设的协调发展。中国的改革开放是从东南沿海开始的，这有其历史必然性。经过三十多年的时间，西北内陆地区无论是在对外开放水平和经济发展水平都与东南沿海地区有着明显的差异。“一带一路”建设使面向欧亚大陆的中国内地成为开放的前沿，为当地的经济发展注入了强劲的动力，拓展了新的平台，极其有利于纠正在改革开放过程中形成的地区发展不平衡。第三，在国际战略上实现了调整战略方向，规避矛盾，拓展发展空间的目的。冷战结束后，中国确定了“立足亚太，稳定周边”的战略，这十分必要且取得了极大的成果。然而，进入21世纪以来，由于中美关系的变化以及中国与邻国海洋领土的纠纷等原因，中国在东南方向面临较为复杂的矛盾，战略活动空间受到一定限制。在“一带一路”建设中，中亚、南亚、西亚和中东欧国家成为合作的重点，朝向欧亚大陆的西北方向成为中国国际战略重要的施展空间，这就起到了调整战略方向，规避矛盾的作用。第四，“一带一路”建设将极大地巩固中国与亚欧非各国的友好关系。如上所述，经贸合作特别是基础设施的联通是“一带一路”建设的核心内

① 习近平：《携手推进“一带一路”建设——在“一带一路”国际合作高峰论坛开幕式上的演讲》，中国一带一路网，2017年5月14日，https://www.yidaiyilu.gov.cn/xwzx/xgcdt/13208.htm，2018年3月20日登录；习近平：《开辟合作新起点，谋求发展新动力——在“一带一路”国际合作高峰论坛圆桌峰会上的开幕辞》，中国一带一路网，2017年5月15日，https://www.yidaiyilu.gov.cn/xwzx/xgcdt/13629.htm，2018年3月20日登录。

容，这与此前中国的对外开放战略有明显的区别。基础设施建设是中国经济实力的长项，“一带一路”建设有利于中国发挥优势，不仅为合作对象国带来实实在在的好处，也为中国经济的持续增长提供新的动力。更为重要的是，基础设施的联通将增加中国与有关国家纽带的“物质化”水平，夯实中国对外关系的基础。

（三）正确义利观

正确义利观是指中国在对外交往中反对“唯利益论”，特别是在对发展中国家的交往中，不能只以经济利益作为出发点，更应该高扬国际道义的旗帜，努力促进世界各国的共同发展。正确的义利观是习近平主席在2013年3月对非洲进行国事访问期间首次提出的。同年10月，新中国成立以来的首次周边外交工作座谈会举行，习近平主席在谈到如何促进中国与周边国家的关系发展时强调：“要找到利益的共同点和交汇点，坚持正确义利观，有原则、讲情谊、讲道义，多向发展中国家提供力所能及的帮助。”①2015年12月，在中非合作论坛约翰内斯堡峰会上，习近平主席表示：“中方将秉持真实亲诚对非政策理念和正确义利观，同非洲朋友携手迈向合作共赢、共同发展的新时代。”②2017年10月，在十九大报告中习近平总书记又将“秉持正确义利观和真实亲诚理念加强同发展中国家团结合作”作为党的重要外交政策提出。由此可见正确义利观在习近平外交思想中的重要地位。

正确义利观首先是对中国优秀传统文化的继承和发展。“重义轻利”“舍生取义”本身就是作为中国传统文化主流的儒家学说的宝贵遗产，孔子在《论语》中提出：“见利思义，见危授命，久要不忘平生之言，亦可以为成人矣。”“不义而富且贵，于我如浮云。”

① 习近平：《坚持亲、诚、惠、容的周边外交理念》，载《习近平谈治国理政》，第299页。

② 习近平：《开启中非合作共赢、共同发展的新时代——在中非合作论坛约翰内斯堡峰会上开幕式的致辞》，新华网，2015年12月4日，http://www.xinhuanet.com/world/2015-12/04/c_1117363197.htm，2018年3月20日登录。

这就是儒家学说的义利观，正确义利观继承其中的精髓，并将其运用到外交工作之中。其次，正确义利观还是对新中国建立以来外交工作优良传统的继承和发展。20世纪50年代中后期以来，中国在自身经济还很困难的情况下，曾经大力援助发展中国家反对殖民主义和帝国主义的斗争，为这些国家的经济独立和民生改善提供了大量宝贵的援助。1963年至1964年，周恩来在访问亚非十三国期间提出了中国对外经济技术援助的八项原则，这成为国际经济新秩序的基石。中国真诚而不附带任何政治条件的援助，也赢得了广大发展中国家对中国的真诚友谊。正确的义利观正是对这种中国外交宝贵经验的继承和发展。第三，正确义利观坚定了国际社会对中国坚持走和平发展道路的信心。21世纪以来，随着中国综合国力的迅速发展，中国未来的发展方向以及中国与现行国际体系之间的关系问题成为世界关注话题。中国在非洲的活动更被污名化为"新殖民主义"。中国坚定地奉行正确义利观充分证明中国不会走上一条国强必霸对外扩张的道路，不会牺牲别国的利益来满足自己的利益，而是要为实现世界的公平正义贡献自己的力量，真诚地帮助发展中国家实现共同发展，也有力地回击了对中国搞"新殖民主义"的污蔑。

（四）新安全观

习近平主席所倡导的新安全观的主要内容是共同、综合、合作、可持续。在2014年5月举行亚信峰会上，习近平主席首次阐述了新安全观。他指出："我们应该积极倡导共同安全、综合安全、合作安全、可持续安全的亚洲安全观，创新安全理念，搭建地区安全合作新架构，努力走出一条共建、共享、共赢的亚洲安全之路。"[①] 应该说新安全观的四个特点共同、综合、合作和可持续是一个有机整体。共同是指安全应该是世界各国的安全，而不能只是某

① 《习近平在亚信峰会上作主旨发言（全文）》，人民网，2014年5月21日，http://world.people.com.cn/n/2014/0521/c1002-25046183.html，2018年3月20日登录。

一个或某几个国家的安全，不能把自身的安全建立在别人不安全的基础之上，不能走“零和”博弈的老路。综合是指应该兼顾传统安全和非传统安全，只有两者兼顾才能做到真正的安全。合作是指实现安全的途径。世界各国的安全只有通过合作才能实现。国际安全必须建立在和平共处五项原则的基础之上，干涉别国内政，颠覆别国合法政权，武力干预与威胁只能带来动荡和不安全。可持续是新安全观中最具有创新的一点，它的含义是必须把经济社会的可持续发展作为安全的基础和维护安全的基本手段。没有政治的稳定，经济的繁荣，民生的改善就不可能有持久的安全。

结　语

综上所述，改革开放以来的中国外交思想表现出鲜明的阶段性特征，但其中仍然有一些一以贯之的特点。首先，改革开放以来的中国外交思想表现出实事求是，与时俱进的思想品格。中国外交思想的发展变化是对不断变动的国际环境的因应。不同时期，中国共产党的领导核心都能够比较客观全面地看待国际形势的变化，不断调整和发展中国外交思想，不墨守成规，勇于做出新的调整和变化。其次，改革开放以来的中国外交思想从中国人民和世界人民的根本利益出发，兼顾了国家利益与国际道义两方面的要求。改革开放以来中国外交的最大变化就是淡化了意识形态的色彩，真正把中国的国家利益放在外交工作最突出的位置上。全球化和相互依存的发展又使得中国外交工作不能只顾及中国自身的利益，必须兼济天下。不同时期的中国外交思想充分表现出这一特征。

新时期中国青年外交官初始培训的特点（2010—2015）[①]

外交学与外事管理系　唐　晓

21世纪以来中国外交面临新形势和任务[②]：世界正处在大变革大调整之中。和平与发展仍然是时代主题。世界多极化、经济全球化、社会信息化、文化多样化深入发展，全球治理体系和国际秩序变革加速推进，各国相互联系和依存日益加深，国际力量对比更趋平衡，和平发展大势不可逆转。同时，世界面临的不稳定性不确定性突出，世界经济增长动能不足，全球发展不平衡加剧，贫富分化日益严重，地区热点问题此起彼伏，霸权主义、强权政治和新干涉主义有所上升，局部动荡频繁发生，恐怖主义、网络安全、重大传染性疾病、气候变化等非传统安全威胁持续蔓延，人类面临许多共同挑战。

① 本文系作者在2017年12月20日参加在外交学院本部举行的中日韩外交学院工作合作会上发言稿基础上修改而成。自20世纪90年代中期以来，外交学院外交学与外事管理系在外交部干部司培训中心（2016年8月后改为中国外交干部培训学院）和外交学院领导的领导和组织下，每年都承担了一期青年外交官初始培训工作，截至2016年10月，共承担了20期培训工作。鉴于资料有限，本文采用了2010—2015年时段的资料和数据。

② 《胡锦涛在中国共产党第十七次全国代表大会上的报告》(11)，中国共产党新闻网，2007年10月25日，http://cpc.people.com.cn/GB/64093/67507/6429855.html，2018年2月20日登录。

《胡锦涛在中国共产党第十八次全国代表大会上的报告》，中国共产党新闻网，2012年11月8日，http://cpc.people.com.cn/n/2012/1118/c64094-19612151-11.html，2018年2月20日登录。

《习近平在中国共产党第十九次全国代表大会上的报告》，中国共产党新闻网，2017年10月28日，http://cpc.people.com.cn/n1/2017/1028/c64094-29613660-14.html，2018年2月20日登录。

为推动建设持久和平、共同繁荣的和谐世界，中国政府号召各国人民同心协力，构建人类命运共同体，建设持久和平、普遍安全、共同繁荣、开放包容、清洁美丽的世界。要相互尊重、平等协商，坚决摒弃冷战思维和强权政治，走对话而不对抗、结伴而不结盟的国与国交往新路。要坚持以对话解决争端、以协商化解分歧，统筹应对传统和非传统安全威胁，反对一切形式的恐怖主义。要同舟共济，促进贸易和投资自由化、便利化，推动经济全球化朝着更加开放、包容、普惠、平衡、共赢的方向发展。要尊重世界文明多样性，以文明交流超越文明隔阂、文明互鉴超越文明冲突、文明共存超越文明优越。要坚持环境友好，合作应对气候变化，保护好人类赖以生存的地球家园。

当代中国同世界的关系发生了历史性变化，中国的前途命运日益紧密地同世界的前途命运联系在一起。不管国际风云如何变幻，中国政府和人民都将高举和平、发展、合作旗帜，奉行独立自主的和平外交政策，维护国家主权、安全、发展利益，恪守维护世界和平、促进共同发展的外交政策宗旨。

针对上述新时期中国外交面临的新形势和任务及其特点，外交学院外交学与外事管理系在外交部干部司培训中心和外交学院领导的指挥和组织下，密切配合干部司培训中心有关培训整体方案的设计、制定和落实工作，协调学院教务、财政、后勤等有关部门为培训班提供强有力的支持和保障，同时协调、沟通和邀请院内外有关教师、知名专家和学者前来授课或举办讲座，圆满完成了组织和上级领导布置的培训工作。经过20年来的辛勤努力和工作，形成了一套具有中国特色的青年外交官初始培训的经验和特点，现总结和概括如下：

表 1　外交部青干班初始培训学员信息概览

培训时间	人数	男%	女%	学士%	硕士%	博士%	语言文学类%	社会科学%	理工科类%
2010.11—2011.1	184	131 71%	53 29%	118 64%	66 36%	0	91 49%	47 25.5%	46 25.5%
2011.10—2012.1	143	103 72%	40 28%	105 73%	38 27%	0	76 53%	34 24%	33 23%
2012.10—2013.1	202	146 72%	56 28%	119 59%	80 40%	3 1%	94 47%	55 27%	53 26%
2013.10—2014.1	254	174 69%	80 31%	163 64.2%	90 35.4%	1 0.4%	126 50%	62 24%	66 26%
2014.10—2015.1	254	169 67%	85 33%	144 56.7%	109 42.9%	1 0.4%	129 51%	64 25%	61 24%
2015.10—2016.1	292	177 61%	115 39%	150 51.3%	139 47.6%	3 1.1%	152 52%	63 22%	77 26%
总计	1329	900 68%	429 32%	799 60.1%	522 39.3%	8 0.6%	668 50.3%	325 24.4%	336 25.3%

注：根据外交学院外交学系 2010—2015 年间编写的《外交部青年干部外交业务培训班学员手册》中有关数据编制。

一、明确职业发展目标，培养坚定的政治信念

（一）始终坚持建国初期周总理为外交人员制定的四项基本要求（十六字诀）

1.站稳立场：作为社会主义中国的外交人员，应该既是一个爱国主义者，又是一个国际主义者。他们在一切外事活动中，既要坚决维护祖国的正当权益，又要勇于捍卫国际主义与和平。只有站稳立场，坚持原则，才能判断是非，爱憎分清，旗帜鲜明，从而得到

多数国家和人民的拥护支持。

2. 掌握政策：政策是国家根据当前内外形势和历史条件制定的各项行动准则。固然，制定正确的外交政策是基础。但是，有了正确政策，还要在实际行动中很好地贯彻执行。这就要求全体外交人员明确并掌握好中央制定的外交政策。政策水平高，就能见事早，料事准，建议好；反之，则八九徒劳无功。政策水平非抽象虚幻之物，而是实实在在地来自对本国国情、外交政策、外交战略策略等的了解和掌握，了解掌握得好，政策水平就高。

3. 熟悉业务：建国初期，周总理就强调外交干部必须加强学习，努力钻研业务。要求大家结合工作需要，学习马列主义有关文献和毛主席著作中有关文章，并结合自己主管的具体工作，在实践中学习有关业务知识。总理还叮嘱负责干部要尊重客观事实，深入了解驻在国及邻国的情况，加强调查研究。不论工作多么忙，每天要细心阅读国际新闻，了解当地情况，勤于思考，加深认识。当代国际形势的变化和发展对外交业务提出了更高的要求。

4. 严守纪律：周总理常对外交干部讲："路线的正确执行须靠纪律保证。""外交工作一切有关政策问题必须请示报告。""事关涉外大事，不准边斩边奏，更不准先斩后奏。""因为某一件事从局部来看，这样做是可以的，但从全局来看，这样做又是有损全局的，因此必须报请中央全面考虑，作出决定。另一个问题是提出或解决的时机是否得当，因此同样须报请中央全面考虑决定"。[①] 因为对外工作只有高度集中统一才能形成力量。外交行动如同一个交响乐团，所有不同乐器的演奏者都要统一在一个权威的中央指挥下进行有规律的合奏，才能有效地配合，演奏出优美和谐的乐章来。

① 陈叔亮：《新中国外交的伟大开拓者》，人民网，领袖人物资料库，http://www.people.com.cn/GB/shizheng/252/7619/7647/2541132.html，2018年2月20日登录。

（二）构建和培育21世纪外交人员核心价值观

2011年，为了落实党的十七届四中全会作出的重大战略部署，外交部党委审时度势，从保障外交事业和外交队伍可持续发展的战略高度，广泛、深入地开展构建和培育外交人员核心价值观主题活动。经过缜密梳理，学习研讨，吸收其他单位经验，听取部内外多领域专家的意见，逐步形成“忠诚、使命、奉献”的外交人员核心价值观。2011年7月，杨洁篪部长代表部党委在部庆祝建党90周年大会上郑重提出，外交人员核心价值观就是“忠诚、使命、奉献”，并对其内涵作出深刻阐释，指出“忠诚是信念，使命是责任，奉献是境界，三者有机统一，是对外交人员核心价值观的高度概括”。[①]

构建和培育新时期外交人员核心价值观具有十分重要的现实意义：首先，构建和培育外交人员核心价值观是应对外交工作新形势新任务的客观需要。当前国内国际形势的变化对外交工作提出了新的要求，要求外交人员必须把握好国内国际两个大局，以政治家办外交的标准打造一支思想政治过硬和各方面素质较好的外交人员队伍。其二，构建和培育外交人员核心价值观是适应外交队伍年轻化的现实要求。如何适应新形势新任务提出的更高要求，如何在当前国内外各种社会思潮和价值观念的激烈交锋、相互竞争中始终保持头脑清醒、立场坚定，是关系外交工作全局和长远的重要问题。其三，构建和培育外交人员核心价值观是外交战线落实党建工作新要求新部署的重要举措。党的十七届四中全会以来，中央高度重视社会主义核心价值体系，将其作为兴国之魂，并作出了一系列重要部署。外交战线落实这些部署，必须紧密联系外交工作和外交人员实际，把中央的普遍要求转化为具有外交特色，适应外交工作需要的具体举措。

① 外交部机关党委：《构建和培育外交人员核心价值观打造学习活动新品牌》，搜狐网，2012年3月6日，http://roll.sohu.com/20120306/n336875657.shtml，2018年2月20日登录。

2017年8月，王毅部长在寄语新入职干部时对新时期外交人员核心价值观作了进一步深入的解释："忠诚，就是忠于党，忠于国家，忠于人民。这三者相互联系，又相互统一。而最核心的是保持对党的忠诚。因为没有中国共产党，就没有我们国家的发展和强盛，也就没有我们人民的幸福与安宁。""青年党员进入外交队伍后要在思想和行动上同党中央保持高度一致，在新的环境中不断磨砺自己的党性，切实发挥好先锋模范作用。……不是党员的青年朋友们尽快树立起自己的政治追求，自觉以党员的标准要求自己，不断向党组织靠拢。使命，就是要积极进取，勇于担当，不辱使命。不同的时代有着不同的使命。建国初期，中国外交的使命是要打破西方对我们的包围封锁，维护国家和民族的尊严；改革开放时期，中国外交的使命是全面开展与世界各国的交往合作，为国内经济建设尽可能创造有利的外部环境；而现在，我们除了要继续服务国内发展之外，还要更加积极有为地拓展我们国家在全球范围的正当权益，更加积极有为地提高我们国家在世界上的地位、影响以及话语权，更加积极有为地承担起维护世界和平与发展的国际责任。奉献，就是要把外交工作作为自己为之毕生奋斗的事业，培养夙夜在公、无私奉献的家国情怀。'舍小家，顾大家'在外交部并不是一句空洞的口号，而是我们每一个人都要面对和做出的选择。"①

应该看到，现在宣示的外交人员核心价值观"忠诚、使命、奉献"，也是和周总理倡导的十六字方针一脉相承的。②

（三）加强职业道德和职业法律法规方面的教育和培训

在外交部干部司培训中心的指导下，外交学系组织和安排了下列培训讲座（见表2、表3）：

① 《王毅部长寄语2017年新入职干部》，外交部网站，2017年8月22日，http://www.fmprc.gov.cn/web/wjbzhd/t1486559.shtml，2018年2月20日登录。

② 周晓沛：《新中国外交官是怎样炼成的》，外交政策咨询委员会网站，http://fpag.fmprc.gov.cn/chn/xxsk/t984498.htm，2018年2月20日登录。

表2　职业道德方面的教育和培训讲座

中国特色社会主义理论	外交人员核心价值观
党的“十八大”工作报告	国情系列讲座
习近平总书记的系列讲话	

表3　有关公务员的法律和规定的讲座

公务员法 (2005)，国家公务员行为法典 (2002)
中华人民共和国驻外外交人员法 (2009)
外交部“五大纪律”教育: 政治、组织、外事、财务、保密纪律
有关国家安全的法律与法规

二、培养具有多学科知识和专业技能的复合型人才

除了爱国和具有坚定的政治信念以外，外交官还需要具备哪些素质？已故资深外交官、前外交学院院长吴建民大使2016年4月在接受《南方周末》记者采访时提出：第一，需要有丰富的知识储备。对世界的了解，对问题深度的了解，都需要平时的积累。没有深度的了解是不行的，有些问题不是几句口号就能解决的；第二，优秀的外语能力。外交官经常要用外语与人直接沟通，也会要到世界其它国家的电视台去辩论。我们外交部有很多优秀的外交官能做到，但是也有不少人做不到。很多人一到电视台就发怵，这是不行的；第三，要善于交流，就是能打动人，不要讲出来的话别人听不懂；第四，讲的道理要站得住脚。这一点是要下很大功夫的，了解普通人的思路，怎么讲让人觉得说的有道理很重要。我觉得一名优秀的外交官要懂这些，而且这个过程并不是一蹴而就的，是一个不断改

善的过程。外交官的工作是一个不断提高的过程，永无止境。[①]

资深外交官周晓沛大使认为，进入新世纪，国际形势复杂多变，外交工作越来越呈现全方位、多领域的特征，经济外交、能源外交、人文外交、公共外交等极大地丰富了外交的内涵。面对国际、国内的新形势和新任务，从事外交的同志要有战略思维，要把握时代特点，努力与时俱进，开拓创新。所谓战略思维是指从事外交工作，无论调研办案，还是谏言献策，都要有世界眼光、国情意识和国内发展的大局意识。当今国际形势瞬息万变，世界越变越小，互动越来越密切，对外工作难度也越来越大。要学会从国际、国内两个视角观察形势和思考问题，既知其外，也知其内；既知其过去，也知其未来；不仅谋一域，还要谋全局，为国内经济建设创造和平的国际环境和良好的周边环境。为此，外交官要不断提高自身的素质，力求成为多面手，练就敏锐观察国际风云的火眼金睛，准确研判世界变迁的睿智头脑，经得起雨骤风暴考验的铮铮铁骨。[②]

鉴于参加青年外交官初始培训的学员背景语言类专业居多，文理科专业兼顾的专业和知识结构特点（见表4），外交学院外交学系在干部司培训中心的指导下，组织和安排了以外交外事、国际关系、国际政治为主干，以国际经济、国际法律、国际文化为支撑的一系列理论知识课程和讲座，由外交学院教师和院外其他高校专家讲授，调整、补充和充实不同专业背景的学员的知识结构。不同专业背景的学员可以根据自己专业背景特点，自主选择一些以前没有接触过或知道不多的课程，以此调整、充实和优化自己的知识结构，努力成为视野开阔、知识丰富、理论基础扎实的复合型人才。

① 《专访原驻法大使吴建民：优秀的外交官要善于说理》，搜狐网，2016年4月23日，http://www.sohu.com/a/71208857_362017，2018年2月25日登录。

② 周晓沛：《新中国外交官是怎样炼成的》，外交政策咨询委员会网站，http://fpag.fmprc.gov.cn/chn/xxsk/t984498.htm，2018年2月25日登录。

表4　外交外事理论知识教学与讲座

外交学概论	外交案例
近现代中国外交史	外交谈判
当代中国外交	公共外交
国际关系理论	人权外交
冷战后国际关系历史	能源外交
国际政治（国际政治中的热点问题）	外交政策分析
主要双边关系：中美、中日、中俄	

表5　经济方面的教学与讲座

经济学概论	国际金融
世界经济	中国对外经济关系
国际贸易	

表6　法律方面的教学与讲座

国际法概论	国际公法

表7　文化方面的教学与讲座

中西比较文化	软实力与文化外交
跨文化交流	

三、理论教学与业务培训相结合，注重职业技能培训

外交不仅仅需要有正确的理论指导和广阔的知识储备，更是一种专业实践。外交是一种知行合一的职业，需要将所学的知识运用

到外交实践工作中去。2005年9月，时任外交学院副院长秦亚青教授在接受《中国青年报》专访时认为，中国外交官的培养与西方有相似之处，也有不同。相似之处在于：第一，都非常注重培养“忠实于国家”的观念；第二，都很重视外交知识和业务的训练。周总理为外交学院提出的“站稳立场，掌握政策，熟悉业务，严守纪律”的校训，就恰恰综合了这两点。此外，我们与西方也有很大不同。首先，我们要求学生必须了解中国国情。具体地说，就是要清楚中国在哪些方面更需要让世界了解、更需要让世界来实现我们的目标。其次，我们特别重视学生的外语训练。①

在外交部干部司培训中心的指导和组织下，外交学与外事管理系参与规划和安排了一系列外交实践业务技能培训讲座，作为所有学员们的必修课，邀请外交部和中央其他部门具有丰富实践经验的资深外交官和政府官员给学员们传授亲身经历和经验。

表8　有关国情和外交政策方面的讲座

全国党代会工作报告	地区发展政策
国家经济发展政策	双边外交政策
外交政策	多边外交政策
全球发展政策	

表9　有关安全方面的讲座

信息安全	计算机信息安全与保密知识
网络安全	外交密码

① 《专家谈中国外交官培养：须了解国情重视外语》，新浪网，2005年9月15日，http://news.sina.com.cn/c/2005-09-15/09106949685s.shtml，2018年2月25日登录。

表 10　有关办公室业务方面的讲座

现代行政管理	外交信使工作
外事管理	外交档案与文书管理
部门安全工作	防火工作
外交文书	外交部财政系统
驻外使领馆办公室业务	

表 11　有关外交业务调研方面的讲座

外交案例处理介绍	外交礼宾与礼仪
驻外使领馆外交调研	反恐工作
外交调研的概念与基本方法	外交外事危机管理
国别与地区调研	危机管理与紧急事件处理机制建设
公共外交（公共外交与新媒体的实践）	海洋边界工作
经济外交	裁军与核不扩散
能源外交	国际法实践调研
人权外交	司法协助与引渡
双边外交（中欧、中美、中俄、中日等）	环境保护与气候变化
多边外交：谈判,调研，国际组织等	

表 12　有关领事业务方面的讲座

外交特权与豁免权	领事保护
签证、公证与认证	驻外使领馆安全保护工作

表 13　有关专业技能方面的讲座

二外英语	速记技巧
二外法语	安全驾驶技巧

续表

外交英语	会议摄影技巧
交流与公共演讲技巧	计算机运用技巧
口译技巧	外交密码使用
翻译技巧（书面）	

四、课堂培训与课后导师辅导制相结合

外交部青年干部外交业务培训班实行导师制。目的是通过导师与学员进行面对面的辅导，对学员进行有针对性的学习指导，因材施教，并解答学员在外交学院学习过程中的各种问题，提高学习效果。具体做法是：由学院具有副教授以上职称或具有博士学位的教师作为指导教师，每位教师负责10名左右学员的学习指导工作。要求导师每两周与学员见面一次，进行课外阅读与写作指导。向学生推荐专业领域的参考书，及时与学员沟通，答疑解惑。学员在学习阅读的基础上，在导师指导下，在整个学习期间内至少写出两篇文章，交由导师进行评阅，在学习结束时由指导教师进行总评并给出成绩。

在实际课外导师辅导过程中，导师们除了完成上述指导工作外，还针对学员们不同的专业背景和学历层次，以及高强度高密集的知识课程学习和业务实践技能培训，经常给学员们讲授如何调整心态适应新的学习环境，如何掌握外交和国际关系专业学习方法和技巧，同时在高强度学习环境下进行必要的自我心理疏导。此外，有不少导师有在驻外使领馆外交一线工作的经历，通过言传身教，帮助学员们加深对外交工作的性质和特点的了解，树立正确的人生观和价值观，增强学员们现在努力学习、用自己的能力报效祖国的动力。在课外师生互动过程中，导师们还经常联系时事政治的热点

问题，以问题引导和案例学习的方式，组织小组学员们进行讨论和交流，提高对时政的敏锐观察能力和思维辨别能力，取得了积极的效果。

总之，中国青年外交官业务初始培训是中国外交官队伍培训系统的重要一部分。作为培训授课教师、课外导师和培训项目承担部门外交学与外事管理系主任（2013—2016），本人亲身经历了课堂业务培训、课外导师制，以及培训方案设计、制定和落实的过程，欣喜地看到随着国家的发展和壮大，我国青年外交官初始培训机制也在逐步发展、成熟和完善，形成了具有中国特色的青年外交官初始培训的特点。我们的青年外交官队伍经过一年（针对本科学历的学员）或半年（针对硕士和博士学历的学员）的外交业务培训，他们的政治信念更加坚定，知识结构更加丰富，业务技能明显提高，一批又一批地以饱满的热情和积极向上的姿态，意气风发地投入到外交工作中去。中国的外交事业后继有人，充满希望。

“北极日出”号案与俄罗斯应对

国际法系　王　佳

一、引言

荷兰诉俄罗斯“北极日出”号案在国际争端解决的层面上具有特别的意义：它是第一个在被告方不出席的情况下做出裁决的《联合国海洋法公约》附件七仲裁案件，是第一个涉及海上抗议活动的案件，亦是第一个非关商船、军舰的船舶案件。“北极日出”号（the Arctic Sunrise）是著名的环保非政府组织绿色和平（Greenpeace International）所拥有的一艘破冰船，该船的船旗国是荷兰，主要用于绿色和平组织的“守护北极”（Save the Arctic）项目。绿色和平组织从2012年起，开始抗议俄罗斯国营石油公司——俄罗斯天然气工业石油大陆架公司（Gazprom Neft Shelf）在位于俄罗斯专属经济区内的北极石油开采活动。绿色和平组织指出，北极的生态环境非常脆弱，无法承受漏油带来的环境风险。2013年9月14日，“北极日出”号从挪威出发，船上共有30人，来自多个国家。后来这30人被称为“北极30人”（the Arctic 30）。“北极日出”号于9月17日到达俄罗斯天然气石油大陆架公司的“普里拉兹洛姆纳亚”（Prirazlomnaya）钻井平台附近。其间，俄罗斯边防船“拉多加”号（Ladoga）一再通过电台警告“北极日出”号危害了航行安全，违反了《联合国海洋法公约》的规定，要求其撤离，但“北极日出”

号置之不理。9月18日清晨，"北极日出"号派出5艘快艇，艇上的人员试图攀爬到钻井平台上，且随身携带帐篷，计划住在钻井平台上，阻挠石油开采活动，直至俄罗斯天然气工业石油大陆架公司停止业务。其中，有两名男女在边防警察的水枪冲击下成功爬上了平台，但最终被警察抓获，带到了"拉多加"号上。各艘快艇随后返回了"北极日出"号。"拉多加"号通过电台要求"北极日出"号停止航行，接受检查，称快艇袭击了钻井平台，涉嫌从事恐怖主义活动。但是"北极日出"号对于警告置之不理。9月19日清晨，俄方的直升机将警察降落至"北极日出"号上，检查并控制了该船。9月20日，"北极日出"号及船上所有人员被转移至摩尔曼斯克。9月24日，俄罗斯开启了对"北极30人"的刑事调查，并计划以海盗罪进行起诉，引起了国际社会的一片哗然。此后，荷兰政府作为船旗国一再向俄罗斯方面提出抗议，要求停止刑事调查程序，并释放船只与人员。然而，经过几次协商，俄罗斯未能满足荷兰的要求。于是，荷兰决意提起仲裁。

2013年10月4日，荷兰正式根据《联合国海洋法公约》的相关规定提起对俄罗斯的强制仲裁。10月21日，在仲裁庭组成之前，荷兰指出由于情势急迫，要求国际海洋法法庭指示临时措施。10月22日，俄罗斯发出照会称其将不参加荷兰单方面提起的仲裁程序，也不会参加国际海洋法法庭的临时措施程序。① 11月22日，国际海洋法法庭发布了临时措施的指令，要求俄罗斯在荷兰提交一定的保证金的情况下立即释放船舶及人员，并确保其离开俄罗斯。②

该案中，俄罗斯明确表示不参加，而且不提交书面材料、不参加庭审、不提交仲裁费用，但是仲裁庭认为这不会影响案件的进行，并将案件分割为两个阶段——管辖权阶段和实体阶段。2014年11月26日，仲裁庭做出了管辖权裁决。2015年8月14日，仲裁

① The Arctic Sunrise Case, Note Verbale of the Russian Federation, 22 October 2013.

② The Arctic Sunrise Case, ITLOS order, 22 November 2013, para. 105.

庭做出了实体裁决。在前一阶段，鉴于俄罗斯指出仲裁庭对本案没有管辖权，所以仲裁庭须考察自身是否对本案有管辖权；在后一阶段，仲裁庭回答了荷兰所提出的俄罗斯的相关行为是否违反国际法的问题。

二、"北极日出"号案的管辖权问题

本案的仲裁庭于2014年1月10日组成。仲裁庭由五位仲裁员组成，其中，荷兰指派了一名本国的法学教授宋斯（Soons）担任仲裁员。他是荷兰人，也担任了南海仲裁案的仲裁员。由于俄罗斯拒绝指派仲裁员，荷兰要求时任国际海洋法法庭庭长的柳井俊二指派其余的仲裁员。他们分别是墨西哥人斯泽科里（Szekely）、澳大利亚人波莫斯特（Burmester）、波兰人西蒙奈兹（Symonides）和加纳人门萨（Mensah）。其中，门萨被指派为仲裁庭庭长，他也担任了南海仲裁案的庭长。

荷兰启动仲裁程序的理由在于《联合国海洋法公约》第十五部分规定的强制性争端解决机制，即有关《公约》的解释或适用的任何争端，如果当事方诉诸谈判、调解等方式而不能解决，则争端的其中一方可单方将其提交给导致有拘束力裁判的强制程序。这就是所谓的"强制仲裁"。当然，《公约》对"强制仲裁"的启动设置了诸多的条件、限制与例外。于是，《公约》的强制性争端解决机制又被形象地称作"切火腿式"（salami-slicing）的。[①] 本案管辖权问题的关键就是在于俄罗斯是否符合强制性争端解决机制的例外。

俄罗斯于2013年10月22日在对本案作出的声明中称："俄罗斯当局对'北极日出'号及其船员所采取的行动是包括刑事管辖权在

① Alan E. Boyle, "Dispute Settlement and the Law of the Sea Convention: Problems of Fragmentation and Jurisdiction", *International and Comparative Law Quarterly*, vol. 46,1997, p. 39.

内的俄罗斯联邦管辖权的行使，其目的是为了执行俄罗斯联邦作为沿海国根据《联合国海洋法公约》的相关条款的法律与规章。俄罗斯联邦于1997年2月26日批准《公约》时曾作出声明。根据该声明，俄罗斯在有关行使主权权利或管辖权的法律执行活动所引发的争议中不接受《公约》第十五部分第二节所规定的导致有拘束力裁判的强制程序。基于此，俄罗斯联邦通知了荷兰王国其不接受《公约》附件七规定的仲裁程序。"①可见，俄罗斯声明的基础在于《公约》的第298条。该条规定了国家可以对三类争端作出任择性排除声明，即排除三类争端由《公约》的强制性争端解决机制加以解决的可能性。这三类争端分别是：第一，关于划定海洋边界的《公约》条款在解释或适用上的争端，或涉及历史性海湾或所有权的争端；第二，关于军事活动的争端，以及根据第297条第2和第3款不属法院或法庭管辖的关于行使主权权利或管辖权的法律执行活动的争端；第三，关于正由联合国安全理事会执行《联合国宪章》所赋予的职务的争端。俄罗斯在本案中的依据主要是基于其所排除的第二类争端而言，即俄罗斯认为本案所涉争端是"关于行使主权权利或管辖权的法律执行活动的争端"。

荷兰则指出，本案中俄罗斯的活动确实是关于行使主权权利或管辖权的法律执行活动，但是《公约》所规定的是"根据第297条第2和第3款不属法院或法庭管辖的关于行使主权权利或管辖权的法律执行活动"，所以俄罗斯的说法太过宽泛，即不是所有法律执行活动都能排除强制性争端解决机制，必须符合第297条第2和第3款。②

仲裁庭同意荷兰的意见，指出俄罗斯所提的法律执行活动必须是根据第297条第2和第3款作出的，这才是符合《公约》的立法原意的。《公约》第297条第2款和第3款规定了三种"关于行使主权权利或管辖权的法律执行活动"而引发的争端，分别是：第一，沿

① The Arctic Sunrise Case, Note Verbale of the Russian Federation, 22 October 2013.

② The Arctic Sunrise Arbitration, Award on Jurisdiction, para. 68.

海国在专属经济区和大陆架上的海洋科研活动的权利或裁量权引发的争端；第二，沿海国命令停止或暂停海洋科研项目的决定引发的争端；第三，沿海国在专属经济区和大陆架上的生物资源有关的主权权利引发的争端。仲裁庭认为，只有符合以上三种情况，才能排除强制性争端解决机制。总之，俄罗斯的法律执行活动必须与海洋科研活动或生物资源养护有关，才符合《公约》的相关规定。但是，引发本案的是对开采石油活动的抗议，显然与海洋科研活动无关；石油是非生物资源，所以也与生物资源养护无关。因此，仲裁庭认为俄罗斯在批准公约时所作声明不能排除本案中仲裁庭的管辖权。[①]

从管辖权的角度来看，仲裁庭的裁决是符合《联合国海洋法公约》的相关规定的。俄罗斯只提出了一个理由来对抗管辖权，而且也并没有太强的说服力。俄罗斯对于缺乏说服力这点应该是心知肚明的，因为它在声明中有意忽略了《公约》前半段的"根据第297条第2和第3款"的表述，只提及了后半段的"法律执行活动"。但是即便俄罗斯明知管辖权的抗辩存在瑕疵，仍然坚持不参加仲裁程序，反映了其对该案的强硬态度，这与它在批准《公约》时的态度是存在不同的。《公约》虽然总体上规定了具有强制性的争端解决机制，但是却允许当事国选择具体的解决方式。这就是所谓的"自助餐（smorgasbord）模式"。[②]即当事国可以自由地从国际海洋法法庭、国际法院、附件七仲裁法庭和附件八特别仲裁法庭等四类程序中加以选择。然而，如果国家未对争端解决程序的选择作出声明或无法达成一致时，则附件七仲裁法庭作为兜底条款被启动。《公约》的多数缔约国未从中作出选择，但是俄罗斯事实上进行了选择，并且一共选择了包括附件七仲裁法庭在内的三种争端解决方式。总体而言，俄罗斯在批准《公约》时表现出对强制性争端解决

① The Arctic Sunrise Arbitration, Award on Jurisdiction, para. 79.

② 高健军：《联合国海洋法公约争端解决机制研究（修订版）》，北京：中国政法大学出版社，2014年版，第7页。

机制的较为积极的态度。本案是由于荷兰未做选择而启动了附件七仲裁程序。那么，俄罗斯在本案中不倾向于由仲裁庭来解决案件的原因是什么呢？对这个问题的回答要从本案的实体内容谈起。

三、"北极日出"号案的实体问题

在实体义务的追究方面，荷兰对俄罗斯提出了众多指控，包括俄罗斯对"北极日出"号及其人员的所为侵犯了荷兰作为船旗国所拥有的获得事先通知的权利与管辖权，以及荷兰作为自由航行国家所享有的法律利益；俄罗斯对于船上人员的逮捕侵犯了荷兰所拥有的外交保护权，并违反了《公民权利与政治权利国际公约》；俄罗斯在专属经济区内实施有关人工设施安全地带的国内立法的行为侵犯了荷兰船旗国保护的权利和自由航行的法律利益；俄罗斯未完全执行国际海洋法法庭指示的临时措施违反了《联合国海洋法公约》；俄罗斯拒绝承担仲裁费用违反了《联合国海洋法公约》和仲裁庭的仲裁规则。基于此，荷兰要求仲裁庭裁定俄罗斯向荷兰作出正式道歉，并保证不重犯，以及进行适当的赔偿。

荷兰的部分指控超出了《联合国海洋法公约》的范围，仲裁庭未予考虑。对于其他指控，仲裁庭将其总结为四类：第一，俄罗斯在钻井平台附近建立安全地带的合法性问题；第二，俄罗斯对"北极日出"号及其人员采取行动的合法性问题；第三，不遵守临时措施的合法性问题；第四，不缴纳仲裁费的合法性问题。

（一）建立安全地带的合法性

根据《联合国海洋法公约》的规定，沿海国拥有在专属经济区内建立人工岛、设施和装置的专属管辖权。[①] 另外，沿海国在必要

① Article 56(1)(b)(i) of the United Nations Convention on the Law of the Sea.

的情况下，还可以在人工岛、设施和装置周围建立合理的安全地带。不过，安全地带不应超过从人工岛、设施和装置的外缘量起500米。[①] 荷兰指控称，俄罗斯通过国内立法为"普里拉兹洛姆纳亚"钻井平台设置了3海里的安全地带。荷兰的证据是，俄罗斯发出的两份"航海者通知"（Notice to Mariners）进行了如此规定。而且，在本案中，"拉多加"号在对"北极日出"号的警告中称，钻井平台周围3海里是有害航行的，周围500米是禁止航行的。为什么荷兰执着于500米和3海里之间的区别？主要原因是，专属经济区不是国家领土的组成部分，沿海国所拥有的管辖权主要限于经济、资源方面，而在人工设施的安全地带内国家所拥有的权利超出其在专属经济区内的权利。沿海国能够在安全地带内采取合理的措施保证设施与航行的安全。1海里等于1.852公里，3海里远远超过了500米。本案的冲突发生时，"北极日出"号主要位于钻井平台500米外，然而在3海里内。不过，仲裁庭的意见比荷兰的指控更进一步。它指出，俄罗斯根本没有设置安全地带。因为，所谓的"航海者通知"只指出"3海里内有害航行"，而未表明设置安全地带的态度。因此，"航海者通知"只是一份建议，而非法律规定。况且，根据俄罗斯的一系列联邦立法的规定，证明俄罗斯明知安全地带不应超过500米。因此，仲裁庭认为，荷兰所指出的俄罗斯应撤销"航海者通知"的要求没有必要，因为俄罗斯根本未在钻井平台周围设置安全地带。[②]

（二）执法行动的合法性

关于俄罗斯在专属经济区内执法活动的合法性，仲裁庭认为，俄罗斯必须满足以下两个条件：第一，执法措施有国际法依据；第二，执法时应遵守国际法标准，特别是合比例性原则。为此，仲裁

① Article 56(4)、(5)of the United Nations Convention on the Law of the Sea.

② The Arctic Sunrise Arbitration, Award on the Merits, paras. 210-220.

庭考察了对海盗行为的登临权、紧追权、对恐怖活动的管辖权、对生物资源的管辖权、海洋环境保护的权利等俄罗斯可能拥有的国际法依据和标准。但是，仲裁庭最终全部予以否定。它认为，“北极日出”号及其人员显然不是海盗，因为海盗罪的客体是针对另一艘船，但是钻井平台并不是船；俄罗斯执法船不满足紧追权的持续性条件，因为它中途约有十几个小时中止了紧追，当时可能是考虑怎样处置扣押在船上的两名绿色和平活动者；“北极日出”号及其人员不是恐怖分子，因为绿色和平组织提前通知俄罗斯方面他们将采取抗议活动，而且他们曾多次在北极海域进行活动，俄罗斯方面对其并不陌生；本案不涉及对生物资源的管辖权，因为石油钻井平台实质上是非生物资源的开采问题；本案也不涉及海洋环境保护的权利，因为“北极日出”号及其人员没有造成任何污染或对环境的实质损害。

仲裁庭还在执法活动之外的更广泛的专属经济区沿海国的权利和利益保护方面考虑了俄罗斯行为的合法性。仲裁庭指出，其他国家在专属经济区内享有航行自由的权利，但是在行使权利应适当考虑沿海国的权利；同时，沿海国在行使自己专属性的管辖权时，也应适当考虑其他国家的权利。在一般情况下，专属经济区内的船舶应由其船旗国专属管辖。如果沿海国要行使管辖权，应该得到船旗国的同意。在海洋上抗议的权利来自于表达自由和集会自由等人权，这样的权利来源于俄罗斯、荷兰所共同参加的《公民权利与政治权利国际公约》等国际人权条约。在专属经济区内，沿海国为维护国家主权而采取适当措施是合法的，但是，措施必须具有合理性、必要性和合比例性。同时，沿海国应该忍受某种程度的公民抗议的骚扰，只要抗议不至于损害国家主权，而且也要照顾公民抗议的船舶的船旗国的权利。[①] 因此，仲裁庭认为，俄罗斯的执法活动没有达到以上要求，因而不具有合法性。

---

① The Arctic Sunrise Arbitration, Award on the Merits, paras. 324-332.

（三）不遵守临时措施的合法性

国际海洋法法庭于2013年11月22日发布了要求俄罗斯在荷兰提供保证金的情况下释放船舶及人员的临时措施。12月2日，荷兰提供了360万欧元的银行保证，但俄罗斯并未接受，直至保证过期。从2013年9月至11月，俄罗斯国内一直在针对“北极30人”展开刑事调查程序。11月18日到28日，圣彼得堡的普利莫尔斯克地区法院陆续发布了对“北极30人”的假释令。11月29日，“北极30人”已经全部解除监禁。12月18日，为庆祝俄罗斯联邦宪法通过20周年，俄罗斯国家杜马发布了大赦，大赦的范围是因《刑法》第213条第2款所规定的流氓罪而被指控、调查的人。因此，调查委员会终止了对“北极30人”的调查，解除了假释条件。12月29日，“北极30人”中所有的非俄罗斯公民离开了俄罗斯。俄罗斯从而事实上实现了国际海洋法法庭所指示的临时措施。但是，荷兰指控俄罗斯未能令“北极30人”尽速离开其国境，从而未能完全遵守临时措施。仲裁庭也认为，临时措施要求俄罗斯“尽速”遵守，但是俄罗斯却花了27天的时间才让所有人离开国境，因此俄罗斯没能达到临时措施的要求。至于“北极日出”号，该船是在2014年6月6日才由俄罗斯方面交还给船的所有公司代表的。因此，仲裁庭认为俄罗斯无法解释的拖延使船舶在6个月后才交付，也不能满足临时措施“尽速”的要求。综上，仲裁庭判定俄罗斯违反了《公约》第290条第6款和第296条第1款关于遵守临时措施和法庭裁判的规定，因为以上条款规定争端各方应迅速遵从根据本条所规定的任何临时措施及任何裁决。而且，俄罗斯由于不遵守临时措施，违反了诚意履行公约的义务。

（四）不缴纳仲裁费的合法性

2014年3月3日，常设仲裁法院代表仲裁庭向俄罗斯和荷兰发出函件，要求双方共同承担仲裁费。荷兰缴纳了其所应承担的一半费用，但俄罗斯拒绝缴纳。于是，荷兰代替俄罗斯缴纳了其应缴纳的费用。仲裁庭对俄罗斯的做法非常不以为然，在裁决中进行了批评。仲裁庭指出，虽然其不能强迫国家在仲裁庭中应诉，但是这不代表国家可以自行决定参加程序与否，因为公约第十五部分及其附件的规定构成了公约的不可分割的一部分。国家必须以善意履行其规定，不能从中加以选择。尽管当事国可以对仲裁庭的管辖权提出抗辩，但是作出是否具有管辖权决定的是仲裁庭。仲裁庭所要求的仲裁费用是当事国根据公约应遵守的义务。[①] 因此，仲裁庭要求俄罗斯归还荷兰所代其缴纳的仲裁费并加付利息。

除仲裁费外，荷兰还要求俄罗斯赔偿对“北极日出”号所造成的损害以及对“北极30人”造成的身体和精神损害。仲裁庭认可了荷兰的要求，不过关于赔偿的具体数额并未在本裁决中确定，要在此后再加以具体确定。

总之，仲裁庭在实体问题上支持了荷兰的指控，认为俄罗斯违反了有关国际义务。当然，除了严格根据《联合国海洋法公约》来分析问题之外，仲裁庭还体现出了相当多的法外倾向：比如关于俄罗斯作为沿海国应该忍耐一定程度的公民抗议的骚扰的说法，这种说法在《联合国海洋法公约》和其他海洋法条约中根本没有规定，更多地体现了仲裁庭成员对本案的主观看法。另外，仲裁庭在裁定俄罗斯不遵守临时措施时过于武断，认为俄罗斯在临时措施指示后27天内才使所有人员离境完毕过于迟延，未能达到“尽速”的要求。仲裁庭在既没有分析“尽速”的含义，也没有比较类似临时措施的执行情况的前提下，便得出这样的结论，未免过于吹毛求疵、求全责备。一般来说，正常办理离境手续都需要一定的时间，更何况在这种特殊的情况下。仲裁庭不应该不顾及俄罗斯国内办理离境手续的相关规定，也不应该不考虑在类比涉及办理离境的历史案件的情况下，俄罗斯已经算是比较“尽速”的了。在这里，仲裁庭似

① The Arctic Sunrise Arbitration, Award on the Merits, paras. 366-369.

乎忘记了国际法与国内法并不属于一个体系，国际法需要经过一定的转化或纳入才能在国内发生效力。所以，无论是国际裁决，还是国际条约，一般都要经过国内的相应步骤，才能发生效力。因此，作为国际法的临时措施从本质上也不可能马上在国内发生效力。考虑到国际法的局限性，应该得出这样的结论——对于当事国苛求过多，只会起到减低国际法效力的作用。所以，国际海洋法法庭本身也很可能不支持仲裁庭对其临时措施执行的观点。事实上，仲裁庭的临时性导致其对国际法的解释、适用以及看法方面存在很多问题。正如国际海洋法法庭前庭长沃尔夫鲁姆（Rudiger Wolfrum）曾指出的，国际法学的协调发展只能通过常设的法院或法庭实现，而不能通过临时性的仲裁庭实现。①

从整个案件的裁决来看，仲裁庭在沿海国管辖权和自由航行权利之间倾向于后者；在国家主权行使和人权活动之间也倾向于后者。仲裁庭也许意识到了，它所面对的问题是不同利益之间的冲突，但是仲裁庭很明显地倾向于天平的一端。

四、俄罗斯对“北极日出”号案的应对

正如仲裁庭所指出的，俄罗斯对绿色和平组织和“北极日出”号都不陌生。俄罗斯在北极的石油开采项目是目前全球在北极地区唯一正在进行中的石油开采项目，而以“守护北极”为其目标之一的绿色和平组织便将矛头指向了俄罗斯。“北极日出”号在早前的抗议活动中已经使俄罗斯的正常石油开采计划受到了很大的影响。于是，俄罗斯在本次事件中对“北极日出”号的态度强硬并非不可理解，其目的应是警告绿色和平组织勿再“兴风作浪”。

① President Wolfrum Addresses General Assembly, ITLOS/ Press 118, 11December,2007, https://www.itlos.org/fileadmin/itlos/documents/press_releases_english/PR_118_E.pdf, 2018-08-09.

从其应对来看，俄罗斯对本次事件做了一定的准备。当然俄罗斯绝对不希望本案通过强制性争端解决机制的方式来解决，然而荷兰的反应超出了俄罗斯的预期，因此俄罗斯一反批准公约时的积极态度，以并不充分的理由拒绝参与该案。下文将以时间的顺序梳理俄罗斯的应对对策。

本案的事件发生于2013年9月17日至9月20日。荷兰于9月23日要求俄罗斯说明事实情况并释放船舶及人员。9月24日，俄罗斯调查委员会便以海盗罪为由开始对“北极30人”的刑事调查。海盗罪是国际法上规定的严重犯罪，所有国家都有权对其实行管辖，而不论罪行发生在何处。[①] 很明显，沿海国在专属经济区内的管辖权是有限的，而以海盗罪开启调查可以攻克专属经济区的限制。况且，海盗罪在俄罗斯属于最严重的犯罪之一，可以判处相当长的刑期。当然，本事件显然与海盗罪无关。因为海盗在国际法中被严格地加以限定，而本事件中无论从各构成要件来看也不可能构成海盗罪。[②] 于是，次日，俄罗斯总统普京就指出，船上人员显然不是海盗，但是他们的行动依然构成对人民健康与生命的威胁。[③] 可见，俄罗斯的行为与其说是为了惩罚，还不如说是为了预防。

在荷兰寻求国际仲裁和临时措施的过程中，俄罗斯一方面表示不接受，一方面在国内继续展开司法程序。同时，俄罗斯也在国际社会开展了广泛的舆论宣传活动，俄罗斯外交部多次发表公开讲话或评论。俄罗斯法院和调查委员会代表也不断发表谈话，详细披露该案细节和调查进度。虽然俄罗斯对临时措施和仲裁裁决不置一词，但是它事实上在临时措施和裁决出台前满足了荷兰的要求。俄罗斯赶在临时措施指示之前，已经使“北极30人”获得假释，达到了使荷兰的主张落空的目的，同时也使临时措施程序变得并无意

① 邵津：《国际法》，北京：北京大学出版社、高等教育出版社，2011年版，第40页。

② [英]马尔科姆·N.肖：《国际法》，白桂梅等译，北京：北京大学出版社，2011年版，第483页。

③ Putin: Greenpeace Activists not Pirates, but They Violatede International Law[EB/OL], 25 September 2013, http://rt.com/news/putin-greenpeace-pirates-arctic-323/, 2018-08-09.

义。此后，俄罗斯又在仲裁庭组成之前，进行了一次显然是为了本案而特意设计的一次国内大赦。大赦使得俄罗斯国内的司法程序全面结束，该案所涉的争端也已经事实上解决。这样，为解决该争端而组成的仲裁庭的存在和审案过程显得较为荒诞。因为，本案的诉因已经不再存在，并没有什么审判的余地了。于是，荷兰不得不转向寻求更具有宣示性的道歉要求，以及要求一定的赔偿。不过，俄罗斯已经充分表现出其姿态，它已经在国内充分解决了此案，荷兰的进一步要求显得吹毛求疵。毕竟，“北极日出”号在俄罗斯的专属经济区的抗议活动也给俄罗斯造成了损害，但俄罗斯并未追究。当然，俄罗斯的表现进一步证明了，它的目的不在于惩戒抗议者，而在于预防进一步的骚扰。事实上，绿色和平组织此后并未在俄罗斯专属经济区内进行抗议。

因此，俄罗斯在本案中的态度非常微妙，它既声明不接受强制性争端解决机制，却又为此做出了预防性的对策。从而既避免了违反国际法的指控，又实现了它所追求的目标——防止北极地区的石油开采活动再受打扰。

五、余论

“北极日出”号案的事实背景并不复杂，所涉利益也非极端重要，虽然它引发的风波以俄罗斯一次出其不意的大赦而平息下去，但它仍能令我们以小见大，透视出国际社会中两方面的利益冲突的存在。第一个方面是小国通过国际司法的方式与大国展开的利益冲突。虽然国家无论大小，均享有国际法上的平等。但在国际社会的现实图景中，实力仍然是国家的制胜法宝。然而，在国家实力无法与大国相抗衡的现实条件下，借助国际组织和国际司法机制，是小国实现自身利益诉求和国家正义的一种机会。通过国际司法机制，荷兰成功地将与俄罗斯之间的双边矛盾，上升到国际层面，借第三方机构给俄罗斯施压，从而试图达到在双边谈判中可能无法实现的成果；第二个方面是沿海国在专属经济区内的管辖权与船旗国的权利之间的冲突。在“北极日出”号案中，无论是仲裁员，还是国际舆论，都更多地把注意力注意到公民抗议的权利与船旗国保护的实现，却没有注意到俄罗斯作为沿海国的权利。俄罗斯当然有权在自己的专属经济区内开采石油，而当它的正常活动遭到环保主义者以极端的方式抗议时，难道它不能采取行动吗？谁来保护俄罗斯的权利？沿海国与船旗国的权利怎样平衡呢？况且，绿色和平组织历来强调独立行动，他们不接受政府、企业的捐款，也不受其控制。尽管涉案船舶的登记国在荷兰，但是荷兰很难控制绿色和平组织的活动。所以，本案的特点使俄罗斯作为沿海国可能不得不采取一些较为激烈的措施。

最后，本案的不应诉情形也值得注意。在2013年，有4起案件被提交强制仲裁，除1起正在审理外，有1起协议终止，2起的当事国不应诉。2起不应诉的案件分别就是“北极日出”号案和“南海仲裁案”。事实上，俄罗斯的不应诉理由并不算是十分充分，但是俄罗斯仍然在国际社会大造舆论，并且毫不退让。自国际司法机制产生后，就存在不应诉的国际实践。因为，国家非常倾向于以政治方法解决分歧，或者倾向于基于同意的司法和仲裁。[①] 事实上，国家也没有应诉的法律义务。尽管公约规定了具有一定强制性的争端解决机制，但其并非毫无条件与限制。况且，只要国际社会仍以国家为核心，国际法仍以国家的共同意愿为主导，国际司法机制就应该依然建立在以国家同意为前提的基础上。否则，国际法就不是用来解决争端，而反而变为挑动争端的工具了。

---

① Natalie Klein, *Dispute Settlement in the UN Convention on the Law of the Sea*, Cambridge University Press, 2005, p. 349.

以新时代中国特色社会主义引领构建人类命运共同体

基础部　余科杰

构建人类命运共同体既是习近平新时代中国特色社会主义思想全球观的集中体现，也是我国向国际社会提出关于人类未来发展方向的公共倡议。这一倡议自提出以来引起了国际社会的强烈反响和热烈回应，已于2017年2月写入联合国决议。构建人类命运共同体是一项空前的伟大事业。伟大事业需要伟大思想的指引。以新时代中国特色社会主义思想为引领，既是构建人类命运共同体的题中之义，也是其中的必然要求。

1.只有社会主义中国才能提出“人类命运共同体”这样的理念。

考察二战以来的国际政治发展史，“命运共同体”一词早已有之，比如20世纪五六十年代，日本在谈到与朝鲜半岛关系时，就常用“日韩命运共同体”，法德战后和解也有所谓“法德命运共同体”之说，70年代末日本首相中曾根康弘为了更加密切与美国的关系提出日美是“地处太平洋两岸的命运共同体”，美国和欧洲之间也长期被认为是“大西洋两岸命运共同体”。所有这些关于“命运共同体”的提法，都是基于共同价值观（即所谓民主自由）的概念，具有强烈的排他性。

检索《人民日报》，中国政府使用“命运共同体”一词描述中国的外交国际战略，是在2007年1月菲律宾召开的第二届东亚峰会上，温家宝总理提出东亚国家要建立“共同发展”“共同应对危机”的“新型命运共同体”，第一次提出了不同社会制度国家之间建立“命运共同体”的主张。同年9月7日《人民日报》发表《亚太区域的“大家庭”观念》的文章，第一次提出人类“命运共同体”的概念。2010年5月和2011年9月，中国分别在第二轮中美战略与经济对话和关于促进中欧合作的论述中又提出这一概念。2011年9月国务院新闻办发表《中国的和平发展》白皮书提出，不同制度、不同类型、不同发展阶段的国家相互依存、利益交融，形成“你中有我、我中有你”的命运共同体，正式向国际社会提出了“人类命运共同体”的倡议，之后这一理念被正式写进了十八大报告。十八大以后，习近平总书记从统筹中国发展和人类发展、中国命运和人类命运的高度进一步深刻阐述了构建人类命运共同体的主张，并提出和规划了清晰的路线图。

由此可见，西方国家使用“命运共同体”都是着眼于价值观相同的个别国家之间的国际区域合作倡议，具有很大的局限性和明显的排他性。而中国一开始就从超越意识形态差异、从全人类的高度提出“人类命运共同体”，这种博大、包容的胸襟，显然是西方国家不可比拟的。

2. 人类命运共同体作为一个全人类的共同愿景，必须要有正确思想的引领。这种思想不是资产阶级自由主义，而是马克思主义科学社会主义。

人类进入全球化时代以来，西方国家试图用资产阶级自由主义设计全球秩序和人类未来，希望把全球纳入资本主义制度体系之中，实现资本主义的一统天下。为此，西方国家一方面对不同文明、不同社会制度的国家千方百计进行遏制演变，鼓吹所谓“文明冲突”，到处搞“颜色革命”，把自己的制度模式强加于人；另一方面又以所谓共同的思想理念为前提，拼凑了诸如“欧洲共同体”“太平洋两岸命运共同体”“大西洋两岸命运共同体”等形形色色的“命运共同体”。这些地区性“命运共同体”在思想理念上具有封闭性，在全球发展上具有排他性。西方国家不可能站在全人类的高度，提出真正反映世界各国共同愿望的“人类命运共同体”。资产阶级自由主义显然也不能成为构建人类命运共同体的思想引领。

与资产阶级自由主义以个人主义为本位相比，马克思主义科学社会主义的最大特点就是以集体和社会为本位，很早就提出了“共同体”思想，强调“只有在共同体中，个人才能获得全面发展其才能的手段，也就是说，只有在共同体中才可能有个人自由”。[①]马克思进而提出了“真正的共同体”思想。所谓“真正的共同体”即共产主义社会，这个社会是自由人的联合体、是每个人自由而全面发展的社会；共产主义实际上就是一种深刻而极致的“人类共同体”。今天中国共产党提出“构建人类命运共同体”，可以说是对人类未来这种新文明形态的某种期许。同时，在国际共产主义运动中，马克思主义一开始就强调无产阶级之间的国际联合，在无产阶级夺取政权后，要求以无产阶级国际主义处理国与国之间的关系。今天中国共产党提出“构建人类命运共同体”，可以说就是无产阶级国际主义原则与当今中国国内外实际相结合的产物。可以说，用科学社会主义引领构建人类命运共同体，是马克思主义的逻辑结果和必然要求。

以科学社会主义引领构建人类命运共同体，也是符合历史发展潮流的。历史地看，自由主义虽然对人类进步发展起到了很大的推动作用，但随着全球化的发展，特别是在人类相互关系越来越紧密而需要结伴而行的大潮下，自由主义越来越表现出其局限性。今天全世界的乱，很大程度上要归因于自由主义思想的泛滥。今天的世界更需要社会主义，而不是自由主义。

3.新时代中国特色社会主义既是构建人类命运共同体的方向引领，也是其中的动力源泉。科学社会主义作为人类命运共同体的思想引领，要发挥物质力量，真正起到引领作用，必须要由中国这样

① 《马克思恩格斯选集》第1卷，北京：人民出版社，1995年版，第119页。

的既坚持科学社会主义理想、又有实力担当及内在动力的国家为主导。

第一，自50年代中期社会主义基本制度确立以来，中国始终坚持马克思主义科学社会主义，特别是70年代末开启改革开放的历史进程中，在苏联东欧社会主义解体、国际共产主义运动走向低潮的历史背景之下，中国共产党高举中国特色社会主义的旗帜，开辟了中国特色社会主义道路，确立了中国特色社会主义制度，形成了中国特色社会主义理论体系。习总书记指出：“中国特色社会主义是社会主义，而不是其他什么主义，科学社会主义基本原则不能丢，丢了就不是社会主义。”[①] 突出强调中国特色社会主义的科学社会主义本质属性。

第二，经过新中国成立以来中国共产党人的长期努力，特别是改革开放以来的接续奋斗，中国特色社会主义事业取得了举世瞩目的伟大成就，中国经济总量跃升为全球第二，中国国际地位空前提高；尤其是十八大以来，以习近平为核心的新一届党中央大力推进“五位一体”的总体布局和“四个全面”的战略布局，使党和国家事业发生了历史性变革，中国越来越走近世界舞台的中央，中国特色社会主义进入了新时代。中国正在成为有着全球影响力的社会主义大国，迎来了为人类作出更大贡献的历史机遇。

第三，构建人类命运共同体，为人类作出更大贡献，既是中国传统文化的必然要求，也是当代中国发展的现实需要。一方面，“天下观”“和文化”作为中华优秀传统文化，可谓源远流长，二者有机结合，构成中国处理与外部世界关系的基本准则，成为人类命运共同体理念的思想精髓。另一方面，随着中国与世界的关系日益紧密，中国的发展越来越离不开世界。正如习总书记所说：“世界好，中国才能好；中国好，世界才更好。”[②] 将攸关中国前途命运的

① 《十八大以来重要文献选编》(上)，北京：中央文献出版社，2014年9月第1版，第109页。

② 《习近平谈治国理政》第二卷，北京：外文出版社，2017年版，第545页。

中国梦与攸关世界各国前途命运的世界梦紧密连接在一起，既让中国发展成为世界的机遇，又让世界发展成为中国的机遇，在全球范围内为中国特色社会主义的发展进行资源配置和力量布局。

第四，中国特色社会主义与人类命运共同体有着天然的内在逻辑。中国人自古信奉“天下为公”“天下一家”“世界大同”“和而不同”等理念，这些理念既是人类命运共同体思想的深厚沃土，也是中国特色社会主义的历史文化渊源。人类命运共同体思想作为今天中国共产党的国际观全球观，绘制了构建人类命运共同体的蓝图和路径，构成了新时代中国特色社会主义思想最具特色的部分。

4.以新时代中国特色社会主义引领构建人类命运共同体，坚持正确义利观，勇于责任担当，并处理好国家利益和国际责任的关系。

第一，以新时代中国特色社会主义引领构建人类命运共同体，表现在指导思想上，主要有两个层面的内容：一是那些能够反映和体现全人类共同要求的普适理念、愿景蓝图、路径方案。2015年习近平在联合国成立70周年大会上宣告：“和平、发展、公平、正义、民主、自由，是全人类的共同价值，也是联合国的崇高目标。”揭示了全人类的共同价值和奋斗目标。习总书记特别从政治、安全、经济、文化、生态五个方面，提出“五个坚持”“五位一体”的人类命运共同体理念，即坚持对话协商、共建共享、合作共赢、交流互鉴、绿色低碳，建设一个持久和平、普遍安全、共同繁荣、开放包容、清洁美丽的世界，从而指明和描绘了构建人类命运共同体的行动方案和美好蓝图；并提出建立以“合作共赢”为核心的“新型国际关系”，阐明了构建人类命运共同体的必由之路。二是，中国特色社会主义道路、理论、制度、文化在其发展过程中，所凝结的中国方案、中国智慧、中国经验对世界的进步发展提供了新的选择和启示借鉴。这又表现在两个方面：一方面是拓展了发展中国家走向现代化的途径，给世界上那些既希望加快发展又希望保持自身独立性的国家和民族提供了全新选择；另一方面，为世界上那些坚持社会主义道路、方向、理念的国家和政党树立了榜样，提供了启示。

第二，以新时代中国特色社会主义引领构建人类命运共同体，必须坚持正确义利观。习近平指出："义，反映的是我们的一个理念，共产党人、社会主义国家的理念。这个世界上一部分人过得很好，一部分人过得很不好，不是个好现象。真正的快乐幸福是大家共同快乐、共同幸福。我们希望全世界共同发展，特别是希望广大发展中国家加快发展。利，就是要恪守互利共赢原则，不搞我赢你输，要实现双赢。我们有义务对贫穷的国家给予力所能及的帮助，有时甚至要重义轻利、舍利取义，绝不能唯利是图、斤斤计较。"① 正确义利观既是共产党人、社会主义国家在道义与利益关系问题上的根本主张，也反映了世界各国、特别是发展中国家在这一问题上共同愿望和心声，是构建新型国际关系、特别是与发展中国家关系的根本遵循，可以说是构建人类命运共同体的核心思想。

第三，以新时代中国特色社会主义引领构建人类命运共同体，必须勇于肩负使命，担当责任。责任担当是以习近平为核心的中国共产党人在开辟新时代中国特色社会主义征程中的责任感使命感和始终昂扬奋进的精神风貌，可以说是新时代中国特色社会主义思想的精神魂魄。构建人类命运共同体是一项空前的伟大事业，需要世界各国及政党共同努力。作为世界上最大、最有力量的执政党以及人类命运共同体的倡导者，中国共产党率先垂范，积极引领，发挥主导作用。习总书记庄严承诺：中国共产党将一如既往为世界和平安宁作贡献，将一如既往为世界共同发展作贡献，将一如既往为世界文明交流互鉴作贡献；呼吁各国政党志存高远、敢于担当，着眼本国和世界，着眼全局和长远，自觉担负起时代使命；倡议世界政党与我们一道，做世界和平的建设者、全球发展的贡献者、国际秩

① 王毅：《坚持正确义利观 积极发挥负责任大国作用——深刻领会习近平同志关于外交工作的重要讲话精神》，《人民日报》，2013年9月10日，第7版。

序的维护者，为世界创造更多合作机会，努力推动世界各国共同发展繁荣。习总书记说："大道至简，实干为要。构建人类命运共同体，关键在行动"，[①] 国际社会要从伙伴关系、安全格局、经济发展、文明交流、生态建设等方面作出努力。

第四，以新时代中国特色社会主义引领构建人类命运共同体，必须处理好国家利益和国际责任（人类共同利益）的关系。今天倡导的人类命运共同体毕竟不同于未来共产主义社会消灭了国家的"人类共同体"，其基本组成单元仍然是国家。每一个国家都有着自身特定的国家利益，捍卫国家利益是每一个国家处理外交国际事务的根本出发点，而构建人类命运共同体需要各国承担相应的国际责任。中国作为一个大国、作为人类命运共同体的倡导者，"我们要积极参与全球治理，主动承担国际责任，但也要尽力而为、量力而行"。[②] 大国要有大国的责任担当，但履行国际义务必须与我国的综合实力、国际地位相适应，处理国际事务同样要以国家的根本利益、长远利益为根本前提。

① 《习近平谈治国理政》，第541页。

② 同上书，第449页。

外交礼宾礼仪中的信息传递与斗争交锋

外交学与外事管理系　周加李

外交礼宾礼仪伴随着外交的发展不断完善与成熟，目前国际上已经形成了为世界各个国家所承认与接受的外交礼宾礼仪规范。它们为促进国家之间的和谐交往、减少摩擦与冲突作出了不可或缺的贡献。“外交礼宾礼仪”并非简单的礼仪，它是礼仪家族最特殊的一个分类，它与“礼仪”有相似之处也有区别，最突出的一个区别是主体身份的差异，国家和政府高层人员以及外交代表在外交活动中所展示、遵循的一系列仪式与礼仪形式才能称为外交礼宾礼仪，[①] 其中，国家元首、副元首、政府首脑是礼宾最典型的主体，或者至少交往主体一方拥有以上身份才能称其为外交礼宾礼仪。

外交礼宾礼仪往往给人一种高高在上甚至有些神秘莫测的感觉，其政治性、神圣性、庄严性、高端性吸引着媒体的注意与人们的眼球。也因为其高端性与正规性，人们往往把礼宾标准作为最高的标准进行模仿与学习。因而，礼宾一词的使用逐渐出现泛化的现象，如有些跨国企业与高档酒店设有礼宾部等。

其实，外交礼宾礼仪并非仅仅是人们想象中的隆重排场、觥筹交错、珠宝华服等，也包含着斗争与交锋。很多人不解国家代表为

① 周加李:《礼宾礼仪的概念探讨与争鸣》,《社科纵横》，2017年第4期，第139页。

何在礼宾礼仪中互不相让，殊不知礼宾礼仪不同于普通的礼仪，它承载着国家利益、代表着国家形象、体现着国家的尊严，故不能轻易地妥协。通过外交礼宾礼仪展现的斗争与交锋从古至今，不曾停止。1661年，曾经发生法国与西班牙大使位次之争，当时两国代表在争夺尊位时发生争执，法国代表受伤并在争夺位次中落败，法国国王知道后勃然大怒，由于法国国力胜于西班牙，他提出了一系列赔偿、处罚当事人并保证今后两国大使的优先权必须给予法国等要求，否则就宣战。西班牙国王为了避免两国关系破裂，不得不妥协。1793年发生了中英外交史上非常知名的马嘎尔尼使团访华时的“礼仪之争”，双方就觐见时的礼仪问题即是否按照清廷要求对皇帝行三拜九叩之礼发生了冲突。马嘎尔尼想让中国官员按照欧洲外交规矩行事，而中国人却想让马嘎尔尼叩头，核心的问题是双方对主权观念和建构权力关系的方式持有相互竞争的、终不相容的观点。每一方都试图把自己的观点强加给另一方，并且都没有成功。[①]看似细枝末节的致意礼节双方互不相让并进行了持续的斗争与较量。

第一次世界大战后，外交礼宾礼仪的演进日趋成熟，礼宾礼仪导致冲突与战争的可能性变小了，礼宾礼仪的斗争与交锋较少以直接与激烈的方式呈现。但并不意味着国与国之间没有斗争与交锋，而是斗争的方式更加隐蔽与柔和、丰富与多元，它为竞争、威胁与反威胁披上了面纱。礼宾礼仪在外交中被巧妙运用，施礼方通过突破常规的做法表达信息，并以双方都能读懂的方式进行柔和的斗争与较量。

下面通过四个案例说明现代外交中的礼宾礼仪的敏感性以及国家代表如何通过礼宾礼仪表达态度、传递信息并以此为工具进行斗争。

① ［美］何伟亚著：《怀柔远人：马嘎尔尼使华的中英礼仪冲突》，邓常春译，北京：社会科学文献出版社，2015年版，第23页。

案例一：联合国五个常任理事国元首前所未有的一次合影

联合国安全理事会常任理事国是联合国安全理事会中的五位创始成员国，《联合国宪章》第二十三条第一款中明文规定："中华民国、法兰西、苏维埃社会主义共和国联盟、大不列颠及北爱尔兰联合王国及美利坚合众国应为安全理事会常任理事国。"1958年起，法兰西改称法兰西第五共和国，1971年，由台湾当局窃取的中国的席次为中华人民共和国所取代。1991年，苏维埃社会主义共和国联盟的席次为俄罗斯联邦所取代。有趣的是尽管五个常任理事国的国家元首多次在各种场合会面，却从没有正式地拍摄过一张全家福合影，这种情况直到2000年才结束。

2000年夏天，中国首次提出动议在召开千禧年的联合国大会之际，倡导"五常"首脑会晤。这样一个很棒的主意得到俄罗斯、法国的积极反馈表示支持，英国表示不反对，声称希望看看美国反应。美国也认为这是一个很好的点子，但对在美国的国土上召开"五常"会晤发起国竟然是中国略有些不是滋味。美国曾经提出过前提条件："可以会晤，但会晤时'五常'应首先讨论如何减少美国缴纳联合国会费的问题。"这种奇怪和低级的先决条件实在有些匪夷所思。但一段时间后美方自知无趣便放弃了这个要求，主动找中方表示愿意积极促成此事。这件事情具有很大的价值。联合国1945年成立以后，中美俄英法五个常任理事国，其首脑还从未集体会晤过，当然也就没有机会合影。[①]

美方又希望在具体的操办方面争取主动权，比如第一，会晤地

① 作者不详：《"五常"首脑首次合影的真实故事》，2013年5月27日，http://www.sdfao.gov.cn/art/2013/5/27/art_54_23942.html，2016年2月26日登录。

点改在纽约大都汇展览馆，而不是中方提出的中方代表团下榻的华尔道夫饭店。中方不同意更改地点，几轮微妙谈判之后，仍旧维持原地点。第二，美方提出承担会晤场所“帝王厅”的租用费，中方也谢绝了。这样中国事实上成了这次“五常”首脑会晤的发起人，在多边活动中通常东道方享受礼宾礼仪的优待，不论在国旗还是位次上均享有优先权。如果某国召开的多边活动中非东道国发起一项动议如邀请非东道国的某一国或者某几国会见、会谈等，那么一般提出动议方或者邀请方一般扮演东道主的角色，在礼宾礼仪上享受尊位。如果邀请对象里面有地域东道国，情况略微复杂。邀请方与地域东道国往往都具有东道方的身份，这里存在双方的博弈。随着多边外交越来越盛行，礼宾礼仪的新情况也越来越多。

既然有会晤就会有一系列的礼宾问题。其中最敏感的莫过于合影时的位次排序。如前所述联合国五个常任理事国首脑从未一起合影，合影时的站位如何排列相当敏感。为了争较优位次外交史上不乏争吵、争执甚至战争的案例，因为位次意味着国家的权力、地位、荣誉与声望，不能马虎。但联合国以主权平等为核心原则，五个常任理事国也很难一分高下、区分尊卑，更重要的是不能堂而皇之地这么做。五国事先商定合影时的位次无须提前设计，合影时各国的礼宾官与翻译也不得靠近领导人。这样，合影时的位次会排成什么样就成了待解之谜。2000年9月7日下午，作为地域东道主的美国总统克林顿首先到达华尔道夫饭店帝王厅，江泽民也提前几分钟到达。二人在交谈时形成了克林顿居左江泽民居右的站位（就当事人而言），这种站位体现的是克林顿是主江泽民是客。第三位到达的是法国总统希拉克，他随即站到了克林顿的左边，这样形成了克林顿居中的状况。之后俄罗斯总统普京与英国首相布莱尔也到达，他们会站在哪里？情况非常微妙。如果二人像希拉克总统一样选择站左边，就会出现法国总统希拉克居中的情况，既不是发起方中国领导人居中也不是地域东道方美国领导人居中，更糟糕的是江泽民被挤到了最右边。据称当时中国的礼宾人员捏了一把汗，如果真的发生这种情况，其结果就太令人遗憾了，中国为此次会晤不仅贡献了点子，更重要的是为会晤成功举办投入了大量的工作。就在这焦灼的时刻，出现了有意思的一幕，克林顿总统一转身从江泽民后面绕到他的右边，如此形成了江泽民居中，克林顿居右、希拉克居左的站位，为随后到达的普京与布莱尔奠定了很好的基础。随后二人分别站在左右两侧。[①] 历史上首张联合国“五常”首脑的全家福合影出现了，并且是以一种符合国际惯例的方式出现的。

这个案例通过“五常”首脑首次合影的史无前例性与不安排位次的独特性以及结果的规范性说明了礼宾礼仪的微妙性与敏感性。就最终的排位结果来看，不事先商量位次不等于位次不重要或者没有价值了。事实证明，领导人之间随机的站位既体现了利益的表达，也符合了国际惯例。如果说这是一个生动的随意中体现刻意的案例，下面的三个案例则说明了国家代表如何把礼宾礼仪当成一种工具，通过礼宾的特殊处理表达本国的立场与态度，进行争锋相对的斗争。

案例二：中国外交官黄华拒绝与苏联大使马立克握手的事件

1971年中国恢复在联合国的合法席位，中国派出乔冠华率团参加第26届至31届历届联大会议。当时中国不仅反美而且反苏，执行的是“两个拳头打人”的外交政策，与美国关系不好，与苏联的关系更加恶劣。乔冠华在联合国发表了自伍修权以来的一篇重要讲话，既谴责美国也批判苏联。中国与苏联的关系比中国与美国的关系更加紧张，这些通过礼宾礼仪也能显示出来。曾经发生了知名的中国外交官黄华拒绝与苏联代表马立克握手的事件。

① 2016年1月5日，作者对外交部前礼宾司参赞马保奉老师进行了访谈，案例内容来自于马保奉参赞的介绍。

中国代表黄华某次出席一个安理会五个常任理事国非正式会议，地点在法国常驻联合国代表雅克·科斯久什科——莫立泽寓所。黄华第一次出席这样的会议，他进门后与美、英、法代表热情握手。当轮到一位男士，听到东道主介绍“这是苏联大使”时，黄华猛地抽回了手，转过身子走开了。目睹此事的美国代表布什描写了当时的情景：“马立克只好尴尬地把手伸向空中，然后又放了下来，他气得脸色红一块紫一块，最后变成了铁灰色。就好像是黄华给了他一记耳光似的。”布什认为这是黄华刻意安排的做法并分析到“这种侮辱性的举动所造成的影响是无法估量的。黄华已料到马立克比他早到，他已经想好了怎样才能表现出中国人对俄国人以牙还牙的做法，因为这正是马立克在欢迎新使节时的不礼貌做法。中国人之所以这样做，除了想试探一下俄国人的恼怒程度之外，我认为黄华是有意做给我们几个大国看的，让我们知道中国人把苏联看成是对中国安全威胁最大的超级大国，这超级大国比‘美帝国主义’还危险得多”。[1]

今天看来，黄华的行为完全违背了礼宾礼仪规范，是一种带有侮辱性的行为。但黄华这么做绝非是出于个人礼仪修养的缺失而是两国国家关系紧张的一种故意为之。

案例三：法国总统希拉克的漏吻风波

礼宾礼仪降格的方式多种多样，领导人的致意礼节有时也能成为一国惩罚和报复另一国的武器。2007年，法国总统希拉克就利用法国男士的一项致意礼节——吻手礼实施了对英国代表的礼宾降格。由此也酿成一个小小的外交事件。

2007年1月25日，援助黎巴嫩国际大会在法国巴黎举行。东

① 宗道一：《乔冠华舌战马立克》，《国际人才交流》，1993年第11期，第16页。

道国法国总统希拉克依次接见了数十个国家的代表。由于前来参加会议的部分代表是女性，希拉克按照法国传统对她们行了“吻手礼”。希拉克亲吻美国国务卿赖斯时，无疑显得最亲密和专心。两人的头贴得极近，希拉克先将他的嘴唇按在赖斯的左手上亲一下，又换右手再亲。而赖斯则笑得合不拢嘴巴，显得颇为开心。然后是加拿大国际合作部长维尔纳、奥地利女外长普拉斯尼克、希腊女外长芭科雅妮。各位接受了吻手礼的女士面带微笑、愉悦甜蜜。可轮到英国女外交大臣63岁的玛格丽特·贝克特时情况发生了巨大变化。按照平衡原则，希拉克应该一视同仁，但出人意料的是希拉克的绅士风度荡然无存，希拉克面对贝克特主动伸出的右手，只是冷淡地捏了一下，随即略微欠身算是致意，像是走过场地应付一下。当媒体将这一画面公布时，引起诸多议论，强烈的反差令英国人非常不快，都为贝克特的遭遇不满，甚至视为欺辱。

但很明显，希拉克既非缺少礼仪教养，也非意外失误。这是法国方面借吻手礼表达对英国政府的不满。英法两国在历史上战战和和，二战以后，英国实行了“脱欧入美”的外交政策，而法国则与德国携手在诸多事务上合作。英法在诸多事务上都有矛盾，一些外交风波或者借题发挥的事也时不时发生，如希拉克会晤英国女王时“不小心”迟到，希拉克不得体的笑话“英国人为欧洲农业所作的唯一贡献就是疯牛病”，“英国是世界上烹饪水平最差的国家”，等等。此次礼宾降格的行为仍然是法英微妙关系的一个缩影。

案例四：耻辱的高度——以色列外交部副部长对土耳其大使的羞辱

2010年1月12日，土耳其与以色列之间产生了一起外交风波。土耳其要求以色列方面对土耳其驻以色列大使道歉，否则就要召回土耳其驻以色列的大使。原因是以色列外交部副部长通过礼宾降格故意羞辱对方。

2010年1月11日晚，以色列外交部副部长丹尼·阿亚隆与土耳其驻以色列大使艾哈迈德·奥乌兹·切利克科尔（Ahmet Oguz Celikkol）进行会面，并用礼宾降格的方式羞辱了大使。第一，交谈中以色列外交副部长阿亚隆让土耳其大使坐在较矮的沙发上，而他的椅子则高出了许多，致使双方的位置一高一低，土耳其大使的头部至少低了半个头。以色列外交部副部长还用希伯来语对着电视镜头说："注意看，他坐在比较矮的椅子上，我们并不是在微笑。"之后，以色列报纸还刊登了这张照片，并在一旁特意标注了"耻辱的高度"的字眼。第二，以色列外交部副部长并没有请土耳其大使坐在他的右侧，镜头中、报纸中出现的位次是客左主右，这是不符合外交礼宾礼仪惯例的，按理主人应安排客人坐在其右侧以示尊敬。

这些行为的起因是以色列对土耳其拍摄的描述以色列情报机构特工绑架婴儿并将他们培训成犹太教人士的电视剧的不满，抗议土耳其电视剧破坏了以色列形象。阿亚隆的行为是一种故意安排，以此向土耳其报复和抗议。但这种侮辱性的行为遭到了土耳其政府的强烈抗议，要求以色列就阿亚隆不礼貌对待土耳其大使的行为道歉，否则将召回大使。事后，以色列外交部副部长阿亚隆发出一份特殊声明，他对羞辱外国使节的行为表示道歉，但阿亚隆称，"未来我将采取更加能接受的外交手段表达我的立场"。他同时表示将继续抗议土耳其电视剧对以色列形象的破坏。可见以色列外交部副部长阿亚隆羞辱土耳其大使完全是刻意安排与故意为之。

从以上的四个案例可以看出，外交礼宾礼仪不等同于普通的礼仪，外交礼宾礼仪包含着政治性、官方性、敏感性与至关重要性，它是和谐交往的润滑济也交织着斗争与争锋。作为一种信息传递的工具，它是和平年代表达外交立场与政治倾向的较好选择。然而，需要说明的是，不管施礼方是礼宾升格还是降格，受礼方都会受到影响。因为另一国会采用相同或者类似的行为互动，后续通过礼宾礼仪的博弈会继续下去。

中非"二轨外交"与"一带一路"在非洲的推进[①]

中国外交理论研究中心　赵晨光

"一带一路"倡议是新时期中国启动的对外发展合作进程，致力于促进沿线各国经济繁荣与区域经济合作。非洲是古代海上丝绸之路沿线地区，但其与"一带一路"的历史联系，并未顺理成章地反映在"一带一路"的初期规划中。这在国内外，特别是非洲国家，引起了猜测甚至误解。中非"二轨外交"[②]最早提出了"一带一路"倡议的"非洲定位"问题，并积极促进中非官方对此问题做出政策回应。当前，非洲与"一带一路"倡议的关系得到明确，发展战略对接成为中非共建"一带一路"的重要维度。中非"二轨外交"可进一步在理念、内涵层面深挖"一带一路"倡议的"非洲定位"，以此为突破口，为中非发展战略对接提供助力。

① 本文是作者主持的2018年度"北京市社会科学基金项目"（青年项目）："中非合作论坛峰会的机制化问题研究"、2017年度"中央高校基本科研业务费专项资金"（重点项目）："'一带一路'在非洲的推进研究"（项目编号：3162017ZYQA01）的阶段性成果。

② "二轨外交"主要透过学者、退休官员等权威人士的交流得以开展，具有专业、权威、超脱的特点。其开展有助于弥补"一轨外交"或正式外交的不足或不便，助力国家间（外交）关系的改善或发展，并在一定程度上推动参与国外交政策的更新或完善。

一、提出定位问题

2015年是“一带一路”倡议从理念变为现实的节点之年，也是中国对非合作的标志性年份。3月，中国政府发布了具有顶层设计性质的《推动共建丝绸之路经济带和21世纪海上丝绸之路的愿景与行动》；12月，中非合作论坛约翰内斯堡峰会召开，中国与非洲国家共同发布了峰会《宣言》和《行动计划（2016—2018）》。此外，为配合峰会召开，中国政府发布了新版《中国的非洲政策文件》。但上述标志性文件对非洲与“一带一路”的关系，即“非洲定位”问题并未做出明确的说明。

第一，“一带一路”标志性文件未明确非洲的定位问题。经过初期规划，[①] 2015年3月，中国官方发布了“愿景与行动”文件。该文件原则性指出“一带一路”贯穿欧亚非大陆，但其“路线图”却并未明确涵盖非洲。具体来说，该文件规划了五条线路：“一带”（丝绸之路经济带）有三个走向，从中国出发，一是经中亚、俄罗斯到达欧洲；二是经中亚、西亚至波斯湾、地中海；三是中国到东南亚、南亚、印度洋。“一路”（21世纪海上丝绸之路），重点方向有两条：一是从中国沿海港口过南海到印度洋，延伸至欧洲；二是从中国沿海港口过南海到南太平洋。五条路线勾画了“一带一路”建设的基本蓝图，但其中并未明确非洲的定位问题。此外，该文件在“合作机制”部分强调：多边机制对推进“一带一路”建设具有重要作用，但其列举的一系列国际机制并未包含对非或涉非机制。[②]

① 《“一带一路”提出历程》，前线网，2015年4月8日，http://www.bjqx.org.cn/qxweb/ShowMN3508.aspx，2018年1月10日登录。

② 中国国家发展改革委、外交部、商务部：《推动共建丝绸之路经济带和21世纪海上丝绸之路的愿景与行动》，新华网，2015年3月28日，http://news.xinhuanet.com/world/2015-03/28/c_1114793986.htm，2018年1月12日登录。

第二，新版“对非政策”文件未涉及“一带一路”倡议。“中国对非洲政策文件”是中国开展对非合作的指导性文件。2006年，中国政府首次发表对非洲政策文件，为指导中非关系全面发展发挥了重要作用。2015年12月4日，在中非合作论坛约翰内斯堡峰会召开之际，中国政府发布了第二份“对非政策文件”，旨在进一步明确中国致力于发展对非友好合作关系的坚定决心和良好意愿，全面阐述新形势下中国对非洲政策新理念、新主张、新举措，以指导今后一段时期中非各领域交流与合作。[①] 但该文件中并未提及“一带一路”倡议。

第三，中非合作论坛约翰内斯堡峰会成果“文件”提及“一带一路”，但未明确具体进程。作为中非合作论坛约翰内斯堡峰会的重要成果，中非双方共同发布了峰会“宣言”和“行动计划（2016—2018）”。与稍早发布的第二份“中国对非洲政策”不同，这两份文件对“一带一路”倡议均有提及。其中，峰会“宣言”原则性指出，将积极探讨中方建设“丝绸之路经济带”和“21世纪海上丝绸之路”倡议与非洲经济一体化和实现可持续发展的对接，为促进共同发展、实现共同梦想寻找更多机遇。[②] 峰会“行动计划（2016—2018）”对此进行了简要回应，非方表示欢迎中方推进“21世纪海上丝绸之路”，并将非洲大陆包含在内，[③] 但其中并未规划任何具体计划和进程。

关于“非洲定位”问题，中非智库、学界展开了一系列研讨、交流，形成了三种代表性认识。

第一，消极的认识。此派观点以南非国际问题研究所学者克

---

① 《中国对非洲政策文件（全文）》，新华网，2015年12月5日，http://news.xinhuanet.com/2015-12/05/c_1117363276.htm，2018年1月20日登录。

② 《中非合作论坛约翰内斯堡峰会宣言》，中非合作论坛官方网站，2015年12月25日，http://www.focac.org/chn/ltda/dwjbzzjh_1/hywj/t1327765.htm，2018年2月1日登录。

③ 《中非合作论坛—约翰内斯堡行动计划（2016—2018年）》，中非合作论坛官方网站，2016年12月25日，http://www.focac.org/chn/ltda/dwjbzzjh_1/hywj/t1327766.htm，2018年2月1日登录。

里斯·奥登（ChrisAlden）为代表，其认为相较于中国的周边区域（immediate regions）以及欧亚大陆等传统“沿线”地区，非洲在中国的对外合作（战略）中地位不高、作用有限，非洲不应对中国及其“一带一路”倡议有过高或过多的期待。①

第二，积极的认识。此派观点以前世行副行长、北京大学林毅夫教授为代表，其强调“一带一路”与非洲的相关性，认为非洲是“一带一路”不可或缺的参与者。在历史以及地缘上，“海上丝绸之路”本就包含非洲，因此建议将“一带一路”加上“一洲”即非洲，扩展为“一带一路一洲”战略。②

第三，超脱的认识。此派观点以首位中国政府非洲事务特别代表、前外交部非洲司司长刘贵今大使为代表，其认为，非洲没有被直接囊括在“一带一路”倡议中，但实际上，中国在非洲已经做了本质上属于“一带一路”的事情，中非之间既有的合作堪称小型的或者说是非洲版的“一带一路”建设。中国在“一带一路”官方文件中没有将非洲列入，是为了避免外界特别是阴谋论者关于地缘政治的疑虑和猜测。③

上述认识各具倾向甚至完全相反，这反映出在“一带一路”初期规划阶段（2013年）存在“非洲定位”不够清晰的问题，同时也表明“非洲定位”问题的重要性。中非“二轨外交”最早提出了这一问题，对于中非官方进一步规划“一带一路”共建进程具有重要的现实意义。

---

① Chris Alden and Elizabeth Sidiropoulos,“ Adept negotiations needed by Africa at FOCAC”, Independent Newspapers, Thursday, December 3, 2015, http://www.saiia.org.za/opinion-analysis/adept-negotiations-needed-by-africa-at-focac,2018-03-27.

② 林毅夫:《“一带一路”需加上“一洲”》,《中国日报》网，2015年1月20日,http://www.chinadaily.com.cn/interface/toutiao/1138561/2015-2-14/cd_19553170.html，2018年2月10日登录。

③《中国在非洲最应该做的是什么？——大公网专访首位中国政府非洲事务特别代表刘贵今》，大公网，http://news.takungpao.com/special/liuguijing/，2018年1月12日登录。

二、促进政策回应

中非合作论坛框架下的“中非联合研究交流计划”“中非智库论坛”以及“中非智库10+10计划”，是中非“二轨”成果向“一轨”输送的重要机制化渠道。以“中非智库论坛”为例，2015年以来，论坛分别举办了三届会议，就中非“三网一化”合作、中非产能合作、约翰内斯堡峰会成果落实及其与“一带一路”的关系等“非洲定位”相关议题展开交流，形成了一系列重要成果。2017年召开的论坛第七届会议，中国外交部长王毅和非盟委员会主席法基亲自出席开幕式，并与专家学者进行交流。

中非“二轨外交”在一定程度上促进了中非官方对“非洲定位”问题的政策回应，尤其体现在其对中非合作实践，如“三网一化”[①] 等，与“一带一路”关系的认定上。总之，2015年之后，非洲与“一带一路”的关系渐趋明确：

第一，中国官方对“非洲定位”问题做出初步回应。2015年5月，时任中国外交部非洲司林松添司长在接受采访时称，“一带一路”是中国对外开放的新举措，非洲是海上丝绸之路的延伸，把非洲纳入“一带一路”的宏伟构想当中，是可预期的方向。他进一步表示，“一带一路”未来肯定要延伸到非洲，但在还没有延伸到的时候，不能等待，而要破土动工。这是中国官方对“一带一路”的所谓“非洲定位”问题做出的最早回应。[②]

第二，中国官方肯定非洲与“一带一路”的现实联系。2016年8月，中央推进“一带一路”建设工作座谈会召开后，林松添接

---

① 2014年5月，李克强总理访问非洲期间提出中非“三网一化”合作，主要指建设非洲高速铁路、高速公路和区域航空“三大网络”及基础设施工业化。

②《林松添答“中评”：“一带一路”肯定会延伸到非洲》，中评网，2015年5月8日，http://www.CRNTT.com，2018年2月1日登录。

受媒体采访时指出，非洲（特别是东部和南部非洲）是海上丝绸之路的历史和自然延伸。非洲作为"一带一路"的重要节点，是共建"一带一路"的重要方向和落脚点。[①]

第三，中非就共建"一带一路"达成共识。2017年1月，王毅外长新年访非时表示，中国已经同不少非洲国家，尤其是非洲东海岸国家，就共建"一带一路"问题展开探讨和对接，并取得了积极进展。[②]5月，中国政府举办了"一带一路"国际合作高峰论坛，非洲国家作为重要参与方受邀出席盛会，肯尼亚总统肯雅塔和埃塞俄比亚总理海尔马里亚姆等非洲国家元首和政府首脑亲自来华参会。在峰会召开之际，中国政府发布了《共建"一带一路"：理念、实践与中国的贡献》。[③]文件梳理了"一带一路"建设取得的阶段性成果，将中非"三网一化"合作列为共建"一带一路"的重要实践，并将非洲定位为共建"一带一路"的关键伙伴。2018年1月，王毅外长访非时重申："在中国和世界共建"一带一路"进程中，非洲国家不能缺席，而且能够扮演重要的角色。……中国和非洲国家一定能在共建"一带一路"进程中成为更加紧密的合作伙伴。"[④]

在非洲方面，与中国官方不断明确的政策回应对应，非洲国家对"一带一路"倡议的态度愈加积极。中非合作论坛约翰内斯堡峰会后，摩洛哥、埃及、埃塞俄比亚、肯尼亚、坦桑尼亚、莫桑比克和南非等国表示愿同中国对接"一带一路"合作，争作"一带一路"

---

① 《非洲是建设"一带一路"的重要方向和落脚点——访外交部非洲司司长林松添》，中国社会科学网，2016年8月29日，http://ex.cssn.cn/dzyx/dzyx_kygz/201608/t20160829_3179156_1.shtml，2018年3月2日登录。

② 王毅：《欢迎非洲国家参与"一带一路"建设》，中国中央政府网，2017年1月8日，http://www.gov.cn/xinwen/2017-01/08/content_5157862.htm，2018年3月3日登录。

③ 推进"一带一路"建设工作领导小组办公室：《共建"一带一路"：理念、实践与中国的贡献》，新华网，2017年5月10日，http://news.xinhuanet.com/politics/2017-05/10/c_1120951928.htm，2018年3月10日登录。

④ 《中非一定能在共建"一带一路"中成为更紧密伙伴——王毅谈非洲四国之行感受》，中国外交部网站，2018年1月17日，http://www.fmprc.gov.cn/web/wjdt_674879/wjbxw_674885/t1526324.shtml，2018年3月16日登录。

建设的区域支点。摩洛哥国王穆罕默德六世说："摩洛哥不仅能使海上丝绸之路扩展至欧洲，还能使其扩展至与摩洛哥有多层次关系的西非国家。"多哥总统福雷在接受采访时说："多哥今天有这个决心，通过与中国发展陆地和海洋基础设施的互联互通合作，成为中国在西非地区推进'一带一路'的支点。"许多中、西部非洲国家也对"一带一路"充满期待，希望通过"一带一路"倡议推动本国基础设施的建设和升级。[①] 在地区层面，2017年1月，非盟第28届峰会在亚的斯亚贝巴召开，本届峰会以"通过投资青年利用人口红利"为主题。非盟高官表示，非洲需要"一带一路"，它有助于中非合作的加强和非洲人力资源的开发。[②]

三、助力战略对接

中非合作论坛约堡峰会召开后，发展战略对接成为进一步深化中非全面合作的宏观方向。而随着"非洲定位"问题的不断明确，中非发展战略对接更多被纳入"一带一路"框架，成为中非共建"一带一路"的重要维度。王毅部长在2017年第六届中非智库论坛开幕演讲中指出，应在"一带一路"框架下，把中非"十大合作计划"同非盟"2063年议程"更好对接起来，助力非洲实现自主可持续发展。[③] 2017年12月，在国际形势与中国外交研讨会开幕演讲中，王毅部长进一步提出，把"一带一路"倡议与非盟"2063年议程"更紧密相互对接，让共建"一带一路"成为引领中非全方位合

① 《非洲各国争做中国'一带一路'支点》，参考消息网，2016年6月1日，http://www.cankaoxiaoxi.com/china/20160601/1178298.shtml，2018年3月20日登录。

② 《非盟高官："一带一路"倡议将助力非洲人力资源开发》，新华网，2017年1月29日，http://news.xinhuanet.com/world/2017-01/29/c_129463080.htm，2018年3月30日登录。

③ 《携手摆脱贫困，实现共同发展——王毅外长在中非减贫发展高端对话会暨中非智库论坛开幕式上的主旨讲话》，新华网，2017年6月21日，http://news.xinhuanet.com/world/2017-06/21/c_1121187436.htm，2018年3月30日登录。

作新的强劲动力。[①] 有鉴于此，中非“二轨外交”可进一步在理念、内涵层面深挖“一带一路”倡议的“非洲定位”，以此为突破口，从以下三个方面助力中非发展战略对接进程。

第一，加强对非新理念的政策阐释。2013年3月，习近平主席在坦桑尼亚发表了题为《永远做可靠朋友和真诚伙伴》的重要演讲，用“真实亲诚”四字箴言概括中非关系；[②] 2014年3月召开的中央外事工作会议将“真实亲诚”确定为对非工作方针。“真实亲诚”是新时期最早被提出的外交理念，它的提出不仅发出了中国特色大国外交的先声，而且为中非共建“一带一路”明确了宗旨和规范。对“真实亲诚”的政策阐释和解读可作为中非“二轨外交”的重点，使非洲国家更好地理解中国外交及其引领的“一带一路”倡议的非洲情怀。

第二，聚焦涉非理念的非洲针对性。“正确义利观”“命运共同体”是习近平主席2013年访非时提出的重要外交理念，之后不断升级为中国特色大国外交的宏观规范，“命运共同体”理念更于2017年2月被写入联合国决议。[③] 此外，2017年10月，党的十九大又进一步将前述“真实亲诚”的对非工作理念提升为中国对发展中国家外交的基本原则。上述外交新理念首先针对非洲提出，体现了中非合作的重要性、典型性和示范性。为此，中非“二轨外交”可聚焦中国外交及共建“一带一路”倡议的非洲针对性，使非洲国家积极参与到中非发展战略对接的进程中。

第三，发掘中非发展理念的契合点。当前非洲开始重视传统文

---

① 《外交部部长王毅在2017年国际形势与中国外交研讨会开幕式上的演讲》，新华网，2017年12月19日，http://news.xinhuanet.com/world/2017-12/11/c_129762823.htm，2018年4月1日登录。

② 《习近平：永远做可靠朋友和真诚伙伴——在坦桑尼亚尼雷尔国际会议中心的演讲》，人民网，2013年3月26日，http://cpc.people.com.cn/n/2013/0326/c64094-20911841-3.html，2018年4月1日登录。

③ United Nations Security Council, Resolution 2274 (2016),Adopted by the Security Council at its 7645th meeting, March15, 2016, https://unama.unmissions.org/sites/default/files/s-res-22742016.pdf,2018-03-27.

化、知识和经验在发展中的重要性，[①]主张从非洲本土找到发展的答案。[②]这与“一带一路”坚持“和谐包容，尊重各国发展道路和模式”的共建原则相契合。为此，中非“二轨外交”可重视发掘双方在发展理念上的共同、共通之处，从更深层的社会文化层面诠释“一带一路”倡议的“非洲定位”，助力中非在发展战略上实现更加有机的对接。

2017年5月，中国举办了“一带一路”国际合作高峰论坛，包括外国前政要、国际组织负责人、知名企业家和专家学者等1500余人与会。智库交流是本届高峰论坛六场平行主题会议的重要组成部分。此外，峰会前夕发布的《共建“一带一路”：理念、实践与中国的贡献》专门强调了“二轨外交”的重要作用，指出“二轨”交流与政府间合作相互促进，将为共建“一带一路”营造良好的民意基础。此外，2018年9月，中非合作论坛举办北京峰会。根据官方报道，此次峰会围绕“一带一路”相关主题召开。这很大程度上表明官方进一步认可了中非“二轨外交”的工作和作用。总之，“二轨外交”之于“一带一路”建设的积极作用日益受重视。中非“二轨外交”取得的宝贵经验，将助力“一带一路”的进一步拓展。

① ［加纳］乔治·阿耶提：《解放后的非洲：非洲未来发展的蓝图》，周蕾蕾译，北京：民主与建设出版社，2015年版，第10—15页。

② 周玉渊：《从被发展到发展：非洲发展理念的变迁》，载《世界经济与政治论坛》，2013年3月第2期，第61页。

第三世界国家执政集团更迭与外交政策转向：基于菲律宾的案例研究

国际关系研究所　查　雯

近年来，一些国家的对华政策因本国执政集团的更迭而出现急剧调整。以菲律宾为例，阿罗约执政时期，中菲两国在经贸合作及南海的合作开发上都取得了不少成绩。然而，阿基诺三世上任后，菲律宾对华政策却转为强硬，中菲关系也跌入谷底。此后，两国关系又因杜特尔特的当选出现转机。他国外交立场的突然转变不仅为中国外交带来了挑战，也为中国企业的海外投资造成了风险，中斯“科伦坡港口城”项目、中泰“大米换高铁”项目都曾因这些国家领导人的变更而出现波折。

一国外交政策为什么会突然转向？这一直是外交政策分析中的一个重要课题。在针对小型国家开展的研究中，主流理论多将这些国家外交政策的转向归因于国际结构（尤其是权力分布）的变化。例如，一些人指出，当权力分布发生变化时，小型国家将通过“制衡”政策应对崛起中的大国，[①] 另一些人则认为“依附”是

① Kenneth Waltz, *Theory of International Politics,*Reading, MA: Addison-Wesley, 1979, p.127; Eric J. Labs, “Do Weak States Bandwagon?”*Security Studies*, Vol. 1, No. 3, 1992, pp.383-416; Evelyn Goh, “Great Powers and Hierarchical Order in Southeast Asia: Analyzing Regional Security Strategies,” *International Security*, Vol.32, No. 3, 2007/08, pp.113-157; Denny Roy, “Southeast Asia and China: Balancing or Bandwagoning,” *Contemporary Southeast Asia*, Vol. 27, No. 2, 2005, pp.305-322.

小型国家更为普遍的选择。[①] 时至今日，系统理论内部的争议仍未停止，而与此同时，一些关注小型国家的学者则开始质疑这种一味强调权力分布、“以大国为中心研究小国”的方法，并将注意力转向国内政治给小型国家外交政策带来的影响，本文也沿袭了这一方法。

本文提出，在诸多第三世界国家，政变、弹劾、大规模群众运动、武装叛乱等问题长期存在，由领导人及其政治盟友组成的执政集团面临严峻的生存挑战，执政集团有强烈的动机利用一切政策工具维护其统治，其中也包括该国的外交政策。与根据国家整体利益制定的外交政策不同，为适应执政集团国内政治需求制定的外交政策往往延续性较差，一旦执政集团出现更迭，该国的外交政策也可能出现急剧调整。这主要是因为，新执政集团的构成与旧政权不同，所依赖的国内支持基础也不同，为了迎合国内支持者所提出的国内政策目标亦存在差异。此外，新的执政集团还可能通过攻击不受欢迎的旧政权树立自身的合法性，旧政权所选择的外交政策也可能因此遭到批判。更重要的是，与其他外交政策相比，旧政权与主要大国发展的外交关系更容易受到国内政治斗争的影响，从而出现明显波动。本文通过三个案例来论证以上理论设想：上世纪90年代初科拉松·阿基诺政府对美政策的调整、2010年后阿基诺三世政府对华政策的转向，以及当下杜特尔特政府外交政策的转变。

---

① Stephen M. Walt, *The Origins of Alliances*, Ithaca: Cornell University Press, 1987, p. 32; Randall L. Schweller, “Bandwagoning for Profit: Bringing the Revisionist State Back In,” *International Security*, Vol. 19, No. 1, 1994, pp. 101-102. David C. Kang, “Getting Asia Wrong: The Need for New Analytical Frameworks,” *International Security*, Vol. 27, No. 4, 2003, pp.57-85; Michael R.J. Vatikiotic, “Catching the Dragon’s Tail: China and Southeast Asia in the 21st Century,” *Contemporary Southeast Asia*, Vol. 25, No. 1, 2003, pp.65-87.

一、理论框架及案例选择

（一）执政集团更迭与外交政策调整

针对系统分析的不足，已有研究从执政集团的“动机”与“能力”两个角度出发，论述了第三世界国家国内政治对其外交政策可能产生的影响。首先，第三世界国家独特的国内政治环境决定了执政集团有强烈的动机“劫持”外交政策，使外交政策为其自身的政治生存服务。史蒂文·大卫（Steven David）指出，在很多第三世界国家，领导人的国内统治长期面临包括军队政变、社会运动在内的各种内部威胁，因此领导人在选择结盟政策时，首先考虑的是哪个大国能为该领导集团维持统治提供更多的支持。[①] 迈克尔·巴内特（Michael Barnett）和杰克·列维（Jack Levy）的研究进一步证实了这一观点。他们认为，在很多第三世界国家，执政者与社会相互疏离，执政集团的政治支持基础薄弱，政治联盟的形成和维持依赖的是暂时的物质利益结合，而非特定的意识形态。[②] 在这些国家，国家的生存很少受到来自外部的威胁，而政权的生存却长期面临内部威胁。由于执政者通常会对最直接的威胁做出回应，因此，在外交决策的过程中，国家外部安全目标并不是政策制定者优先考虑的因素，相反，如何确保国内的政治生存才是执政者最为关心的目标。[③] 珍尼·海（Jeanne Hey）等人的研究几乎得出了相同的结论，他们认为第三世界国家的外交政策往往服务于“政权利益”而

① Steven R. David, *Choosing Sides: Alignment and Realignment in the Third World*, Baltimore and London: The Johns Hopkins University Press, 1991; also see “Explaining Third World Alignment,”*World Politics*, Vol. 43, No. 2 , 1991,pp. 233-256.

② Michael N. Barnett and Jack S. Levy, “Domestic Sources of Alliances and Alignments: The Case of Eygpt, 1962–1973,”*International Organization*, Vol. 45, No. 3, 1991, p.376.

③ Ibid., p.373.

非“国家利益”。[①]

此外，执政者不仅有强烈的动机，更有能力对外交政策的制定施加影响。这主要是因为，很多第三世界国家缺乏成熟的政治制度，尤其是有效的权力制衡机制。在外交政策领域，权力制衡的缺乏主要体现在，这些国家通常缺少职业化的外交政策官僚部门，影响政策形成的行为体十分有限，政策制定缺少制度化的机制。罗伯特·罗斯坦（Robert Rothstein）就指出，在很多第三世界国家，外交政策官僚部门经常被执政者排除在政策制定之外。如罗斯坦所言，“国内的专家很少、国外的使馆很少，利益集团很少，公众（对外交）缺乏兴趣，知识的来源也很有限，外交政策（因此）成为领导人及其朋友的、不受控制的独占事物。其结果是高度个人化的外交政策（personalized foreign policy）”。[②]

与官僚机构从国家整体利益出发、通过制度化的程序制定的外交政策不同，执政集团根据国内政治需要制定的外交政策，往往延续性较差，极易随着执政集团的更迭而出现明显变化。[③] 这一规律在一些大样本的定量分析中得到了证实。乔·海根（Joe D. Hagan）对86个第三世界国家的外交政策变化进行了考察，他提出领导集团更迭是引起这些国家对美政策调整的最主要因素，同时，外交政策调整的剧烈程度与领导集团更迭的剧烈程度及方式密切相关，例如，革命的爆发将引起该国外交政策根本方向的调整。[④] 伊莱·瑞特纳（Ely Ratner）针对民主转型与国家再结盟行为的研究也证明：在经历民主转型后，一国的对美政策往往出现调整，而新政权是否

① Jeanne A. K. Hey, “Refining Our Understanding of Small State Foreign Policy,” in Jeanne A. K. Hey ed.,*Small States in World Politics: Explaining Foreign Policy Behavior*, London: Lynne Rienner Publishers, Inc., 2003, p.190.

② Robert L. Rothstein, *The Weak in the World of the Strong: The Developing Countries in the International System*, New York: Columbia University Press, 1977, p.106.

③ Robert L. Rothstein, *The Weak in the World of the Strong*, p.106.

④ Joe D. Hagan, “Domestic Political Regime Changes and Third World Voting Realignments in the United Nations, 1946–1984,” *International Organization*, Vol.43, No.3, pp.505-541.

会采取亲美的政策立场，直接取决于美国与旧政权的关系——如果过去的威权政权曾为美国的盟友，新政权很可能会采取反美的政策立场。①

在已有研究的基础上，本文结合深入的案例分析，进一步剖析第三世界国家“执政集团更迭”与“外交政策转向”之间的因果关系，并进一步明确相应的影响机制。本文提出，造成外交政策转向的原因有二：第一，新执政集团的构成与旧政权不同，所依赖的国内支持基础也不同，为了迎合国内支持者，新政权还可能提出新的国内政策目标，这也为外交政策提出了新的要求。第二，由领导人及其少数盟友主持制定的外交政策，其合法性直接取决于执政集团自身的合法性，如果执政集团合法性较弱，由其根据自身利益主导制定的外交政策也将缺乏合法性，一旦政权更迭，外交政策很可能遭到继任者的全盘否定。新政权可能通过攻击旧政权具有争议性的外交政策，进一步边缘化旧势力，从而巩固自身的统治。

值得注意的是，旧政权的大国外交政策尤其容易成为新政权攻击的目标。这首先是因为绝大多数第三世界国家都有被大国殖民的经历，新政权很容易就可以煽动起民众的民族主义情绪，将旧政权的大国外交政策“政治化”，并在民族主义动员中提升自己的支持率。此外，与大国的合作往往会为第三世界国家带来大量的物质资源，如贷款、军事援助、经济合作项目等。而在一些欠发达国家，腐败横行，大量外来资源的注入在客观上为领导人及其亲信提供了贪腐机会。通过揭发、彻查旧政权政治精英的腐败行为，新政权不仅可以肃清旧势力，还可以强化自身的合法性。这种国内政治斗争的一个直接结果就是，第三世界国家的大国外交政策很可能出现急剧调整。同时，一旦卷入旧政权领导人的腐败丑闻，大国在第三世界国家公众眼中的形象也将受损。

① Ely Stefansky Ratner, “Reaping What You Sow: Democratic Transitions and Foreign Policy Realignment,” *The Journal of Conflict Resolution*, Vol.53, No.3, 2009, pp.390-418.

（二）案例选择

本文选取菲律宾作为经验研究的对象，主要原因有二：第一，菲律宾是南海主权争端的声索国之一。近年来，中菲关系也因菲律宾的对华政策调整出现了一系列波折，理解该国外交政策的国内政治起源具有重要的现实意义；第二，从研究方法的角度来看，菲律宾的国内政治符合本文理论框架设定的限定条件。

首先，菲律宾国内政治一直以来都较为动荡，这意味着领导集团有强烈的动机“劫持”外交政策，使外交政策为其自身的政治生存服务。一方面，新人民军领导的武装叛乱和南部穆斯林的分离主义运动长期得不到平息。另一方面，在不同的历史时期，执政集团的政治生存均面临军事政变、大规模示威游行、弹劾、派系斗争等内部威胁：1986—1992 年之间，科拉松·阿基诺政府曾经历了 7 次未遂的军事政变；2001 年，仅当政了两年半的总统约瑟夫·埃斯特拉达就爆出贪腐丑闻，这引发了菲律宾“第二次人民力量革命”，埃斯特拉达被迫下台；他的继任者格洛丽亚·马卡帕加尔·阿罗约在执政过程中也因选举丑闻、贪污问题等原因面临多项弹劾，仅凭借国会中政治盟友的支持才涉险过关。可以说，塞缪尔·亨廷顿（Samuel Huntington）提出的“执政官社会”是对菲律宾政治生态较为贴切的形容。[①]

在严峻的国内危机下，执政集团往往通过调整与大国的关系，为国内政治生存服务。对于菲律宾领导人来说，来自大国的军事和经济援助起到了稳固执政基础的作用：军事援助使领导人可以安抚军队、平息潜在的政变；而经济援助以及其他经济合作机会则有助于领导人收买国内的利益集团。此外，在外交上取得的成绩，也可以帮助领导人争取更多的民众支持，提振因国内丑闻而不断下滑的

① Samuel P. Huntington, *Political Order in Changing Societies*, New Haven,: Yale University Press, 1968, p.80.

支持率。

其次，菲律宾的政治文化和一系列制度安排决定了执政集团有能力操纵外交政策制定，使外交政策为执政集团的利益服务。尽管早在1935年菲律宾宪法就规定了独立后的菲律宾将建立起所谓的“美式民主”，具有三权分立的政府结构。然而，在实际运行中，在菲律宾盛行的却是由政治家族所主导的“庇护政治”。[①]庇护政治是指一种垂直的互惠关系：有权有势的政治领袖（即庇护人，patron）向地位较低的追随者（即侍从，client）提供物质支持和服务。作为回报，后者效忠于前者，给与前者包括选票在内的各种政治支持。在菲律宾，这样的庇护关系从中央政府逐级蔓延至村落。有学者指出，即便是在1986年菲律宾重新确立民主制度之后，庇护政治也丝毫没有得到改善，甚至有进一步恶化的趋势，政党、公职越来越成为政治精英为自身谋求利益的手段。[②]仅就人事任免而言，有统计显示，菲律宾总统有权任免的政府职位高达8500个。[③]

庇护政治的盛行也直接影响到外交政策领域。领导人经常通过任命不具备专业背景或资质的政治盟友来维持执政集团内部的稳定。比如，阿罗约就曾大规模任命退休的警察和军队高官为大使，以此换得军警部门的支持。[④]领导人在关键位置上安插自己的亲信，不仅可以确保由其主持制定的外交政策得到执行，同时也弱化了官僚部门在政策制定中可能起到的作用。有菲律宾学者就指出，菲律宾领导人经常将外交部、国防部等部门排除在外交决策过程之

① 周东华：《战后菲律宾现代化进程中的威权主义起源研究》，北京：人民出版社，2010年版，第124页。

② Nathan Gilbert Quimpo, “The Philippines: Political Parties and Corruption,” *Southeast Asian Affairs*, Vol. 2007, pp. 277-294.

③ Bastiaan van de Loo, “The Failure of the Philippine Presidential System,” *Asia Europe Journal*, Vol.2004, No.2, 2004, p.263.

④ Joel D. Adriano, “Arroyo’s Risky Politics of Patronage,” *Asia Times*, December 9, 2008.

外。[①] 兰德公司也在一份关于美国亚太盟友外交政策的报告中指出，“菲律宾的政治系统是且一直是受（某些）人物所驱使的”。[②]

根据本文提出的理论框架，执政集团根据自身政治生存需要制定的外交政策缺乏连贯性，很可能随着执政集团的更迭而出现根本调整。下文将通过两个案例论证本文提出的因果机制：1）1986年马科斯政权倒台后，科拉松·阿基诺政府的对美政策；2）2010年阿罗约卸任后，阿基诺三世政府的对华政策。根据“极大不同案例”（most different cases）的研究设计方法，如果可以证明菲律宾对美政策和对华政策均受到执政集团更迭的影响，则说明本文的理论框架具有一定的普遍适应性。此外，对美政策是菲律宾外交的核心，如证明菲律宾对美政策同样受到政权更迭的影响，那么也可以说明本文的理论框架具有较强的解释力。

二、案例1：90年代初菲律宾对美政策的转变

马科斯执政时期（1966—1986年），菲律宾与美国保持了紧密的双边关系，而这一切却在阿基诺夫人上台后出现了根本改变。最为突出的表现是，由于菲参议院拒绝续订《美菲军事基地协议》，美军被迫于1992年撤出了克拉克空军基地和苏比克海军基地，结束了在菲长达93年的驻军。[③] 已有的经验研究多将这一变化归因于国际局势的变化，特别是美苏关系缓和带来的菲律宾国际环境的改

① Aileen S. P. Baviera, “The Influence of Domestic Politics on Philippine Foreign Policy: The Case of Philippines–China Relations since 2004,”*RSIS Working Paper*, No.241, 2012， pp.13-15.

② Evan S. Medeiros et al., *Pacific Currents: The Responses of U.S. Allies and Security Partners in East Asia to China's Rise*, Santa Monica,California: RAND Corporation, 2008, p. 99.

③ Leszek Buszynski, “Realism, Institutionalism, and Philippine Security,”*Asian Survey*, Vol.42, No.3, 2002, p.486.

善。[①] 本文并不试图否定这一结构性因素的影响，但诸多证据显示，执政集团的改变以及新政权不同的国内政治需要，也对菲律宾对美政策的调整发挥了决定性的影响。

（一）马科斯政权的军事管制与亲美政策

马科斯执政时期的菲律宾经济持续动荡、社会贫富分化不断加剧。在这样的背景下，菲律宾的社会抵抗全面爆发。据不完全统计，1969年菲律宾共发生91次学生游行，1970年增加至123次，1971年进一步攀升至360次，1972年间几乎每天都有学生的示威游行。[②] 在广大农村地区，马科斯政府所承诺的土地改革迟迟不见推行，土地分配不公直接导致了菲律宾共产党领导的武装斗争的扩大。与此同时，菲南部的穆斯林“分离主义”运动也明显加剧。

1972年9月21日，马科斯签署了第1081号总统令，宣布全国处于紧急状态，通过实行军事管制维持统治。新闻机构、长途电话公司、自来水公司、铁路公司等重要公用事业均由军队接管。马科斯政府还逮捕、监禁了大批反对派，其中就包括自由党领袖贝尼格诺·阿基诺。[③] 马科斯的军事管制持续了8年零4个月。军管措施之严厉、持续时间之长，也从一个侧面反映出其政权面临着严重的合法性危机。

严峻的国内形势决定了，马科斯有必要维持亲美的外交立场。对于依靠军事管制来维护统治的马科斯来说，来自美国的军事援助，直接关系到马科斯是否可以继续收买军队、获得军队的支持。一些研究强调马科斯执政时期菲律宾外交的民族主义色彩，比如，他曾提出了“菲律宾第一”的口号，并在执政期间积极发展同其他

① David Wurfel, “The Philippines’ Precarious Democracy: Coping with Foreign and Domestic Pressures under Aquino,” *International Journal*, Vol.40, No. 3, 1989, p.682.

② 金应熙主编：《菲律宾史》，开封：河南大学出版社，1990年版，第764页。

③ 同上，第768—769页。

第三世界国家的友好关系。[①] 但这些举动在很大程度上是马科斯为赢得国内民族主义者支持的权宜之计，同时更是其向美国施压、以获得更多援助的手段。[②]

事实上，在重大安全议题上，马科斯政府均不遗余力地迎合美国的安全利益。在越南问题上，马科斯极力主张援助南越当局，要求国会批准派遣一支2000人的工兵部队赴越参战，称这是“美菲防御条约”规定的义务。马科斯联络参议院中的政治盟友，参议院最终于1966年7月以15票赞成，8票反对，1票弃权通过了援越提案。[③] 出于对美国在菲驻军及美国资本享有特权的不满，菲律宾人民的反美示威运动在1972年军管实施前达到了顶峰。[④] 面对这样的国内压力，从1976年4月起，马科斯政府与美国展开了长达4年多的军事基地问题谈判。[⑤] 1979年1月，美菲就修订1947年签署的《美菲军事基地协议》达成一致意见，新协定重申了菲律宾对基地的主权，并建立了每5年一次的对基地协定的审查机制。[⑥] 尽管如此，马科斯却同意美国在不经菲律宾政府允许的情况下在菲储存核武器，美国的战略利益得到了事实上的维护。[⑦] 在1983年对军事基地协定的另一次修订中，美国被要求在利用基地从事战斗任务之前与菲律宾政府进行协商，除非所有战斗任务“符合1951年签署的《美菲共

---

① 张锡镇：《论菲律宾马科斯政权的垮台》，《国际政治研究》，1987年第4期，第16页。

② Raùl S. Manglapus, “The Philippines: Will the U.S. Learn from Success?,”*Harvard International Review*, Vol. 7, No. 5, 1985, pp.20-21; Leszek Buszynski, “Realism, Institutionalism, and Philippine Security,” p.486.

③ 金应熙主编：《菲律宾史》，第774—755页。

④ 同上，第756页。

⑤ 同上，第791页。

⑥ 同上，第792页。

⑦ Jean-Christophe Gaillard, Ilan Kelman, and Ma. Florina Orillos, “U.S.-Philippines Military Relations after the Mt Pinatubo Eruption in 1991: A Disaster Diplomacy,”*European Journal of East Asian Studies*, Vol.8, No.2, 2009, p.309.

同防御条约》及1954年签署的《东南亚集体防务条约》”。[①] 对此，分析人士指出，马科斯政府有意利用含混的条约语言安抚菲律宾国内的民族主义者，而条约实则向美国让渡了菲律宾的主权。[②]

马科斯的亲美立场换来了美国政府坚定的支持。在1969—1972年的4年中，美对菲军事援助达8080万美元，而1973—1976年，军事援助更是翻了一番，达到16630万美元。[③] 在卡特和里根执政期间，鉴于马科斯在菲律宾国内的专制统治，美国参议员两次提起议案，希望通过小幅度减少对菲援助来“敲打”马科斯。然而，在卡特政府和里根政府的反复游说和阻挠下，议案均未能通过参议院表决。美国政府认为，即便是小幅缩减援助，也将向菲律宾军方及社会释放“美国不再支持马科斯”的信号，从而对马科斯的执政产生负面影响。[④] 直到1986年2月下旬，即马科斯政权崩溃的前夕，美国才决定采取“换马”政策，转而支持阿基诺夫人。[⑤] 美国与不受欢迎的马科斯政权的亲密关系，也成为菲新政权调整对美政策的最重要的背景因素。

（二）阿基诺夫人当政时期菲律宾对美政策的调整

进入80年代，菲律宾出现了严重的经济衰退，马科斯专制期间积累的社会矛盾也随之爆发。激烈的社会抵抗于1986年达到顶峰，并最终导致了马科斯政权的倒台。阿基诺夫人当政后，菲律宾的对美政策发生了明显的调整，这在美军基地的问题上得到了突出的体现。首先，1987年2月生效的菲律宾宪法明确规定，在1991年军事基地协议到期后，任何关于基地的协议必须经过菲律宾参议院

① George McT. Kahin, “The US-Philippine Security Relationship: Dependent on the Bases?”*South East Asia Research*, Vol.1, No.2, 1993, pp.133-134.

② Ibid., p.134.

③ 金应熙主编：《菲律宾史》，第772页。

④ Raùl S.Manglapus, “The Philippines: Will the U.S. Learn from Success?,” p. 21.

⑤ 朱安琪，林均红：《从马科斯下台看美国对菲律宾政策的变化》，《东南亚研究》1986年第4期，第74页。

的批准。[①] 此外，宪法第二条第八款还规定，菲律宾是一个无核国家，[②] 而美国第七舰队80%的舰艇装备有核武器，这也意味着美国舰艇进入苏比克湾是对菲律宾法律的侵犯。[③] 1987年宪法也成为菲民族主义者和部分参议员反对美军基地最重要的法律依据。[④]

不仅如此，科拉松·阿基诺政府还大幅提高了美军基地的租金。1987年,《美菲军事基地协议》迎来了每5年一次的重审。根据1983年马科斯政府时期修订的军事基地协议，美国于5年间向菲律宾提供共计9000万美元的经济补偿。[⑤] 而在1987年的谈判中，时任菲律宾外长的劳尔·曼格拉普斯提出，美军驻菲基地事实上增加了菲律宾面临的外部威胁，并以此向美国要求10亿美元的“补偿”，经过一番讨价还价，双方最终于1988年10月达成协议，美国同意将1990和1991两个财年对菲军事援助、贷款等增加至9.62亿美元。[⑥] 对于菲律宾强硬的外交立场，美国官员抱怨说，再也不愿意在基地问题上和曼格拉普斯打交道。[⑦]

1990年5月，美菲开启了关于军事基地续约的交涉。科拉松·阿基诺政府明确表示，菲律宾并没有外部敌人，菲律宾国内的共产主义叛乱及右翼军官的叛乱也无法依靠美国在菲律宾的军事存在而得到解决，在这样的背景下，科拉松·阿基诺政府向美国提出了更高的经济补偿要求。[⑧] 经过艰难的谈判，两国政府最终于1991

---

① Gregory P. Corning, “The Philippine Bases and U.S. Pacific Strategy,” *Pacific Affairs*, Vol.63, No.1, 1990, p.15.

② Constitutional Commission, *The 1987 Constitution of the Republic of the Philippines*, Manila: Constitutional Commission, 1987.

③ Walden Bello, “U.S.-Philippine Relations in the Aquino Era,”*World Policy Journal*, Vol.5, No.4, 1988, p.690.

④ David Wurfel, “The Philippines' Precarious Democracy,” p.692.

⑤ Gregory P. Corning, “The Philippine Bases and U.S. Pacific Strategy”, p.17.

⑥ Ibid.

⑦ David Wurfel, “The Philippines' Precarious Democracy,” p.691.

⑧ Renato Cruz De Castro, “Special Relations and Alliance Politics in Philippine-U.S. Security Relations, 1990-1992,”*Asian Perspective*, Vol.27, No.1, 2003, p.144.

年8月27日就新的军事基地协议达成共识，签署《美菲友好合作与安全条约》，根据该协议美军将为菲律宾提供2.03亿美金的经济补偿，并于10年内逐渐撤出驻菲基地。① 然而该协议却在菲律宾参议院遭到严重抵制，不少参议员认为经济补偿远低于菲律宾预期，新基地协议与1947年的协议相比没有本质的不同。菲律宾参议院最终于9月16日以12票反对，11票赞成，否决了该协议。② 美菲同盟关系也随着美军的撤出跌入谷底。

菲律宾对美政策的这一转变，一方面是受国际环境变化的影响，比如，苏联的全面收缩极大地缓和了菲律宾面临的外部安全威胁；另一方面，菲律宾国内执政集团的变化也起到了关键作用。1986年的"人民力量革命"促成了马科斯执政集团的瓦解，而新执政集团中的很多重要成员，均为遇刺身亡的贝尼格诺·阿基诺的政治盟友，也是马科斯政权的主要反对者。不同于以往持亲美态度的菲律宾政治精英，新执政集团中的很多精英具有明显的反美倾向，这主要是因为大多数人在马科斯执政时期曾遭到过政治迫害，或被监禁或被迫流亡，很多人认为正是美国的军事和经济援助帮助马科斯维持了专制统治。③ 对美采取强硬立场的菲律宾外长曼格拉普斯就曾在马科斯执政期间被迫流亡，他对美国政府为马科斯专制政权提供的支持一直持批评态度，④ 此外，菲律宾参议院议长霍维托·萨隆加也曾被马科斯监禁和流放，正是他带领部分参议员否决了1991年的军事基地条约。正如一位美国学者所言，菲律宾人对美国军事基地的反对，是美国政府多年来支持马科斯政权带来的遗留问题。⑤

① Renato Cruz De Castro, "Special Relations and Alliance Politics in Philippine-U.S. Security Relations, 1990-1992,"*Asian Perspective*, Vol.27, No.1, 2003, p.157.

② Ibid., p. 158.

③ Walden Bello, "U.S.-Philippine Relations in the Aquino Era", p.691.

④ See, for example, Raùl S. Manglapus, "The Philippines: Will the U.S. Learn from Success? "

⑤ Peter Bacho, "U.S. Policy Options toward the Philippines," *Asian Survey*, Vol.27, No.4, 1987, p.438.

不仅如此，新执政集团构建国内执政合法性的需要，也促使其采取对美更为强硬的立场。以科拉松·阿基诺为代表的执政者在“人民力量革命”中登上了菲律宾的政治舞台，他们被菲律宾民众视为民主的化身。菲律宾民众普遍对新政权抱有极大期望，希望新政权可以通过改革，改变菲律宾社会存在的权力与财富分配的严重不公。然而，让很多人感到失望的是，新政府的产生虽然标志着专制统治的结束，但其重建的仅仅是菲律宾历史上一直存在着的、由少数人主导的“精英民主”。有统计显示，1987年议会选举当选的议员中，有80%为大地主。[①] 执政集团的构成直接决定了，新政权在民众普遍关心的土地改革等问题上无法采取更为有力的措施，这也引起了民众的怀疑与不满。[②]

与土地改革等社会问题相比，军事基地问题并不触碰执政集团成员的核心利益，但在该问题上采取较为强硬的立场，却有利于执政集团强化其合法性。对于执政集团而言，强硬立场可以迫使美国提供更多经济补偿，如果谈判破裂，美军则将彻底撤出菲律宾，无论是哪种结果，执政者都可以将其描述为菲律宾独立以来对原宗主国的一次“外交胜利”。事实上，由于美军基地的存在为菲律宾社会制造了大量的就业机会，所以在美军去留的问题上，菲律宾民众中支持与反对的声音大体持平。比如，1989年春的一项民意调查就显示，35%的菲律宾受访者甚至不知道军事基地的存在，而在了解军事基地的受访者中，有62%的人倾向于保留基地。[③] 但是，执政集团却积极“制造”民意，煽动反美情绪。政要们不仅将美军基地问题与“国家主权”“民族自豪感”相联系，还将抵制美军基地的问题与“捍卫菲律宾的民主体制”联系起来。[④] 在这样的引导下，1987—1991年间，菲律宾民众对于军事基地的看法发生了迅速的变

① Walden Bello, “U.S.-Philippine Relations in the Aquino Era”, p.682.

② Ibid., p.689.

③ Gregory P. Corning, “The Philippine Bases and U.S. Pacific Strategy”, p.16.

④ Leszek Buszynski, “Realism, Institutionalism, and Philippine Security,” p.487.

化，反美情绪逐渐高涨，[①] 这也进一步成为菲参议院最终否决基地条约的舆论环境。

三、案例2：阿基诺三世政府对华政策的转向

阿罗约执政时期（2001—2010年）通常被认为是中菲关系发展的“黄金时期”，[②] 中菲合作不仅在经济领域取得了明显成绩，在南海问题上的合作也取得了一定进展。然而，自2010年6月阿基诺三世当选菲律宾总统后，菲律宾的南海政策却发生了明显变化，中菲关系也急转直下。对于菲律宾对华政策的这一变化，已有研究强调结构性因素，将之归因于美国“重返亚太”战略的实施。[③] 本文则认为，由菲律宾执政集团更换带来的国内政治变化，也是菲对华政策调整的主要原因之一。

（一）阿罗约执政时期的国内危机与对华政策

阿罗约执政期间国内政治危机不断，关于她及其亲属的政治、贪腐丑闻接连曝光。2003年8月，“第一先生”何塞·米格尔·阿罗约被指使用假名开立银行账户，并动用阿罗约总统100多万美元的竞选资金从事洗钱活动。2005年5月，这位“第一先生”又与他和阿罗约的长子——胡安·米奇被曝出为菲律宾最大的非法赌博业提供庇护。[④] 同年6月，菲律宾前国家调查局副局长王·塞慕向记者披露

---

① Walden Bello, “U.S.-Philippine Relations in the Aquino Era”, p.691.

② 代帆，金是用：《安全与发展：菲律宾对华政策研究》，《南洋问题研究》2009年第3期，第46—48页。

③ 何志工，安小平：《南海争端中的美国因素及其影响》，《当代亚太》2010年第1期，第142—143页。鞠海龙：《菲律宾南海政策中的美国因素》，《国际问题研究》2013年第3期。李金明：《南海争议现状与区域外大国的介入》，《现代国际关系》2011年第7期，第6—7页。

④《阿罗约丈夫被控保护非法赌博，政权面临颠覆阴谋》，中国日报网站，2016年10月3日，http://www.chinadaily.com.cn/gb/doc/2005-06/07/content_4494929,htm，2016年12月10日登录。

了阿罗约的选举丑闻，在王·塞慕提供的一卷录音带中，总统阿罗约在电话中向选举委员会官员询问并暗示，希望自己可以以100万选票的优势击败另一位候选人。9月，阿罗约又被指责挪用本应发放给菲律宾农民的化肥基金，将基金用于竞选活动。[①] 此外，阿罗约及其政治盟友还被怀疑在一系列重大基础设施项目中收受贿赂。[②]

在其执政后期，阿罗约几乎每年都面临弹劾动议，仅凭借其在国会和军队中的政治盟友而涉险过关。不仅如此，国内民众对阿罗约的净支持率（支持率减去不支持率）始终为负数，[③] 她甚至被称为菲历史上“最不受欢迎的总统”。[④]2006年2月，马尼拉爆发大规模针对阿罗约的示威游行，反对者及部分军官试图发动针对阿罗约的“人民力量”运动。阿罗约不得不宣布全国进入紧急状态，并调遣大批军队进驻马尼拉。[⑤]

尽管国内执政基础不稳，但阿罗约却在外交舞台上表现得异常活跃。事实上，在外交方面寻求突破已经成为阿罗约获得国内支持的重要手段之一。2005年的一项民意调查显示，阿罗约在促进经济发展、创造就业、打击腐败、与菲南穆斯林抵抗组织和谈等几方面的得分均为“不及格”，唯一“及格”的表现就是对外交事务的处理。[⑥] 在对华政策方面，阿罗约积极发展同中国的友好关系，希望为菲律宾寻求更多的经济机会。有西方学者指出，正是在阿罗约执

---

① Luz Rimban, “Billions in Farm Funds Used for Arroyo Campaign,”Philippine Center for Investigative Journalism, December 15, 2003, http://pcij.org/stories/2005/farmfunds.html,2015-12-01.

② Philippine Center for Investigative Journalism, “Shame and Scandal in the Family”, December 1,2005, http://pcij.org/stories/shame-and-scandal-in-the-family/, 2015-12-01.

③ Social Weather Station, www.sws.org.ph, October 12, 2016.

④ GMA News, “Arroyo Now Most Unpopular President in 20 Years,” April 4, 2006, http://www.gmanetwork.com/news/story/3395/news/natioin/arroyo-now-most-unpopular-president-in-20-years-sws, 2015-12-01.

⑤ Sheila S. Coronel, “The Philippines in 2006: Democracy and Its Discontents,” *Asian Survey*, Vol. 47, No. 1, 2007, p. 175-176.

⑥ IBON Foundation, “Arroyo Satisfaction Rating Lowest since May 2004,” December 5, 2005, http://www.bulatlat.com/news/5-37/5-37-arroyo.htm,2016-10-20.

政期间，中国成为了菲律宾最主要的官方开发援助（ODA）提供国。[①] 2004年2月，中菲双方签署了铁路工程款协议，中国同意为中国公司承包建设的菲律宾北吕宋铁路提供总额达4.21亿美元的优惠贷款，利率仅为3%。[②] 2007年博鳌论坛期间，菲交通通讯部和中国中兴通讯公司正式签订了价值3.29亿美元的菲律宾"国家宽带网络"项目意向性协议，阿罗约总统亲自出席签约仪式。同日，中菲两国政府还签订了总金额为19亿美元的"一揽子"合作协议。[③]

在南海问题上，中菲也取得了突破性进展。2005年3月14日，中、菲、越签署了《在南中国海协议区三方联合海洋地震工作协议》(以下简称《三方联合海洋地震工作协议》)。根据该协议，中国海洋石油总公司、菲律宾国家石油公司及越南石油和天然气公司将联手合作，收集南海协议区内定量二维和三维地震数据，协议涉及的合作海域总面积超过14万平方公里。根据三家公司的联合公报，这一协议"表达了三方联合考察南海协议区内石油资源储量的意愿"。[④] 有必要指出的是，《三方联合海洋地震工作协议》的前身实际上是2004年阿罗约总统访华期间中国与菲律宾签订的《联合海洋地震工作协议》。因为担心被排除在"共同开发"之外，越南随即加入。中菲《联合海洋地震工作协议》在签署之初曾被认为是将南海由争议之海变为和平、稳定、合作之海的具体措施。

然而，受阿罗约的贪腐丑闻所累，中菲经济和南海合作却在阿罗约执政后期出现波折。反对者指责阿罗约及其政权内部重要成员

① Ian Storey, "Trouble and Strife in the South China Sea Part II: The Philippines and China," *China Brief*, Vol.8, No.9 , 2008, http://www.jamestown.org/single/?tx_ttnews%5Btt_news%5D=4886&no_cache=1#.VMOJuPmUdLI,2016-01-02.

② 《中国承包方积极准备修建北吕宋铁路系统》，中华人民共和国商务部，2001年11月3日，http://www.mofcom.gov.cn/aarticle/i/jyjl/j/200411/20041100310174.html，2016年1月2日登录。

③ 冯禹丁：《中兴通讯深陷海外贿赂门》，搜狐新闻，2007年10月22日，http://business.sohu.com/20071022/n252784550.shtml, 2016年1月2登录。

④ 《中菲越三国石油公司签署南海联合地震勘探协议》，新华网，2005年3月14日，http://news.sina.com.cn/c/2005-03-14/21175359436s.shtml, 2016年5月2日登录。

（如众议长何塞·德贝内西亚、选举委员会主席本杰明·阿波罗斯、菲律宾国家石油公司总裁、石油部副部长的爱德华多·马纳拉克等），在与中国的经济合作项目中为个人谋取经济利益。[①] 2007年9月，阿罗约政府被迫宣布中止“国家宽带网络”项目。为中菲关系带来更大影响的是，《三方联合海洋地震工作协议》也遭到炒作。一些西方学者和菲律宾反对派宣称，阿罗约和德贝内西亚等人绕过菲律宾外交部、国防部等机构主导了协议的签订，同时在领土问题上对中国做出了重大让步，以换取中国的经济援助和个人经济利益。[②] 在这样的背景下，2008年《三方联合海洋地震工作协议》期满后没有续约。阿罗约时期的中菲关系在经历了一段“黄金时期”后出现了降温，尽管如此，中菲两国却并未因此交恶。然而，下文将进一步阐述，作为一位不受菲律宾人欢迎的领导人，阿罗约给中菲关系造成的负面影响将在新政权上台后凸显出来。

（二）阿基诺三世时期菲律宾对华政策的转变

2010年6月，阿基诺三世当选菲律宾总统。上台后阿基诺三世一改阿罗约时期较为温和的南海政策，中菲关系很快出现一系列波折。2011年2月，“论坛能源公司”突然宣布，受菲律宾政府委托，该公司将在中菲争议的南海礼乐滩附近海域开采石油。[③] 此后，中方加紧了在该地区的巡逻，2011年3月，中菲两国船只在礼乐滩附近发生对峙。[④] 2012年4月，中菲再次于黄岩岛发生对峙，两国关

---

① Aileen S.P. Baviera, “The Influence of Domestic Politics on Philippine Foreign Policy,”p. 21.

② See, for instance, Barry Wain, “Manila Bungle in the South China Sea,” *Far Eastern Economic Review*, No. January-Feburary , 2008; Miriam Grace A. Go, “Arroyo Gov't Pleasing China since Day 1,” March 14, 2008, http://www.abs-cbnnews.com/special-report/03/14/08/policy-betrayal-first-three-parts,2016-05-10.

③《菲律宾石油公司称将在南海开采石油遭中方警告》，环球网，2011年3月3日，http://world.huanqiu.com/roll/2011-03/1587256.html，2016年8月25日登录。

④ Roel Landingin, “China and Philippines Tensions Mount,” *Financial Times,* June 1, 2011 ; International Crisis Group, *Stirring up the South China Sea (II): Regional Responses*, Brussel: Internaitonal Crisis Group, 2012, p.7.

系跌入低谷。

菲律宾对华政策转为强硬的背后固然有美国再平衡战略的影响，但菲律宾的国内政治也是不能忽视的原因之一。阿罗约的一系列贪腐丑闻使菲国内形成了对中国极为不利的舆论氛围。一位菲律宾记者在2008年的一篇报道中写下的一段话就十分具有代表性："阿罗约夫人允许中国（此后是越南）在菲律宾水域平等地活动，作为回报，她与过去的总统们相比，同中国签署了最多的双边协议。过去7年，她同中国签署了65个双边协议，远远多于费迪南德·马科斯11年间（1975中菲建交—1986年马科斯政权垮台，作者注）签署的8个协议……科拉松·阿基诺总统在6年间签署的3个协议；菲德尔·拉莫斯在6年间签署的3个协议；以及约瑟夫·埃斯特拉达在其短暂的任期签署的3个协议……"可见，尽管阿罗约的大多数丑闻并不涉及中国，但中菲合作已经在菲律宾遭遇"污名化"，与中国在经济合作方面取得的成果甚至被当成了阿罗约贪腐的佐证。

在这样的舆论环境下，新执政集团开始调整对华政策，强硬的南海政策从以下几个方面适应了新执政集团的需要。首先，新政权通过攻击阿罗约政府具有争议的对华政策，强化自身的合法性。正是看到了民众对阿罗约贪腐行为的厌恶，阿基诺三世才打出了"没有腐败，就没有贫困"的竞选口号，并以此赢得了2010年菲律宾大选。阿基诺三世上台后，多次在公开场合批评阿罗约政府的南海政策，斥责其出卖国家利益。[①] 对于新政权而言，采取强硬的南海政策，既有助于从美国获得更多的军事援助，也有利于同阿罗约政府划清界限，标榜自身"清廉""坚决捍卫国家利益""不会被收买"的形象。[②]

---

① Virgilio J. Bugaoisan and Michaela P. del Callar, "Noy: RP-China Conflict Gloria's Fault,"*The Daily Tribune*, July 5, 2011; Matikas Santos, "Aquino: Unite Now amid Threats to PH," June 12, 2013, http://newsinfo.inquirer.net/425053/aquino-unite-now-amid-threats-to-ph,2015-12-25.

② International Crisis Group, "Stirring up the South China Sea (II)," p.6.

第二，新政权还借力于民众的民族主义情绪，展开了对旧政权残余政治势力的清洗，确保自身在国内政治斗争中的优势地位。可以说，阿基诺三世的反腐运动具有明显的政治指向。一个典型的例子就是，2012年菲律宾最高法院首席大法官雷纳托·科罗纳因隐瞒财产而遭弹劾下台。科罗纳是阿罗约的重要政治盟友，阿罗约下台前不顾候任总统阿基诺三世的反对，坚持任命科罗纳为最高法院大法官。科罗纳也不负所望，其执掌的最高法院在2011年11月的一桩土地纠纷案中，曾裁定阿基诺家族向佃农赔偿3000万美元。[①] 而对于科罗纳的弹劾，则是阿基诺一派对阿罗约势力的一次回击。在“科罗纳被弹劾”案中，阿罗约主持签订的中菲南海合作再次遭到炒作，例如，一篇题为《中国与科罗纳的平行宇宙》的文章就声称，《三方联合海洋地震工作协议》是对菲律宾的出卖，文章同时还写道，“如果菲律宾参议院没有在本周将他免职，那么大法官科罗纳将在最高法院主持裁定《三方联合海洋地震工作协议》是否违宪……那些支持中国的人也在为科罗纳辩护”。[②] 阿基诺三世政权通过给反对派贴上“叛国”的标签，来掩饰自己“反腐行动”背后的政治意图。

第三，抨击旧政权的南海政策还有助于新执政集团的成员实现自身的政治、经济利益。以2011年中菲礼乐滩事件为例，事件中受阿基诺三世政府委托、在争议地区开采石油的“论坛能源公司”由菲律宾财阀彭泽仁控股，而彭泽仁正是阿基诺三世参选的主要资助人之一，奉行“亲美远中”政策的菲外长罗萨里奥既是彭泽仁的好友，也是“论坛能源公司”董事会成员。[③] 正如有学者指出的，

---

① 许春华:《菲律宾:“政治清算”牵动家族政治》,《南风窗》，2012年第5期，第69页。

② Rodel Rodis, "The Parallel Universe of China and Corona," May 29, 2012, http://globalnation.inquirer.net/38259/the-parallel-universe-of-china-and-corona, 2016-10-01.

③《菲律宾石油公司称将在南海开采石油遭中方警告》，环球网，2011年3月25日，http://world.huanqiu.com/roll/2011-03/1587256.html，2016年8月25日登录；Natashya Gutierrez, "MVP: Trillanes is Lying," September 21, 2012, http://www.rappler.com/nation/12721-mvp-trillanes-is-lying, 2016-10-31。

对于“国家利益是什么”以及“什么是实现国家利益的最佳手段”，国家有的时候并没有清晰且一成不变的认知。[①] 阿罗约政府时期，菲律宾国家石油公司总裁马纳拉克曾公开表示，“中菲合作有助于菲律宾避免由能源危机引发的经济衰退”；[②] 而阿基诺三世当政后，随着执政集团的更迭，中菲南海合作却被描述成“叛国”行为。可见，在南海问题上，到底通过什么方式来解决菲律宾的能源问题，执政集团享有极大的可操纵空间，而如何对国家利益进行诠释，则取决于执政集团成员的政治、经济利益。

五、结论

综上所述，在国内政治动荡的第三世界国家，执政集团的政治生存面临严重挑战，执政集团有强烈的动机利用一切政策工具维护其统治。在制定外交政策时，执政集团首先需要考虑的是，如何使外交政策为维持其国内统治服务。与根据国家整体利益制定的外交政策不同，为适应国内政治需求制定的外交政策往往延续性较差，一旦执政集团出现更迭，该国的外交政策也可能出现急剧调整。这主要是因为，新执政集团的构成与旧政权不同，其所依赖的国内支持基础也不同，为了迎合国内支持者所提出的国内政策目标也存在差异。此外，新的执政集团还可能通过攻击不受欢迎的旧政权树立自身的合法性，旧政权所选择的外交政策也可能因此遭到批判。

对于大国而言，与第三世界国家“不受欢迎”的旧政权建立的友好关系，很可能成为今后双边关系发展中的障碍。一方面，同

① Martha Finnemore, *National Interests in International Society*, Ithaca, N.Y.:Cornell University Press, 1996, also see *The Purpose of Intervention: Changing Beliefs about the Use of Force*, Ithaca, N.Y.:Cornell University Press, 2003.

② 《菲律宾对中菲两国合作开发南沙态度始终谨慎》，新华网，2004年10月7日，http://news.xinhuanet.com/herald/2004-10/07/content_2059486.htm, 2016年5月10日登录。

“不受欢迎”的领导人保持友好关系，可能促使第三世界国家的社会形成针对大国的敌视态度；另一方面，新政权很可能通过煽动国内的民族主义情绪、将外交议题政治化，来巩固自己的统治。以上这些因素也要求大国更加密切地关注第三世界国家国内政治的走向。

加入SDR对人民币国际货币权力的影响研究

国际经济学院　胡再勇

随着国际化的推进，人民币国际影响力会越来越强，而引领人民币国际化发展的两大动因无疑是提升经济自主性的要求以及增强政治影响力的希冀。实际上，当代历史上其他大国扩张其货币在国际上的影响力时，也一贯出于以上两大考虑。[①] 对中国而言，2008年发生的全球金融危机是推进人民币国际化的直接动力，这场全球金融危机极大削弱了以美元为中心的全球货币体系的合法性。中国希望追求经济的自主性，对美元体系保持一定隔离，并希望能对全球货币体系提供一种替代性的治理模式。这种追求无疑与中国政府渴望将巨大的经济实力转变为国际影响力的诉求联系在一起。对中国而言，通过人民币国际化，扩展其使用范围，并进而为中国扩展政治影响力时不那么咄咄逼人，并为包括周边国家在内的世界上很多国家乐见其成的方式。[②] 因此，研究国际货币权力以及人民币加入SDR对人民币国际货币权力的影响无疑具有重要的价值和意义。

① 乔纳森·科什纳:《货币与强制——国际货币权力的政治经济学》，上海：上海世纪出版集团，2015年版，中文版序言，第2页。

② 同上书，第3页。

一、国际货币权力的相关理论

在介绍国际货币权力（Monetary Power）的相关理论之前，先对权力和国际货币权力进行界定。古典现实主义的马克斯·韦伯（Max Weber）曾对权力进行了最精彩的界定，即权力是指一个人将其意志强加于他人的行为之上的能力，道出了权力的强制性、支配性与不对称性特点。[①] 丹尼斯·朗（Dennis H. Wrong）认为权力具有三种属性：广延性、综合性和强度，一般表现为武力、操纵、说服与权威四种形式。[②] 同样，国际货币权力的运用也发生在国际关系的空间范围之内，可以定义为一个国家基于国际货币关系将其意志强加于他国的行为之上的能力。该定义有几层含义：一是货币权力是权力的一种，同样具有强制性、支配性和不对称性特点；二是货币权力同样具有广延性、综合性和强度三种属性；三是货币权力的表现一般为货币操纵（Currency Manipulation）、货币依赖（Monetary Dependence）和体系破坏（Systemic Disruption）三种形式（科什纳，2015）。货币权力是基于国际货币关系的一种强制力性权力（Coercive Power），因此，货币权力与货币国际关系密切相关。此外，需要提及的是货币权力也是经济权术（Economic Statecraft）的一种重要工具，因此，货币权力的研究属于国际货币关系研究和经济权术研究的交叉领域。

科什纳（2015）认为，货币外交运用一般有三种形式，即货币操纵、货币依赖和体系破坏。货币操纵是指通过实际行动影响目标国货币的价值和稳定，既可以是放弃对目标国货币的支持，也可以

① 王帆、曲博：《国际关系理论——思想、范式和命题》，北京：世界知识出版社，2013 年版，第 86 页。

② 同上注。

是对目标国货币的直接攻击，货币操纵可以用于实施惩罚或实施强制。货币依赖是指货币体系成员国与核心国之间不对称性的政治和经济关系导致核心国能够实施的一种权力。体系破坏是指实施国破坏或威胁破坏货币体系从而获得利益的行为。[①] 货币操纵、货币依赖和体系破坏依据操作方法、目的等的不同，还可以作进一步的划分，下面进一步分析。

基于货币操纵的方法（干预介于和静观其变）和动机（正面和负面）可以将货币操纵分为四种形式，即正面干预的保护型货币操纵、负面干预的劫掠型货币操纵、正面静观其变的放任型货币操纵以及负面静观其变的消极型货币操纵（科什纳，2015）。保护型货币操纵是指实施国采取措施维护目标国货币的价值及稳定，例如，在公开市场上买入目标国的货币或者通过各种措施，交换或直接援助的方式为目标国提供充足的外汇储备；放任型货币操纵是指货币外交实施国如果实施某种货币相关行为将有利于本国利益而损害目标国货币地位，货币外交实施国放弃这种措施就是放任型货币操纵，如实施国基于本国利益本应抛售目标国货币却选择继续持有，或者目标国低估本国货币获得相对货币外交实施国不公平的贸易竞争优势而货币外交实施国采取默许态度；劫掠型货币操纵是指采取措施动摇和削弱目标国货币的价值和地位，如采取伪造目标国货币或者大规模抛售等措施；消极型货币操纵是指取消对目标国货币的支持行为，例如，如果货币外交实施国原先在市场上买入目标国的货币，以支持目标国货币地位，现在放弃这种支持行为，就是消极型货币操纵。[②] 货币操纵成功与否与目标国的汇率制度密切相关，在固定汇率制度下，货币操纵成功与否的关键变量是外汇储备规模，在浮动汇率制度下，关键变量是目标国的汇率水平偏差大小以及外汇储备规模。

① 乔纳森·科什纳：《货币与强制——国际货币权力的政治经济学》，第52、128、186页。

② 同上书，第52—53页。

货币依赖的利用有四种形式，强迫（Enforcement）、驱逐（Expulsion）、榨取（Extraction）和诱陷（Entrapment）。[①]强迫是指基于体系规则来制裁成员国，例如，威胁取消目标国货币体系的权利或者干扰核心国货币在成员国的流通状态来实施强迫性权力。驱逐是指通过驱逐尤其是威胁驱逐成员国来实施货币外交，驱逐成员国将导致成员国不但丧失货币体系好处，还会存在货币体系转换成本。榨取是指基于体系规则或体系状态攫取财富的货币外交，例如，加入体系的会费、加入体系做出的经济政策方面的让步等。诱陷是指成员国加入货币体系后会形成一些既得利益集团，这些既得利益集团会支持政府维持加入现有货币体系的现状。[②]

体系破坏包括颠覆性破坏和策略性破坏两种形式。颠覆性破坏者一般是货币体系外成员，通过破坏既有货币体系并提供替代性货币体系，达到既不用承担货币体系崩溃的成本又能从体系核心国和一般成员的衰败中获得收益。而策略性破坏的实施者一般是体系内的中等成员，通过干扰体系的正常运行来敲诈体系的核心国和其他成员来获得补偿性收益，一般目的不在于摧毁体系。[③]体系破坏实施者的破坏能力与货币体系的制度性特点息息相关，一般货币体系的制度、协议或承诺越多，则被破坏越容易，固定汇率制货币体系相对浮动汇率制货币体系更脆弱。

二、SDR的功能及局限

SDR是由国际货币基金组织在1969年创建的一种潜在的储备货币，SDR创立时盯住等于一美元的固定数量的黄金（Humpage,

① 同上书，第128页。

② 同上书，第128—130页。

③ 同上书，第186—188页。

2009），可以被理解为一个账户、一个衍生产品、一个资产、一个准货币，目的是提供临时性资源并帮助纠正国际收支平衡。SDR的功能可以从官方SDR和私人SDR两个角度来看，从官方角度来看，SDR既不是一种货币单位，也不能向IMF兑换，但潜在的可以兑换成IMF成员的能自由使用的货币。从私人角度来看，SDR可以用于1）苏伊士运河通行费支付；2）支付一些航空公司的超载费用；3）一些国际结构在账户里保持SDR或用SDR计价，例如，沙特阿拉伯基金用沙特货币第纳尔（AAD）记账，与SDR挂钩；4）在过去，一些国家，如拉脱维亚将其货币盯住SDR（Hoguet & Tadesse，2010）。IMF（2011）认为，SDR能在复合型储备资产、记账单位以及发行SDR计价证券等三个方面改进国际货币系统功能。SDR篮子构成提供了比其他货币更稳定的计价单位和价值储存功能，也有助于解决官方和私人部门的汇率波动风险。2016年8月31日，首只以人民币计价的SDR债券"木兰债"由世界银行在中国银行间债券市场发行，首期发行规模为5亿SDR，总规模为20亿特别提款权，结算货币为人民币。世界银行在银行间债券市场发行特别提款权计价债券，是推动特别提款权金融工具市场化的有益尝试，有利于进一步促进扩大SDR的使用，从而增强国际货币体系的稳定性和韧性（PBC，2016）。

阿勒桑德里尼和弗拉蒂安妮（Alessandrini & Fratianni，2009）认为SDR目前在国际储备中发挥边缘角色，SDR方案的运作机制受限。SDR既不是一种货币、也不是针对IMF的一种声索权。而是针对IMF成员自由使用货币的一种潜在声索权。SDR方案运作类似转账系统（Giro System）（Machlup，1968），仅通过双边交易实现中央银行储备的再分配，SDR对解决国际金融系统的脆弱性问题帮助很小（Jellema，2010）。SDR成为储备货币存在一些明显的实质障碍。首先，最大的障碍是美国，IMF任何大的政策都需要得到85%的绝大多数支持，美国拥有17%的投票权，意味着只要美国出于保护美元地位，阻碍SDR成为储备货币，它就拥有否决权。其次，SDR不能成为货币，这是因为IMF没有能力对其民众征税（Anklesaria，2009）。但这一点受到质疑，IMF的确不能通过征税的方法创造收入，但IMF的成员国拥有这个权利，因此，IMF有征税创造收入的间接能力，就像欧元一样。第三，就像凯恩斯的Bancor货币思想一样，一些国家仍然希望印制自己国家货币保留货币政策独立性（Anklesaria，2009）。当前，增加SDR角色的最主要支持者来自中国和其他金砖国家（Kenen，2010），周小川（2009）认为当前的国际金融体系将导致不平衡和经常性的金融危机，提出将SDR由人工篮子货币转换为基于资产支持的货币篮子，建立SDR和主权货币之间的清算系统以使得SDR成为全功能货币，由一家特别机构来管理SDR及其价值，即SDR应成为某家机构的负债，开放SDR计值基金，和1944年Keynes的想法类似。此外，还有一些建议包括SDR的私人使用、发展SDR替代账户、发展SDR债券等（Pettipas & Montemayor，2012；乔依德和徐明棋，2011）。阿勒桑德里尼和弗拉蒂安妮（2009）认为这些建议仅仅是朝着强化国际金融系统方向的一步，但仍然是不够的，因为：1）SDR供应的外生原则没有变；2）SDR配额与外部失衡规模之间的不相关性仍然存在；3）缺乏外部调整份额负担的规则。

三、人民币加入SDR的国际和国内影响

人民币加入SDR的影响总体上可以分为对国际的影响以及对国内的影响。人民币加入SDR对国际的影响可以分为几个方面：1）促进人民币的国际化，有利于人民币成为真正意义上的国际货币。也有利于促进人民币作为国际储备货币地位的提升，触发全球央行和主权财富基金吸收人民币资产，进一步促进人民币在跨境贸易和投资结算等方面的使用（丁志杰，2010；涂永红，2016；Lo，2015）。但这种影响可能是基于长期的分析，因为SDR 只是一个计

价单位，并非实际货币，人民币加入其中后，在短期内几乎不可能取得立竿见影的实际效果，更多的仅仅是一种象征意义（Marsh，2015），人民币纳入SDR对全球经济和金融市场的短期影响可能有限，SDR仅占全球官方储备资产的5%，总的SDR大约相当于3000亿美元，即使人民币占SDR达到10%的权重（实际为10.92%），全球银行对人民币增加的需求大约为300亿美元，这在全球来说是微不足道的（Lo，2015）。2）增强SDR的合法性和稳定性。鉴于中国经济和贸易在世界中的重要地位，人民币成为SDR的篮子货币无疑将增强SDR的合法性（Agnès Benassy- Quere & Damien，2011）。定量分析表明人民币加入 SDR 后作为外汇储备资产能提高资产组合表现（赵冉冉，2013），人民币的加入对 SDR 短期价值和长期均衡价值都不会产生趋势性冲击，也不会明显增加SDR 负债国的负担（苏治，胡迪和方彤，2015），人民币加入SDR将会减少SDR的波动，并随着人民币权重的增加对SDR波动的影响加大，人民币的加入有利于稳定SDR的价值，增强SDR的记账单位和价值储存功能（AgnèsBénassy-Quéré & Damien，2011）。3）人民币纳入SDR，受到最直接影响的将会是非洲发展银行、国际清算银行等资产负债表使用SDR计价的国际机构，并会产生巨大的人民币对冲需求（宋科和李昊泽，2015）。在国内影响方面，1）人民币加入SDR可以看作是一个外部力量和一个信心助推器，推动中国推进进一步改革，包括资本账户开放、汇率形成机制改革、利率市场化和资本市场化改革系统推进，从而提高中国资产价值的结构支撑（Lo，2015）。2）随着人民币使用程度的不断提高，中国企业将获得更多的人民币自主定价的话语权，从而规避海外贸易的汇率风险，为我国进出口贸易的平稳发展保驾护航（涂永红，2016）。3）对人民币资产需求上升、资本账户改革、双向投资额度的扩大以及股市连接计划等改革会促进人民币资产大规模的突然流入和流出，增加了资本流动性风险，加大监管难度，金融系统性风险上升。

人民币加入SDR有利于促进人民币的国际化，有利于人民币成为真正意义上的国际货币。但要看到，虽然人民币在SDR货币篮子中的权重达到10.92%，位居第三位，落后于美元和欧元的41.73%和30.93%，高于日元和英镑的8.33%和8.09%，但这主要得益于SDR新的计算公式，必须准确认识到人民币是后起之秀，人民币在国际货币体系中的地位还落后于日元和英镑。虽然在官方外汇储备中持有人民币的国家约有40个左右，但这主要得益于中国人民银行自2008年以来与35个国家或地区的货币当局签署的货币互换协议，人民币还没有建立自己的区域性货币体系，甚至在中国的外汇储备构成中，美元资产占66.7%，高于IMF统计的美元在全球外汇储备中63.59%的占比，在中国外汇储备中居绝对地位。在中国的外汇储备构成中，欧元占19.8%，低于IMF统计的欧元在全球外汇储备中20.37%的占比，英镑占10.6%，高于4.79%的全球基准，日元约占3.1%，低于4.08%的全球基准。①

四、加入SDR对人民币国际货币权利的影响

从货币操纵的角度来看，人民币加入SDR是对中国经济实力和人民币国际影响力的认可，随着越来越多的国家央行以及主权财富基金吸纳人民币资产，这将提升人民币货币操纵的可能性和能力。从货币操纵的四种形式来看，人民币成为国际货币可以便利于实施正面干预的保护型货币操纵，即可以利用人民币在公开市场上买入目标国的货币或者资产，从而为目标国提供充足的人民币外汇储备，维护目标国货币的价值与稳定；中国经济实力增强、人民币成为SDR篮子货币也为放任型货币操纵提供了更多的机会；越来越多的国家持有人民币也为我国获取目标国货币提供了更多的便利机

① 余向荣、梁红：《一个3万亿美元的问题：中国是如何配置外汇储备的？》，人民币交易与研究论坛，2016年7月23日，http://www.rmbtoglobal.com/ytrtg-front-portals/information/detail/NEWS/16072315163700 0112，2017年11月8日登录。

会，从而也为我国实施劫掠型货币操纵提供了可乘之机；人民币加入SDR增强了对目标国实施保护型货币操纵的机会，自然也为消极性货币操纵提供了机会，即放弃实施保护型货币操纵，就是消极性货币操纵。

从货币依赖的角度看，在货币依赖的四种形式中，强迫、驱逐和榨取依赖于已存在货币体系，基于不对称性的政治和经济关系，货币体系核心国对成员国实施的一种货币权力。而诱陷既可以在货币体系的构建过程中实施也可以在货币体系构建完成后实施，对人民币来说，加入SDR是人民币国际化的关键一步，表明人民币在贸易出口以及综合金融指标方面的影响力已经得到国际社会和国际金融机构的初步认可，也为形成人民币国际货币体系提供了重要的制度性保障，构建人民币货币体系也是中国将经济影响力转化为政治影响力的重要渠道。在中国与周边国家存在东海、南海领土纷争以及围绕美韩部署萨德导弹爆发外交冲突等局面下，构建人民币货币体系、实施货币依赖相较于传统的外交、军事措施不那么咄咄逼人，也是周边国家所乐见其成的。因此，人民币加入SDR后，构建人民币货币体系并实施货币依赖是中国最可取的发挥人民币国际货币权力的方式。

从体系破坏的角度来看，体系破坏包括体系外成员的颠覆性破坏和体系内成员的策略性破坏两种形式，加入SDR是人民币国际化的关键一步，构建人民币国际货币体系并获得货币依赖权力是人民币国际化的重要目标。因此，策略性破坏不是人民币国际货币权力的目标。对于体系外成员的颠覆性破坏而言，其目的是通过破坏既有货币体系，提供替代性货币体系，达到既不用承担货币体系崩溃的成本又能从体系核心国和一般成员的衰败中获得收益，当前人民币虽在SDR货币篮子中的权重位居第三位，超过日元和英镑，落后于美元和欧元，但在官方外汇储备中持有人民币的国家仍远远落后于美元、欧元、英镑和日元。因此，如果中国颠覆性破坏的目标是这四种货币，对于处于迅速国际化进程中的人民币来说，无疑会获得一定收益。但实施颠覆性破坏，需要考虑几点，一是是否符合国家的政治、外交、军事等战略性目标；二是是否具备实施颠覆性破坏的能力；三是能否选择准确的实施时机。对中国来说，中国正努力构建新型大国关系，即不冲突、不对抗、相互尊重、合作共赢。取代美元不是人民币国际化的目的。因此，对更谈不上对美元体系的颠覆。同样，对欧元体系、英镑体系的颠覆也不符合中国的外交战略，也不利于“一带一路”的顺利实施。对中国的外交战略而言，大国是关键，周边是首要，中国还是希望与日本能妥善搁置岛屿领土争议，共同开发争议地区海洋资源，共同维护东亚地区的和平与稳定，共同促进东亚地区的经济发展。因此，颠覆日元也不符合中国的周边外交战略。从第二个角度，即是否具备颠覆性能力来看，颠覆性破坏常用的手段是大规模伪造并流通货币体系的核心货币或者控制关键商品的生产、分配和流通，后者通常指的是金本位制时期的黄金等关键铸币资产。中国截至2016年9月持有的美元外汇储备约为31663.82亿美元，其中美元资产占66.7%[①]，约为21119.77亿美元，而IMF统计2016年第2季度全球官方已配置外汇储备中美元资产为47597.9亿美元[②]，中国持有的美元外汇储备占全球已配置美元外汇储备资产的44.37%，如果中国抛售持有的美元外汇储备，必然会给美元体系产生重大的影响和冲击。对中国来说，大规模伪造美元、欧元、英镑和日元没有什么问题，但难以在境外流通，因此，颠覆性能力有限。最后，从选择货币权力实施时机来看，最佳时机一般是货币体系核心国处于经济困境或处于战争失利威胁导致本币存在较强的贬值压力，在这种情况下实施颠覆性破坏成功的概率会相对较高，但选择准确的颠覆时机不太容易，再加上颠覆性破

---

① 余向荣、梁红:《一个3万亿美元的问题：中国是如何配置外汇储备的？》，人民币交易与研究论坛，2016年7月23日，http://www.rmbtoglobal.com/ytrtg-front-portals/information/detail/NEWS/160723151637000112，2017年11月8日登录。

② MF官方外汇储备货币构成（COFER）数据库，http://data.imf.org/?sk=E6A5F467-C14B-4AA8-9F6D-5A09EC4E62A4，2017年11月20日登录。

坏的目标国通常实力强大，实施颠覆性破坏往往会导致反噬，这也导致在货币权力的实施史中，还未有过体系破坏的先例。

总体上来看，人民币加入SDR增强了人民币的国际货币权力，但也要看到，人民币加入SDR的短期效果有限，因此，人民币国际货币权力的增强也是一个长期的过程。需要注意的是，人民币加入SDR使得越来越多的国家持有人民币资产，这也使得中国有可能成为货币操纵的目标国。

五、结论与政策建议

基于国际货币权力理论，本文从货币操纵、货币依赖和体系破坏三个角度深入探讨了加入SDR对人民币国际货币权力的影响，得出以下结论和政策建议。

（一）主要结论

从货币操纵的角度来看，人民币加入SDR后，越来越多的国家央行以及主权财富基金会吸纳人民币资产，这将提升人民币货币操纵的可能性和能力。但也要看到，人民币加入SDR的短期效果有限，人民币货币操纵能力的增强是一个长期的过程，人民币加入SDR使得越来越多的国家持有人民币资产，这也使得中国有可能成为货币操纵的目标国。从货币依赖的角度看，在货币依赖的四种形式中，强迫、驱逐和榨取依赖于已存在货币体系，基于不对称性的政治和经济关系，货币体系核心国对成员国实施的一种货币权力。而诱陷既可以在货币体系的构建过程中实施也可以在货币体系构建完成后实施，由于人民币尚未形成自己的货币体系，因此，加入SDR后有利于增强人民币的诱陷权力。

从体系破坏的角度来看，体系内成员的策略性破坏不是人民币国际货币权力的目标。加入SDR后，中国可能逐渐会具备颠覆性破坏的能力，但不符合国家的战略目标，另外选择实施颠覆性破坏的时机也非常困难。

（二）政策建议

加入SDR是人民币国际化的重要一步，但短期效果有限，人民币国际化程度仍落后于其他主要国际货币，这也制约了人民币国际货币权力的增长。相对贸易、金融、援助等其他经济外交手段而言，货币权力受到的制约较少，同时货币权力受到的关注较少，政府可以进行秘密操纵，而且货币权力直接作用于一国统治的根基，即法定货币，能直接影响政府稳定，其有效性很高。国际货币权力可以弥补传统外交手段的不足，较好地实现政治、军事等目标。因此，有必要在人民币国际化进程中促进人民币国际货币权力的提升。基于中国目前的国际政治安全环境以及外交战略，人民币国际货币权力可以实施的方式是正向的货币操纵和货币依赖，而负向的货币操纵和体系破坏不符合当前的中国外交战略，而且由于体系破坏的反噬可能性较高，还没有体系破坏的先例，本文主要从货币操纵和货币依赖的角度分析中国提升人民币国际货币权力的政策建议。

增强货币操纵能力，在人民币成为SDR篮子货币的情况下，中国可以继续大力提升双边货币互换网络建设，扩大跨境双向投资渠道，加快开放资本账户，扩大人民币相关资产的供给，并针对海外人民币流通情况在各大洲加强人民币离岸清算中心建设布局，加强人民币国际化的基础实施建设，使人民币能方便地有序流出和流入，提升人民币的储备货币地位，努力将人民币建设成为货币操纵的关键性储备性货币，这将极大提升人民币的货币操纵能力。

增强人民币货币依赖能力，关键是形成人民币货币体系，而稳定的人民币货币体系又有赖于体系内贸易和投资的大规模流动。因此，构建区域性自由贸易区是建立人民币货币体系的基础。当前，中国应将稳固的中国东盟自由贸易区作为人民币货币体系的基础，推进中国东盟自由贸易区的升级，包括扩宽贸易投资范围、进一步降低贸易障碍，包括关税和非关税壁垒，促进投资便利化，并推进自贸区内人民币贸易融资、贸易结算、人民币投资和外汇交易等，形成以中国东盟自由贸易区为基础的人民币货币体系。在此基础上，借助构建东亚共同体的宏伟景愿，推进“10+3”和RCEP自由贸易区的建成，并相应推进自由贸易区内人民币的流动和使用。中国东盟自由贸易区应成为人民币货币体系的核心区，如果“10+3”和RECP建成的话，则RECP中的韩国、日本、澳大利亚、新西兰和印度则可以成为人民币货币体系的次核心区。此外，中国在大力推进“一带一路”建设，将中国的贸易和投资网络辐射至中亚、中东欧和非洲。因此，借助亚投行等金融机构和组织，“一带一路”沿线上与中国政治、贸易、投资等联系紧密的国家也可以发展成为人民币货币体系的外围成员。此外，形成人民币货币体系，关键是能给予加入人民币体系的成员国各种好处，如贸易融资货币、贸易结算货币、外汇储备货币价值的相对稳定。另外，体系内成员国能获得对体系外各种风险和冲击的隔离，这就需要中国有能力维护人民币价值的相对稳定，并在体系内形成相对外部具有一定独立性的经济系统，从而能对外部的风险和冲击形成一定的隔离。

天津港在京津冀协同发展中的引导作用分析[①]

国际经济学院　杨　莉、李　峰

一、引言

全世界经济总量多半集中在沿海岸带300公里之内的地区，美国、日本、欧洲等发达经济体皆是如此。五百年来，在人类现代化进程的大舞台上，相继出现了九个世界性大国。从最早的葡萄牙到今天的美国，它们无一例外地重视海洋，重视港口、航运和海外贸易。纽约是位于美国纽约州东南部大西洋沿岸的一座城市，它占据着很多“第一”和“之最”的头衔。除了是世界第一大经济中心和世界的金融中心，同时也是美国第一大城市及第一大港。在今天的地球上，最具活力的城市都是面朝大海的，诸如纽约、伦敦、上海、东京、新加坡、香港、旧金山（硅谷）、洛杉矶、深圳，等等，它们代表着新生力量，代表着未来的方向。[②]人类早已进入海洋时代，不濒临海洋的地方难再产生世界级的城市，现代的城市喜欢临

① 本文是北京市社会科学基金研究基地项目《口岸建设与京津冀协同发展》（项目编号：15JDJGB003）、中央高校基本科研业务费专项资金《博弈视角下在非中资企业面临的风险与应对策略研究》（项目编号：3162017ZYE04）的阶段性研究成果。

② 贾大山：《国际航运中心建设两种模式及启示——利益共享》，《中国远洋航务》，2016年第3期，第50—52页。

海而建。海洋的优势，说到底是一种成本优势。毕竟，海运是人类历史上最低成本的大规模运输方式。

改革开放以来，中国主动加入全球化，成为全世界对海洋依赖程度最高的国家之一。中国的经济很大程度上是靠对外贸易的，因为外贸靠国际物流，而国际物流很多需要靠海洋。

港口一直以来就是一个地区经济发展的重要环节之一，大量的进出口货物都需要从港口进出，港口的吞吐量也是一个地区经济发展的标志之一。随着中国经济的快速发展，中国的许多港口也迅速地跻身世界最大的港口行列。就集装箱港口数量而言，中国早已主宰海洋。截至2016年，在全球前50大集装箱港口中，近三分之二都或多或少有中国的投资，而2010年时的比例只有五分之一左右。

从世界十大港口2016年排行榜知，2016年集装箱吞吐量排名依次为：上海港、新加坡港、深圳港、宁波—舟山港、香港港、釜山港、广州港、青岛港、迪拜港、天津港。集装箱港口排名和2015年变化不大。①

从2016年6月到2017年6月，中资企业已宣布收购或投资9个境外港口，一年里中国对境外港口项目投资翻番，达到201亿美元，这与之前同一时间段的99.7亿美元投资额环比上涨了一倍。我国在“北极航线”上投资积极，② 投资的港口均靠近三条“蓝色（海上）经济通道”，这些通道对于“一带一路”倡议取得成功至关重要。③

吸引中国投资的不仅仅是全球大型港口，许多规模较小的港口也吸引了中国的投资或承建港口的承诺。如包括位于吉布提、斯里

① 贾大山：《2016年沿海港口发展回顾与2017年展望》，《中国港口》，2017年第1期，第8—16页。

② 《去年中国境外港口投资翻番》，中国国际贸易促进委员会官网，2017年7月19日，http://www.ccpit.org/Contents/Channel_4113/2017/0719/843436/content_843436.htm，2018年1月6日登录。

③ 阮红伟等：《“一带一路”沿线十五个沿海港口城市竞争力比较研究》，《东方论坛：青岛大学学报》，2016年第5期，第77—84页。

兰卡的汉班托塔（Hambantota）、澳大利亚的达尔文（Darwin）、缅甸马德岛（Maday Island）等关键战略位置的港口，还有拟建的位于大西洋岛国圣多美和普林西比（São Tomé and Príncipe）和纳米比亚沃尔维斯湾（Walvis Bay）的港口，等等。

李嘉诚因其敏锐的商业嗅觉和注重长期收益的投资策略闻名于世。他已在全世界布局港口，旗下的和黄集团是全世界最大的集装箱港口经营商，在26个国家拥有52个港口。其中最出名的就是巴拿马运河两端的港口。而国内比较著名的就有深圳盐田港。另外，亚太地区：中国、中国香港、印度尼西亚、马来西亚、缅甸、巴基斯坦、韩国、泰国、越南、澳大利亚；欧洲地区：比利时、德国、波兰、西班牙、瑞典、荷兰、英国；美洲地区：阿根廷、墨西哥、巴拿马、巴哈马群岛；非洲地区：坦桑尼亚；中东地区：埃及、阿曼、沙特、阿联酋等，均有港口投资。应分析李嘉诚的世界港口布局方式和模式，世界认可他是个体行为，是私人投资，不是国家行为，这样对他的防范有限。

二、天津港口在京津冀协同发展中引导作用的欠缺分析

一般意义上的国际航运中心，是指集一流的港口硬件设施、完备的物流体系、便捷的交通网络和良好的腹地海运延伸等硬实力和先进的航运服务、发达的航运金融、创新的航运信息技术等软实力于一体的有国际影响力和一定市场占有率的海港城市。

天津港是中国北方最大的综合性港口，定位为具有国际航运物流资源优化配置能力的北方国际航运中心。天津港口拥有各类泊位总数173个，其中万吨级以上泊位119个。目前，天津港的货物吞吐量排名世界第四，集装箱吞吐量排名世界第十位。

截至2017年，天津港的基础设施等各方面都已经达到了世界

级的水平。天津港和环渤海圈的秦皇岛港的数据对比见表1。不论是在面积、航道承载量，还是设备、通航能力各方面，天津港的水平都要领先于秦皇岛港。2017年，天津港完成30万吨级深水航道二期工程建设，并推进国际邮轮码头二期建设。到2020年，货物吞吐量将增加20.4%，集装箱吞吐量将增加20.5%。

表1　天津港和秦皇岛港数据对比表①

	面积（平方公里）	最大水深（米）	泊位（个）	万吨级以上泊位（个）	集装箱吞吐量（万标准箱）
天津港	467	22	173	119	1411
秦皇岛港	238.1	11	48	42	100.27

虽然天津港在基础设施建设等方面具有较大的优势，② 但仍然有很多方面需要发展。相比于东部，北部港口整体发展落后，天津港口作为北方的“北方国际航运中心”，从北京、天津的人口聚集和产业聚集程度，包括地处北京的大型物流公司的运行可以看出天津港的发展相对落后。

（一）港口经济的开放经济力度不够

港口经济是开放经济。其经济辐射腹地主要集中在港口周边的内陆地带，而发达的国际航运市场也使其对国外的经济有一定的促进作用。但天津港口在带动昌平、怀柔、平谷、河北地区的开放却效果有限。应分析天津港口的运营与香港、广州、深圳港口的区别；中国大力发展境外港口，天津港如何对接；可学习国际港口的哪些运营经验；中欧班列的发展对天津港口的影响，对京津冀的带

① 张宇轩，《天津建设北方国际航运中心对策分析》，硕士论文，外交学院国际经济学院，2017年6月，第24—28页。

② 王彤：《津冀港口群整合背景下天津港集团发展对策研究》，硕士论文，大连海事大学航运经济与管理学院，2016年6月，第22—30页。

动作用。进一步分析中欧班列的运行需要建立沿途的货物聚散地，与港口的关系，探讨对中欧班列普遍返程货少的帮助；分析中国在境外发展跨境电商对港口的依赖面临的问题；在境外的中资企业对港口的依赖面临的问题。

（二）京津冀的港口城市发展有待深入[①]

港口是国内经济面向世界经济的第一道窗口，国外有很多大型城市的形成是与港口和港口经济有关，围绕港口建设，形成港口城市。但京津冀的唐山、曹妃甸都发展较慢，没有形成规划的规模，没有发挥应该有的效率，也没有促动港口城市的发展，成为中外文化交流的有效平台。应探讨唐山港、秦皇岛、曹妃甸等京津冀港口，如何在不同的文化、商业交织作用下，成为新的商业模式和特色产业的诞生地。

（三）应学习深圳港口发展的经验

1980年建特区后，深圳港迅速崛起，建成蛇口、赤湾、妈湾、东角头、盐田、黄田机场、沙鱼涌、内河8个港区。2013年，深圳港首次超越香港港，跃居全球第三，其后逐渐扩大与第四名香港港的差距。天津港、秦皇岛港口、唐山港口、曹妃甸等港口不能联合发展，就无法出现深圳港、香港港、广州港布局的聚集效应产生宏观效果的状态。

（四）天津港对京津冀的带动作用有限

天津港和天津自由贸易试验区应该加强对京津冀地区中国企业走出去的服务，如京津冀地区涉外企业国际物流成本的优化，又如天津港的中欧班列与昌平、顺义、平谷的企业对接。现阶段中国大力发展境外港口，尤其是在“一带一路”沿线和非洲地区，天津港

① 李丽：《论天津港船舶物流发展的现状及对策》，《管理创新》，2016年第12期，第267页。

如何对接？以及京津冀地区的企业，与我国境外港口与境外园区的对接，对京津冀地区涉外企业减少国际物流成本的优化问题。义乌中欧班列已到马德里，下一步会对我国对非洲的贸易有所帮助，天津的中欧班列如何应对？

（五）地理位置特殊性的优势发挥

天津港的间接腹地主要是陕西、甘肃、宁夏、青海、新疆、内蒙古等地，和沿海城市相比，间接腹地经济滞后，有较大的贸易和货物运输发展潜力等待挖掘。但现在带动这些区域发展的力度不够。

（六）天津港内大型国际物流企业数量有待提升

天津港负责物流的企业基本上多属于国内中小企业，70%的货代企业规模小、服务窄，物流功能较为单一，局限于运输、仓储。物流公司之间缺乏沟通、交流，导致区域内配合度不高。一些在北京业务量比较大的国际物流公司更倾向与上海港口配合，原因是因为管理更完善。[①]

（七）与世界上的友好港口开展更深入的合作交流

世界上的10个国际港口都已经和天津港结为友好港：日本神户港、东京港、韩国仁川港、澳大利亚墨尔本港、美国费城港、美国塔科玛港、意大利德里亚斯特港、荷兰阿姆斯特丹港、法国马赛港、比利时布鲁日港。天津港需要更深入地与诸国间开展实质性的合作交流，有利于发挥港口的集聚、辐射作用，推动国内与国际间的海上贸易往来。

① 孙海宁：《加快天津港口转型升级的分析研究》，《天津航海》，2016年第2期，第71—72页。

（八）天津港的物流需求不足

天津港的物流供给能力较为充盈，但需求却不足[①]。虽然天津市作为直辖市，2016年市GDP排到了全国的第五，但天津港连接的腹地大多为内地省市。直接腹地包括京、津、冀、晋四省，本应外贸进出口额较大，但与天津港的功能契合度有待提高，尤其需关注以轻工业为出发点的对外贸易。[②]

（九）与青岛港的竞争和配合关系的有序合作

青岛港目前已经吸引了世界知名船公司全部登陆，开通航线150多条，形成了东南亚22条、日韩33条的“优势航线组群”，航线数量和密度稳居中国北方港口之首。同为中国北方港口，天津港应探讨与青岛港的竞争和配合关系的有序合作。

三、世界自由贸易港的发展经验对天津港的启示

党的十九大报告中提出“赋予自由贸易试验区更大改革自主权，探索建设自由贸易港”，将成为我国或相关地区转变经济发展方式，提供符合世界经济发展潮流的先进模式。天津港的定位是建成以自由贸易港区为核心功能区的航运资源高度集聚、航运服务功能健全、航运市场交易活跃、国际物流服务高效，具有国际航运物流资源优化配置能力的北方国际航运中心。自由贸易港的建设，上海走在前面，天津应很快跟上。

---

① 张宇轩,《天津建设北方国际航运中心对策分析》，硕士论文，外交学院国际经济学院,2017年6月，第40—48页。

② 刘瑞、高峰:《天津国际航运服务体系改革研究》,《城市观察》,2016年第5期，第17—31页。

（一）自由贸易港

自由贸易港是指设在国家与地区境内、海关管理关卡之外的，允许境外货物、资金自由进出的港口区。对进出港区的全部或大部分货物免征关税，并且准许在自由港内，开展货物自由储存、展览、拆散、改装、重新包装、整理、加工和制造等业务活动。主要特点是：贸易自由、经营自由、资本进出自由、货币兑换自由。

自由港模式除了要满足市场条件、硬件设施等一些最基本的硬件外，更需要软件的支持。实行自由港制度主要归功于积极扶植的政策和良好的法律环境。因此，自由贸易港的发展不仅在于硬件设施上，更主要取决于法律、政策等软环境的形成。

香港是世界上最大的、功能最多的自由港，另外，新加坡，中东的迪拜、德国的汉堡、荷兰的鹿特丹等，都发展出了符合本地特色的自贸港。目前排名世界集装箱港口中转量第一、第二位的新加坡港、中国香港港，均实施自由港政策，吸引大量集装箱前去中转，奠定其世界集装箱中心枢纽的地位。应总结这些自由贸易港的经验，发展的特点。

新加坡自由贸易港模式。新加坡是世界上最大规模的中转港，通关手续和程序都较为简单便捷。建立了高效的政府管理体制和完善的法律体系。其海关控制权被最小化，以促进进口贸易。

迪拜自由贸易港模式。迪拜自由贸易港执行自由经济政策，无外汇管制，基本也没什么税收。港口内对海关、交通运输、公安等实行统一管理，统一办公，取消了平行多头机构。办理审批进出口手续、签证等，可在24小时内办妥，办理投资审批手续7天之内即可审批。

香港自由贸易港模式。香港是自由贸易港，一般进口或出口货物均无须缴付任何关税，也不设任何增值税和一般服务费。一般货物不受进口配额或其他进口证规定所限。

（二）自由贸易港管理的特点

先进电子化检疫监管。自由港区广泛采用线上“单一窗口”申报和线下一口受理、综合审批的“一站式”管理，进行全程电子化登记和无纸化管理。建设更加完善的信息化通关系统，实现大数据互联互通，实现通关放行信息的共享和交换。检疫业务通过区域化、网络化、电子化通关模式运作。

港口的运行监管由事前监管，向事中事后监管转变。在进出口货物的检验检疫监管中，国际通行规则本职是“境内关外”，核心是“便捷自由”，这就要求检验检疫监管方式要从事前监管向事中事后监管转变，并依势调整监管组织形式，打破现有的单证与施检分离，批次检测与检测监管的现状，形成集约化的放行监管与统一的后监管方式。

进出口商品质量安全风险预警和快速反应监管。以风险管理为主线，构建风险信息共享交换机制，实施风险预警分级，快速实施质量安全风险处置，一旦发现某产品有缺陷，可快速反应，启动快速预警系统，并采取终止或限制有问题产品的进口、销售、使用等紧急控制措施，进出口商品质量安全。

在管理体制上，可以将部分中下游港口产业私化，交由私人公司经营。在港区之间的协作上，自由区管理局“一站式”服务，企业生产所需的原材料和设备免税进口，货物转口零关税。

（三）我国自由贸易港的建设

自由贸易港政策对发展外贸确实极为有利，但综合考虑我国当前的外贸、经济运行态势，税收监管政策等因素，还不宜在全国范围内过快推进。当前保税港更多的是作为航运中心的配套政策实施，因此目前只有经过国家认定具备国际航运中心资质的沿海城市才可以申请并获得批准。分别对应三个保税港区，上海港定位为“国际航运中心”，天津港定位在“北方国际航运中心”，大连港定位于“东北亚国际航运中心”。

在上海洋山港向世界“自由贸易港”发展的过程中，港区的基础功能容量和政策优惠条件等，将成为洋山港吸引世界贸易的重要魅力，港区越“自由”，世界贸易就越汇聚，洋山港就将成为真正实力强大的世界“自由贸易港"”。

（四）天津自由贸易港口

赋予天津自由贸易试验区更大改革自主权，[①] 探索建设自由贸易港的基础如何打牢。应研究国际自由贸易港港口的哪些建设及运营经验天津港可吸取？结合京津冀协同发展的国家大战略，针对京津冀地区与天津港、天津自贸区的对接性发展进行探讨。另外，除了自贸试验区和开放型经济新体制试点之外，在我国还有包括跨境电商、服务贸易创新、服务业开放、市场采购、海关通关一体化、单一窗口等多项开放内容都在以试点的方式推进。

1.学习国际上先进的航运服务、发达的航运金融、创新的航运信息技术等软实力，发展航运金融，利用人工智能，云计算技术等发展创新的航运信息技术；

2.对中国（天津）自由贸易试验区和北方国际航运中心的相互促进机制进行研究。从航运基础设施、航运服务功能、航运产业集聚、航运信息化等多方面探讨；[②]

3.具有国际航运物流资源优化配置能力，对国际物流服务高效性进行评定；

4.加大港口经济中的流量经济。港口的功能特点自然而然地为各类流量经济要素提供了交换的平台，巨大的物流、信息流、资金流、技术流在港口经过高效、规范、有序的处理和交易后，各类要

① 马庆强：《国外自贸区发展经验比较及上海、天津自贸区建设政策探讨》，《上海经济》，2016年第2期，第35—42页。

② 马娜：《天津自由贸易试验区建设研究》，硕士论文，天津财经大学经济学院，2015年6月，第50—65页。

素将到达能够最大限度发挥自身价值的地方；

5.充分利用港口经济是开放经济的特点，带动昌平、怀柔、平谷等区和河北地区的对外开放程度和对外贸易范围；

6.天津港口运营的事后监管。港口的运行管理应该采用科学管理手段；

7.引进“海关跨境贸易电子商务服务平台”，对接电商企业、支付企业和物流企业，实现海关与企业数据的互联互通；

8.解决快件、邮件跨境电子商务中出现的通关、结汇、退税、产品安全及征信等系列问题，如中英、中美、中非之间的相关业务；

9.实现海关对跨境电子商务出口商品的有效监管。提供跨境电商在线申报、监管、物流、支付等全流程跟踪功能，协助海关、检验检疫、国税、外汇、外经贸等部门履行监管服务职能。

当今中国的城市格局基本已定，就是由海岸线串起来的一线城市和高铁网络串起来的二线城市。离开海岸线，中国已经不可能再产生新的世界级城市。因此天津港不但要带动京津冀地区的发展，也要为中国的沿海但不够发达地区的发展树立榜样作用。

论《鱼类种群协定》中非船旗国对公海非法渔业行为的管辖权

国际法系　宋　岩

一、引言

公海自由是习惯国际法的基本规则，船旗国在公海上享有专属管辖权是公海自由的必然推论，[①] 船旗国专属管辖权的内容主要包括对违法行为进行处理以及执行国内法和国际法规则。在海洋渔业管理和养护方面，沿海国、船旗国和国际渔业组织有权采取具体措施，一般以地理位置为依据对沿海国和船旗国的管辖权行使范围进行划分：沿海国享有管理和养护其内水、领海和专属经济区中渔业资源的立法和执法管辖权；如果不存在国际协定的其他规定，对于在公海上捕鱼的船只一般通过船旗国执行和实施养护和管理措施。[②]

尽管如此，鱼类无国界，特别是部分跨界和高度洄游鱼类种群，地理上管辖权的划分可能无法实现对渔类的有效管理和养护，特别是对于公海渔业资源。在实践中关于公海渔业的管理与养护存

① Rosemary Rayfuse, *Non-flag State Enforcement in High Seas Fisheries*, Martinus Nijhoff Publishers, 2004, p. 21.

② R. R. Churchill and A. V. Lowe, *The Law of the Sea*, 3rd edn, Juris Publishing, 1998, p. 286.

在大量亟待解决的问题，突出问题包括：第一，缺少公海渔获的数据；第二，部分船旗国不能有效地控制悬挂其国旗的船只；第三，部分沿海国担心200海里以外的捕鱼活动对其200海里以内的渔获和养护政策造成消极影响。[①] 船旗国对公海渔业行使专属管辖存在大量问题，[②] 导致部分沿海国开始采取单方行动，通过其国内立法单方面扩张对200海里以外海域的管辖权，[③] 引起了船旗国的强烈抗议，渔业争端增多，例如，1998年加拿大和西班牙之间的渔业管辖权争端。[④] 无论是船旗国的专属管辖还是沿海国单方面扩张管辖权都不能有效地实现管理和养护公海渔业的目标。渔业资源的衰竭和渔业争端的增多促使国际社会寻找新的解决方法，导致了1995年《执行1982年12月10日〈联合国海洋法公约〉有关养护和管理跨界鱼类种群和高度洄游鱼类种群的规定的协定》（后简称"《鱼类种群协定》"）的产生。[⑤]《鱼类种群协定》第六部分是关于遵守和执法的规则，除了强调船旗国责任和国际合作之外，为了有效弥补船旗国专属管辖权的弊端，实际上还确立了非船旗国的管辖权，但是，此种管辖权有别于单方行为，更强调国际合作。

本文主要探讨《鱼类种群协定》中非船旗国对于发生在公海上非法渔业行为的管辖权，分析此种管辖权的内容、影响以及行使的限制。本文第一部分将主要分析《鱼类种群协定》规定的非船旗国对公海非法渔业行为可采取的措施；第二部分主要论述相关规定所建立的非船旗国公海管辖权的现实及理论意义；第三部分将研究非

① D.H.Anderson, "The Straddling Stocks Agreement of 1995: An Initial Assessment", *International and Comparative Law Quarterly*, Vol. 45, No. 2, pp. 463-475.

② 具体参见本文第二部分。

③ 采取此种措施的国家主要包括加拿大、智利和秘鲁，See R. R. Churchill and A. V. Lowe, *The Law of the Sea*, p 308.

④ *Fisheries Jurisdiction (Spain v. Canada), Jurisdiction of the Court, Judgment, I.C.J. Reports 1998*, p. 432.

⑤ 《执行1982年12月10日〈联合国海洋法公约〉有关养护和管理跨界鱼类种群和高度洄游鱼类种群的规定的协定》，该协定1995年12月4日订立，2001年12月11日生效，目前共有83个国家批准或加入。https://treaties.un.org/Pages/ViewDetails.aspx?src=TREATY&mtdsg_no=XXI-7&chapter=21&clang=_en.

船旗国管辖权行使的限制条件。

二、非船旗国对公海非法渔业行为可采取的措施

《鱼类种群协定》第21条（分区域和区域的执法合作）、第22条（根据第21条进行登临和检查的基本程序）以及第23条（港口国采取的措施）规定了非船旗国对公海上非法渔业行为可以采取的措施。根据非船旗国实施行为的地理位置不同，可分为公海上可采取的措施、国家管辖海域内可采取的措施以及港口中可采取的措施。

（一）非船旗国在公海上可采取的措施

非船旗国可采取的措施由《鱼类种群协定》第21条和第22条规定，针对的海域包括分区域或区域渔业组织或渔业安排所涵盖的公海海域。目的是为了确保该组织或安排的养护和管理措施得到遵守。具体的规定包括3个方面的内容：实体规则、程序规则以及实施的注意事项。

1.实体要求

根据第21条第1款规定，采取行动或措施的主体需要同时满足两个条件：第一，分区域或区域渔业管理组织的成员或渔业安排的参与方；第二，《鱼类种群协定》的缔约国。因此有权采取措施的主体应当是国家，而非国际组织或个人。除此之外，根据第22条第4款规定，在具体采取行动时，个人或机构需经国家授权，有确定的身份证明，并且用于登临和检查的船只应携带清楚标志，可以识别其正在执行政府公务。因此，执行的船只需要具有政府公务地位，应该包括军舰和经授权的政府船只。协定并没有规定军用飞机和经授权的政府飞机是否实施管理和养护措施，但根据1982年《联

合国海洋法公约》(后简称"《公约》")关于登临权的规定,[①] 可以推断军用飞机和经授权的政府飞机应当比照适用。

根据第21条第1款的规定,措施所针对的对象是悬挂本协定另一缔约国国旗的渔船,并且不考虑另一缔约国是否为渔业组织的成员或渔业安排的参与方。这就产生了一个问题,根据第1款规定,非船旗国采取行动或措施的目的是为了"确保该组织或安排为养护和管理跨界鱼类和高度洄游鱼类种群所制定的措施获得遵守",如果另一《鱼类种群协定》缔约国并非该渔业组织的成员或安排的参与方,就会发生为第三方创设义务有效性的问题。条约具有相对效力,条约在原则上只对缔约国有拘束力,对第三国而言,其他国家之间的行为既不有损,也不有利。[②] 根据1969年《维也纳条约法公约》第35条的规定,如果对第三方创设义务,只有该第三方以书面明示接受,才对第三方发生效力。所以问题的关键在于分析《鱼类种群协定》的另一缔约国是否以书面形式明确表示接受区域渔业组织或安排所制定的措施。根据《鱼类种群协定》第8条第4款的规定,"只有属于这种组织或安排的参与方的国家,或同意适用这种组织或安排所订立的养护和管理措施的国家,才可以捕捞适用这些措施的渔业资源,"国家只有遵守相关养护和管理措施才有资格捕鱼(only those play by rules may fish)。[③] 因此签署或批准《渔业种群协定》构成了一个国家接受渔业组织或安排义务的特别同意,无论该国是否是该渔业组织或安排的成员国。[④]

非船旗国可以采取多种行动或措施。第一,登临和检查。第21条规定非船旗国可以登临和检查悬挂另一缔约国国旗的渔船。

---

① 《公约》第110条规定了军舰的登临权,其中第4款和第5款规定:"…… 4. 这些规定比照适用于军用飞机。5. 这些规定也适用于经正式授权并有清楚标志可以识别的为政府服务的任何其他船舶或飞机。"

② 李浩培:《条约法概论》,北京:法律出版社,2003年第2版,第390页。

③ David A. Balton, "Strengthening the Law of Sea: The New Agreement on Straddling Stocks and Highly Migratory Fish Stocks", 27 *Ocean Development and International Law*, 1996, pp. 125-151.

④ Rosemary Rayfuse, *Non-flag State Enforcement in High Seas Fisheries*, p. 86.

第22条第2款规定登临和检查的内容包括：检查船只、船只执照、渔具、设备、记录、设施、渔获和渔产品以及任何必要的相关证件，为了核查对有关养护和管理措施的遵守情况。第二，调查。非船旗国可以调查涉嫌违法的行为，包括对一般违法行为进行调查和对严重违法行为进行调查，① 具体的条件和内容有所不同。对一般违法行为进行调查的条件是：将涉嫌违法行为事先通知船旗国，此时船旗国具有选择权，可以选择自己调查，或者授权检查国调查，所以非船旗国对一般违法行为的调查需经船旗国授权。对严重违法行为进行调查的条件是：有明显理由相信船只存在第22条第11款所列明的严重违法行为，并且船旗国没有答复或者采取行动。对于此种情况，检查员可以留在船上收集证据并可要求协助船长协助作进一步调查。② 第三，执法。执法的条件是检查国经船旗国授权调查，有充分证据。检查国将调查结果通知船旗国后，船旗国有两种选择：可以自己对船只采取执法行动，也可以授权检查国采取执法行动。因此，非船旗国的执法行为需经船旗国授权，并且执法的内容也应是船旗国对船只规定的执法行为。③ 第四，控制船只。控制船只的条件是有明显理由相信船只犯下严重违法行为，通知船旗国后，船旗国没有答复或者采取行为，检查员为了进一步调查，可以控制船只，将船只驶往最近的适当港口，或者程序规定的其他港口，检查国应通知船旗国，检查国、船旗国和港口国应确保船员安好。④

---

① 第21条第11款列举了严重违法行为，包括：没有船旗国颁发的有效许可证、批准书或执照进行捕鱼；未按照有关分区域或者区域渔业管理组织或安排的规定保持准确的渔获量数据，或严重误报渔获量；在禁渔区，在禁渔期，没有配额或者超过配额捕鱼；捕捞暂停捕捞或者禁捕的种群；使用违禁渔具；伪造或者隐瞒渔船标志、记号或者登记；隐瞒、篡改或销售调查所涉及的证据；多重违法行为，综合视之违反养护和管理措施的行为；或有关分区域或者区域渔业管理组织或安排订立的程序所可能规定的其他违法行为。

② 参见《渔业种群协定》第21条第5款和第6款。

③ 参见《渔业种群协定》第21条第7款和第8款。

④ 参见《渔业种群协定》第21第8款。

2.程序要求

根据第21条第2款，各国应通过渔业管理组织或渔业安排制定程序，这种程序应符合三个条件：第一，通过分区域或区域管理组织和安排制定程序，也就是通过国际合作制定程序，不得单方行为；第二，程序应符合协定第21条和第22条所列举的基本程序；第三，不应歧视非组织成员或非安排参与方。

如果任何组织或安排未在协定通过后两年内订立程序，则在订立程序之前，应按照第22条规定的基本程序执行。第22条规定的具体程序包括：第一，向船长出示授权证书，提供有关的养护和管理措施的文本或根据这些措施在有关公海区生效的条例和规章；第二，登临检查时向船旗国发出通知；第三，不干预船长与船旗国当局联络的能力；第四，向船长和船旗国提供登临和检查的报告，并注明船长要求列入报告的任何异议和声明；第五，检查结束后，未查获任何严重违法行为证据时迅速离船。[①]

3.实施的注意事项

非船旗国在采取行动或措施时应承担一定的注意义务，避免无权行为或者越权行为，不可滥用权利。《渔类种群协定》第21条第16、18款及第22条第1款f项规定了非船旗国的注意义务和责任。包括：第一，采取的行动应与违法行为的严重程度相称；第二，对行为造成的破坏或者损失承担赔偿；第三，尽量避免使用武力，为确保检查员安全和检查员执行职务受到阻碍而必须使用，但是仍应以必要程度为限。

（二）非船旗国在国家管辖海域内可采取的措施

这里的非船旗国就是沿海国，沿海国在其管辖的海域中包括内水、领海、专属经济区和大陆架中享有广泛的管辖权，但是一般都局限于发生在这些区域内发生的行为。《渔类种群协定》第21条第

① 参见《渔业种群协定》第22第1款。

14款规定沿海国可以在国家管辖的水域登临、检查公海上从事违反养护和管理措施活动的船只，通过该条规定将沿海国管辖的范围实际延伸至公海。

可采取的行动和措施的实体内容和程序内容与非船旗国公海上可采取的行动或措施相同。但需满足三个条件：第一，该国是渔业组织的成员或者渔业安排的参与方；第二，有明确理由相信悬挂另一缔约方国旗的渔船在第1款所涉的公海区从事违反养护和管理措施的活动；第三，该渔船在此后同一航次中进入该国管辖区域。

（三）非船旗国在港口中可采取的措施

这里的非船旗国就是指港口国，港口位于国家内水之中，港口国对港口内发生的行为具有管辖权，但《鱼类种群协定》第23条进一步拓展了港口国的权利，目的是为了提高分区域、区域和全球养护和管理措施的效力。具体包括：第一，登临和检查自愿在其港口或者其岸外码头的渔船的证件、渔具和渔获；第二，如渔获经证实为在公海上以破坏分区域、区域或全球养护和管理措施效力的方式所捕获的，则港口国可制定规则，授权有关国家当局禁止渔获上岸或转运，此规定实际上将港口国的权利扩张至公海上的行为。注意的事项是，港口国采取措施时应注意不应在形式上或者事实上歧视任何国家的船只。

三、《渔类种群协定》上述规定的意义

（一）建立了非船旗国对公海渔业的执法管辖权

《鱼类种群协定》第21、22和23条规定了非船旗国在公海上、国家管辖区内、港口中对发生在公海上非法渔业行动可采取的行动和措施，具体包括：登临和检查、调查、执行、控制船只和禁止渔获上岸或转运。可采取行动或措施的位置基本涉及了所有海域，涵

盖多种行动或措施，上述规定明显扩大了非船旗国管辖权的范围，形成了对船旗国公海专属管辖的限制。

“管辖权是国家主权的体现，是一个国家通过立法、司法或行政等手段对于本国领土之内和/或之外的一定的人、事、物进行支配和处理的权利。”[①] 国家的管辖权主要是涉及国家对行为和事件后果加以调整的权利范围，国家管辖权有多种实现形式，例如，国家可以通过立法规范行为；通过法院定纷止争，不论是关于民事或刑事纠纷；或者采取行政行为。[②] 因此，管辖权的形式包括立法管辖权、司法管辖权和执法管辖权。根据《鱼类种群协定》的规定，非船旗国可对公海上的非法渔业行为采取措施和行动，实质上赋予了非船旗国的执法管辖权。执法权包括两种行为：第一种是预防性行为，包括监视、防止、登临和检查；第二种是惩罚性行为，包括逮捕和处罚。[③] 非船旗国实施的登临和检查、调查和控制船只属于预防性行为，执行和禁止捕获上岸或运转的属于惩罚性行为。

建立非船旗国对发生在公海上非法渔业行为的管辖权可以弥补船旗国专属管辖的不足。沿海国与船旗国之间的管辖权划分不能提供有效管理，尤其是船旗国公海上的专属管辖，船旗国在实践中缺乏动力积极采取养护措施。如果仅有部分船旗国采取养护措施，除非其他从事渔业活动的船旗国均采取或遵守相关措施，否则该措施将无法产生有益效果，然而，并不存在迫使其他船旗国采取或遵守措施的机制。[④] 船旗国缺乏动力签署和批准相关国际条约，缺乏动力实施条约，也可能缺乏财务支持、技术支持和基础设施以执行养护和管理措施。除此之外，对于在公海上捕鱼的船只，船旗国处于

① 周忠海主编：《国际法》，北京：中国政法大学出版社，2008年版，第126页。

② ［英］詹宁斯、瓦茨修订：《奥本海国际法》（第九版中译本）第一卷第一分册，王铁崖等译，北京：中国大百科全书出版社，1998版，第327页。

③ 周忠海：《国际渔业制度与我国渔业管理法律框架》，载《周忠海国际法论文集》，北京：北京出版社，2006年版，第343页。

④ R. R. Churchill and A. V. Lowe, *The Law of the Sea*, p. 286.

监管的地理不利地位。[①] 赋予非船旗国（包括港口国、沿海国）对于公海上非法渔业行为实行管辖权，可以有效地弥补船旗国专属管辖的不足，更好地实现养护和管理公海渔业资源的目的。技术发展显著提高了捕鱼能力，越来越多的鱼类种群被过度捕获，根据联合国粮农组织的统计，75%的渔业资源被充分开发、过度开发或者明显耗竭，国际社会正面临着渔业危机。[②] 缺乏有效的管理和养护是重要的原因，船旗国专属管辖的局限性，使公海上渔业资源缺乏有效的监管，进一步加剧了渔业资源的恶化。沿海国单方行动，引发了渔业管理和养护的争端，这些都不利于渔业资源的养护和开发。通过国际条约赋予非船旗国一定的执行管辖权，可以改善监管，减少争端，实现保护渔业资源的目的。

（二）非船旗国管辖权完善了《公约》关于管辖权的规定

公海自由、公海上船旗国具有专属管辖权属于习惯国际法的基本规定，也是《公约》明确规定的原则，但是这些原则并不是绝对的，《公约》同时规定了它的限制和例外。[③] 尽管如此，相关规定都较为抽象，尤其是限制和例外情形。《鱼类种群协定》关于非船旗国对公海上违反渔业管理和养护措施行为行使管辖权的规定，是对限制和例外情形在渔业养护和管理方面的具体表现。根据《公约》第116条的规定，公海捕鱼的自由要受到以下的限制：各国承担的条约义务；沿海国的权利、义务和利益；《公约》关于公海生物资源的养护和管理。《鱼类种群协定》构成了限制公海渔业自由的具体条约。《公约》第92条规定："船只航行应仅悬挂一国的旗帜，而且除了国际条约或本公约明文规定的例外情形外，在公海上应受该国的专属管辖，"《鱼类种群协定》规定的非船旗国的执行管辖权构成

---

① Rosemary Rayfuse, *Non-flag State Enforcement in High Seas Fisheries*, p. 24.

② Guifang Xue, *China and International Fisheries Law and Policy*, Martinus Nijhoff Publishers, 2005, p. 1.

③ 《海洋法公约》第87条规定了公海自由及其限制，第92条第1款规定了船旗国专属管辖及其例外，第110条规定了登临权，第116条规定了公海上捕鱼的权利及其限制。

了国际条约规定的例外情形的具体表现。《公约》第110条规定："除条约授权的干涉行为外，军舰在公海上……，非有合理依据认为有下列嫌疑，不得登临该船……"《公约》允许行使登临权的行为包括：海盗、奴隶贩卖、未经许可的广播、船只无国籍或该船虽悬挂外国船只或拒不展示其船旗，《鱼类种群协定》规定的非船旗国的登临权属于根据条约授权的干涉行为之一。

（三）非船旗国管辖权拓展了《公约》关于管辖权的规定

《鱼类种群协定》规定的非船旗国渔业执行管辖权超越了以往的国际性文件，包括《公约》，甚至习惯国际法，[①] 最明显的表现是协定规定港口国可对公海上违法行为采取措施。一方面，《公约》本身并没有规定类似的可以适用于违反国际渔业管理和养护措施的港口国措施，也没有相关的例外规定。另一方面，《鱼类种群协定》规定的港口国可以采取措施主要借鉴了《公约》第218到220条以及第226到228条，属于第十二章海洋环境保护和保全的相关内容，尽管在上述条款中《公约》规定了港口国可以采取的措施，但是是为了保护和保全海洋环境，而不是出于渔业管理与养护目的。

《公约》明确规定了公海捕鱼自由、船旗国专属管辖权以及登临权可以存在例外和限制，主要是其他条约规定的例外情形，如果说非船旗国对公海上非法渔业行为的管辖权是对例外和限制的具体阐述和解释，进一步完善了《公约》的框架性规定，那么《鱼类种群协定》中规定港口国或沿海国可以在国家管辖的港口和海域内对公海上发生的违法行为采取措施的规定则是一项重要的发展，而不仅仅是一种解释。甚至有部分学者对此持批评态度，认为相关规定实际上有损于《公约》认可的公海捕鱼自由原则。[②] 赋予非船旗国

---

① David Freestone,"A Decade of the Law of the Sea Convention: Is It a Success?", 39 *Geo. Wash. Int'l L. Rev.* 499.

② Ibid.

此种管辖权可能与《公约》甚至习惯国际法的冲突，但是更有助于对公海渔业的保护和利用，可能在一定程度上反映了未来的发展趋势。

四、非船旗国行使执行管辖权的限制

如上文所论述，非船旗国对公海上非法渔业行为的管辖权是对以往规定的完善和拓展，限制了公海自由和船旗国的专属管辖权，这是定性的分析，现在转入定量的分析，重点分析限制程度如何。《鱼类种群协定》规定了非船旗国执行管辖权应当遵循的程序和注意事项，目的是为了防止此种权利的滥用，存在必要性与合理性。同时，通过对《鱼类种群协定》上述规定的分析也可以发现，船旗国管辖权仍然处于优势地位；并且非船旗国的管辖权需要通过国际合作来实现。同公海自由和船旗国专属管辖权类似，非船旗国的管辖权也不是绝对的，有别于部分国家采取的单方行动，并且实际上对非船旗国的管辖权存在更多限制。

（一）船旗国管辖权的优先性

《公约》第92条规定："船只航行应仅悬挂一国的旗帜，而且除了国际条约或本公约明文规定的例外情形外，在公海上应受该国的专属管辖。"因此，船旗国的管辖权更具优先性，除非存在相反的规定，应当推定船旗国对船只拥有管辖权。[①]《鱼类种群协定》构成了例外的规定，一方面第19条规定了船旗国的遵守和执法措施，另一方面第21、22和23条又赋予非船旗国特定管辖权，那么两者的关系如何，在发生冲突时应当如何进行协调？通过对《鱼类种群协定》相关条款的分析可以发现，建立非船旗国管辖权的目的并非

① Rosemary Rayfuse, *Non-flag State Enforcement in High Seas Fisheries*, 2004, p. 22.

是为了取代船旗国管辖权，而是为了起到监督作用，敦促船旗国行使管辖权，配合船旗国行使管辖权。只有当发生严重的违法行为并且船旗国不作为时，非船旗国才可以越过船旗国行使管辖权。非船旗国管辖权的有限性和依赖性具体体现在以下两个方面：

首先，非船旗国进行调查和执法需要首先获得船旗国的授权。第21条第6款和第7款规定了船旗国的选择权，在接到非船旗国通知之后，船旗国可以选择自身进行调查和执法，也可以授权非船旗国进行调查和执法。只有获得船旗国授权后，非船旗国才能行使调查和执法的权力，并且执法的内容必须根据船旗国的规定。其次，船旗国可以随时行使管辖权，中止非船旗国执行管辖权。第21条第12款规定，“虽有本条其他规定，船旗国可随时就涉嫌违法行为采取行动履行第十九条规定的义务。如船只在检查国控制之下，经船旗国的请求，检查国应释放船只，连同其调查进展和结果的全部材料交给船旗国。”这表明，非船旗国管辖权的目的在于监督和促使船旗国行使管辖权，一旦船旗国采取行动，非船旗国就应该中止行动。

（二）非船旗国管辖权需要通过国际合作和国际组织实现

首先，非船旗国的执行管辖权主要是在第21条执法的分区域和区域合作中规定实施的，目的也是为了确保该组织或安排为养护和管理跨界鱼类种群和高度洄游鱼类种群所定立的措施获得遵守。实际上是赋予了非船旗国在区域合作背景下一系列登临和检查其他国家船只的权利。[①] 其次，非船旗国执行管辖权所应遵守具体的程序也需要通过渔业组织或安排制定。此种要求有助于避免非船旗国滥用权利和单方行动，实现增加国际合作和减少争端的目的。渔业资源是共有的自然资源，海中自由游动的鱼类不属于任何国家，只有当鱼类被捕获时才产生所有权的归属，此种共有财产性质必然导

① Guifang Xue, *China and International Fisheries Law and Policy*, p. 57.

致任何对海洋鱼类的规范具有国际属性。[①] 对于公海渔业，无论是过分强调船旗国的专属管辖，还是放任部分非船旗国，特别是沿海国，采取单方行动都是不合理的，通过国际合作和国际组织对公海渔业进行管理和养护，有利于协调船旗国与非船旗国的行为，更具可行性。

结　论

《鱼类种群协定》第21条、第22条和第23条规定了非船旗国对公海上发生的违反渔业管理和养护措施行为的执行管辖权，非船旗国可在公海、国家管辖的海域范围内以及港口中实施此种管辖权。非船旗国可以采取的具体措施包括：登临和检查、调查、执行和控制船只以及禁止渔获上岸或转运。此种管辖权是对公海渔业自由和船旗国公海专属管辖的限制，完善和拓展《公约》关于管辖权的规定，有效地弥补船旗国专属管辖的不足，有利于保护渔业资源，反映了未来的发展趋势。同时也必须注意到，船旗国的管辖权仍然处于优先地位，非船旗国的管辖权需要通过国际合作以实现。《鱼类种群协定》一方面赋予非船旗国一定程度的管辖权，以监督和促使船旗国行使管辖权；另一方面要求通过国际合作和国际组织规范非船旗国管辖权的实体内容和程序内容，可以有效地避免两种极端模式的弊端，实现船旗国与非船旗国之间的利益平衡，更好地管理和养护公海渔业资源。

① R. R. Churchill and A. V. Lowe, *The Law of the Sea*, p. 281.

欧洲离岸债券市场的兴起与发展

基础部　王　娟

20世纪50年代冷战开始，苏联和东欧国家的政府因为担心其在美国的资产被冻结，遂将美元存款从纽约转移到伦敦，由此产生了最早的“境外美元”。到了60年代，美国的国际收支出现了巨额逆差，美国政府为了制止资本外流，采取了一系列措施，但并未奏效。而同一时期，英国政府也对英镑加强了管制，英国银行的英镑业务受到比较严格的限制之后，开始把兴趣转向美元，大量吸收境外美元存款。此外，由于欧洲主要发达资本主义国家货币实现了自由兑换，英镑、西德马克、法国法郎等也相继出现了脱离货币发行国监控的境外货币，因此，逐渐形成了一个以境外货币为交易内容的新型市场。所谓新型，是于传统的金融市场而言，它不以所在国的经济实力和资金积累为基础，不受所在国法令的辖制，亦摆脱了各国货币当局的管理和各国法律的约束（此为离岸的由来），业务主体是非居民交易。从而交易更具国际化，是真正意义上的完全自由化的现代国际金融市场——欧洲离岸国际金融市场。本文关注的是欧洲离岸金融市场的重要组成部分——债券市场的缘起和发展脉络。欧洲离岸债券市场的发展大致可以分为以下几个阶段。

一、市场初现 1963—1984年

欧洲离岸债券市场的发展与欧洲美元市场的发展密不可分。第二次世界大战后新贸易保护主义盛行，各经济体都希望可以通过外汇管制以及限制性财政政策缓解来自外部的经济压力。在布雷顿森林体系下，美元地位提升，美国经济骤然增长进入了“黄金时代”。随着扬基债券的持续扩容，为了阻止资本外流，避免美元赤字加剧，美国政府实施了预提税、[①]、利息平衡税等资本控制措施，意图提高境外投资人在美国获取资金的成本。此时，发行人将目光转移到了欧洲市场。1963年7月1日，第一笔欧洲离岸债券发行，由意大利国有工业和金融控股公司（IRI）担保，华宝银行[②]（S.G. Warburg & Co.）主承销。债券在伦敦和卢森堡上市，发行总额为1500万美元，债券期限15年，年息率5.5%。离岸债券一经面世便受到了投资者的追捧，低税负债券市场很快吸引了越来越多的投资者，发行量不断扩容，二级市场需求不断增加。但过度活跃的市场，引发了兑付困难和清算混乱。在1968年，欧洲清算所[③]，一个位于欧洲的美元债券清算系统成立了，市场开始对交易及清算活动进行规范化处理。

随后，国际政治经济形势的变化使得金融市场大幅波动，促使欧洲离岸债券市场不断推陈出新。20世纪60年代，美国在福利政策项目投入了大量的资金，再加上越战支出，通货膨胀加剧。欧洲

---

① 为限制境外资金流入，美国设立了海外预提税，对美国金融机构支付给境外投资者的利息征收30%的税。

② 华宝银行是一家总部位于伦敦的投资银行，由斯格曼德·沃尔伯格于1946年创立，后于1995年被瑞银集团收购。

③ 欧洲清算所于2001年被欧洲清算银行合并。

离岸美元利率迅速上升超过美国Q法则[①]制定的上限。最终导致美元存款资金外流，银行为了揽存不断提高短期利率。困难的市场环境更激发创意思维。此时，信孚国际（BTI）提出了浮动利率债券（FRNs）的概念，并作为簿记代理人为意大利国家电力公司发行了总额1.25亿美元的浮动利率债券，也是在此次债券募集说明书中，首次出现了LIBOR的概念。20世纪70年代，布雷顿森林体系的崩溃和两次石油危机的到来重创了世界经济，投资者倾向于投资安全避险类的资产如美国国债。1973年，欧洲离岸债券发行总量从1972年的53亿美元跌至35亿美元，债券价格全线下滑。剧烈的市场波动促使债券市场推出具有风险防御性的债券。1975年，凯德·皮博迪公司（Kidder Peabody & Co.）为新西兰发行了第一笔预先承诺价格“包销配售”的国债。随后，瑞士信贷第一波士顿（CSFB）为美国铝业发行了“部分支付债券”（Partly Paid Bond），后来所罗门兄弟公司（Salomon Brothers Inc.）将其发展为债券权证。20世纪80年代，为降低通胀预期，美联储收紧货币供应。利率大幅波动犹如过山车，经济增长停滞。1981年，CSFB用承销模式发行了第一只零息债券。零息债券有着明显的税务优势。在一些国家，来自债券的资本收益不用纳税，零息债券的收入可以被申报为资本收益，这使得投资人蜂拥而至。同年，IBM与世界银行进行了一笔瑞士法郎和德国马克与美元之间的货币掉期（Swaps）交易。[②]至1984年，由掉期驱动的新发债券已经占到欧洲离岸债券市场活动的三分之二。

1984年也是创纪录的一年，欧洲离岸债券发行总额达到了1060亿美元，历史上首次突破了1000亿美元大关。

---

① 当时美联储规定，银行对活期存款不得公开支付利息，并对储蓄存款和定期存款的利率设定最高限额。

② 当时德国马克和瑞士法郎贬值，IBM希望可以从账面上消除德国马克和瑞士法郎债务。经商谈，世界银行发行了对应期限的欧洲离岸美元债券，并将所收款项换位为了德国马克和瑞士法郎。IBM承担世界银行这笔美元债券的相关债务，而世界银行则为IBM支付其德国马克和瑞士法郎未来所有利息和本金。

二、全球化市场建立

1985—1999年，随着国际市场的发展、信息技术的进步和监管政策的松绑，欧洲离岸债券市场逐步迈向全球化。

首先，是全球金融市场的发展。1992年《马斯特里赫特条约》的签立标志着欧盟正式成立。法国、英国、西班牙、意大利等陆续在欧洲离岸债券市场上发行了基准欧洲货币单位（ECU）债券。同时，永续浮息债和中期票据相继出现在欧洲离岸债券市场。离岸市场上第一笔永续浮息债由康帝银行为国民威斯敏斯特银行发行，面值3亿美元，利息为伦敦同业拆借利率上浮0.357%。浮息债深受市场青睐。于投资者而言，浮息债有充足的流动性，当时市场上有近40个做市商在买卖价差（Bid-to-Offer Spread）为10个基点的范围内报价；于发行人而言，浮息债具有股权的属性，可归为资产负债表中的资本项。与此同时，第一洲际银行（First Interstate Bancorp）在欧洲离岸债券市场发行了第一笔中期票据。不同于传统债券，中期票据支持多次发行（Separate Sets of Issues）和反向询问（Reverse Inquiry）。发行人和承销团队对即将发行的一系列票据的详细条款进行协商并签署相关的法律文件。因此，发行人可以在短时间内发行不同币种、不同期限、不同形式的票据，节约发行成本。

其次，是信息技术的进步。国际债券交易商协会（AIBD）在欧洲离岸债券市场引入了TRAX系统。在此之前，离岸债券市场交易双方只能通过电传系统确认交易指令。TRAX建立了一个实时交易配对的机制，交易双方在同意交易后，在规定时间内输入交易细节，随后TRAX会给出一个匹配指令，所有输入的交易可以被实时监控。同时，TRAX的会员单位应在每笔交易执行后的30分钟内向TRAX上传交易信息，否则将被罚款。拖延的时间越长，罚款金额越大。1989年，世界银行试图以同等条款在欧洲离岸债券市场和美国本土债券市场同时发行了一笔全球化债券。为达成发行，世界银行需要解决跨境交易清算程序问题。当时，美国使用的是美联储转移大额付款系统（Fedwire）；欧洲使用的是欧洲清算所系统和票据交换所系统[①]。系统间交易程序繁琐，通常需要2—3天的时间。通过世界银行与美联储的磋商研究，全球化债券的欧洲部分放在Fedwire中进行交易。同时也应用了一项全新的自动连接技术，使得跨境交易处理的时间缩短到了1天以内。

第三，是监管政策的改革。当时，主要由国际交易商协会（AIBD）和国际一级市场协会（IPMA）主导国际债券市场。在1986年，协会重新修订了《关于公开发行募集的指令》（Public Offer Prospectus Directive），明确了监管审批的标准，推动了欧洲离岸债券市场一体化的进程。随后，国际清算银行（BIS）通过了《巴塞尔协议》，为银行业如何针对自身风险计提足够资本建立了一套完整的系统性框架。在一定程度上有效地遏制了与债务危机相关的国际风险。1999年，为完善金融监管制度，欧盟委员会出台了《金融服务行动计划》（FSAP）。同一时期，美国推出S规则[②]（Regulation S）及144A条例[③]（Rule 144A）。此后，发行人可以在美国境外发行不记名债券融资，机构投资者可以在美国境内交易此类债券。两项规则相辅相成重新让美国成为了一个吸引国际资本流动的据点。

全球化债券的发展以及监管制度的改革消除了不同资本市场之间的阻碍，促进了资本市场走向全球化。

① 现为Clearstream系统。

② S规则阻止不记名证券流入美国公开市场。

③ 144A条例对由合格机构投资者（QIBs）购买的私募发行债券不要求公开注册、不要求向美国证券交易委员会提交相关会计与披露要求文件。

三、危机与监管互动

21世纪初，低利率环境促使投资者寻求更高的收益。随着欧洲单一货币（欧元）的推出，货币汇率不再是跨境投资者最关心的问题，市场将注意力转向了信用债市场。投资银行开始开发高杠杆、结构复杂的债券产品，以获取更高的利润。

欧洲离岸债券市场的发展速度已经远远超过了金融市场监管制度的发展。金融市场对高收益的盲目追求引发了一系列的危机事件，促使金融监管制度不断完善。1999年底，为应对“千年危机”[①]，世界各大央行为投资者逃离市场预案，释放了大量的流动性。股票飙升引发了互联网泡沫，经济陷入衰退。随后，美联储连续11次降息试图通过刺激房地产市场拉动增长，为之后的危机爆发埋下了隐患。因为在低利率时代，结构化融资对追求高收益的投资者的吸引力与日俱增。在2003年，住房抵押贷款证券化产品发行量达1335亿欧元，占整个欧洲资产证券化市场发行量的50%。随着投资产品的基础资产越来越多元化，债券结构越来越复杂。周期短、发行便利、成本低的合成型CDO[②]迅速成为市场主流。根据穆迪估算统计，2003年欧洲市场所发行的CDO中92%为合成型CDO。至2007年，合成CDO发行量达到了1050亿美元的顶峰。为了追求更高的利润，荷兰银行（ABN AMRO）更是设计出了固定比例债务担保债券（CPDO）。这个以CDO为基础，有着AAA级评级和高收益的产品，取消了本金保护并且提高了基础资产违约时的违约杠杆。CPDO诞生于结构化产品最兴盛的时期，被称之为信用

① 历史上为节约计算机储存空间，编程员用两位数字表示年份。这使得市场担心公元2000年以后的年份无法被正确识别，导致混乱出现。

② 于CDO相比，合成CDO不再通过持有债券或贷款获得风险敞口，而是通过将该资产的信用保护出售给一家或多家交易对手获得敞口。

产品过渡金融工程化的反面典型，是信用泡沫的顶点。这些产品带来了可观的现金流和流动性，同时也使得风险管理变得困难。2007年夏季，随着次贷危机爆发，国际金融市场出现了持续的流动性短缺和信贷紧缩。英格兰银行开始接受在回购交易中用房地产抵押贷款作质押；美联储开始采取降低利率的措施，但都无济于事。欧洲离岸债券市场金融机构债券发行停摆，二级市场利差扩大，交易量急剧下降。几个月后，在欧洲离岸债券市场上，非金融机构发行的债券已经远远超过金融机构债券。

面对接踵而至的泡沫与危机，市场监管呼之欲出。2007年,《欧盟金融工具市场法规》（MiFID）正式在欧盟实施，力图在多个方面改善对投资者的保护，包括降低交易费用、提高交易前后的市场透明度等。同时，MiFID也对投资公司提出了要求。投资公司需要和多个监管市场实时连通并为客户指令提供“最优执行”的服务。2008年，欧盟委员会通过了《关于资本要求的指令》修正案。此前在结构化产品市场上，发行人可以将资产证券化产品全部出售给投资人，没有自留风险。修正案提出了“利益共享，风险共担”的机制，规定发行人或相关机构必须将5%的结构化产品保留在自己的资产负债表上。2010年，欧洲系统性风险委员会（ESRB）成立，监测欧盟金融系统的宏观系统审慎风险和评估国家层面的风险因素并进行早期预警。同年12月，巴塞尔银行业监管协会（BCBS）提出了《巴塞尔协议Ⅲ》草案，提高一级资本质量并取消创新性混合一级资本。2011年，欧洲金融监管系统（ESFS）成立，旨在为欧洲金融业提供更优良的金融环境，避免大规模金融危机的发生。

欧盟以宏观审慎为切入点构建了多层次的、全新的监管体系，在一定程度上解决了旧有体系中监管宽松，危机管理不足等问题，为国际金融监管领域做出了示范。

结　语

在我国人民币国际化的进程中，需要高度的目的性政策导向和政策的可预测性。经过四十年的改革开放，我国经济持续稳定增长和综合国力显著增强，特别是进出口贸易的发展、企业对外投资发展、国内居民大规模参与全球金融交易以及境外投资者较大规模参与我国的经济和金融活动等因素，促使人民币逐渐成为国际货币。目前人民币已经成为当前全球第三大交易货币，人民币的跨境支付系统已经开始运作。一般来说，人民币走出国门，不仅可以直接降低我国参与全球交易的货币兑换成本、降低我国参与全球经济活动的汇率波动风险，还可以扩展我国对外经济活动的规模并改善其经济活动的质量，掌握参与全球经济活动的主动权。

中国债券市场历经三十多年的发展，其投资渠道和债券种类日益丰富，市场规模也已位列全球第三。随着人民币走向国际化，人民币债券市场也迎来了全球化转型的有利窗口。他山之石可以攻玉，此时借鉴境外成熟债券市场的经验可以助力中国债券市场国际化的发展。

社会主义核心价值体系的特殊体现

——谈外交人员核心价值观

基础教学部　姜　琳、宗　敏

构建和培育我国外交人员核心价值观，既是建设中国特色社会主义核心价值体系的重要组成部分，又对我国外交外事人才培养起着行为取向、评价标准、评价原则和衡量尺度的作用，对新时期新形势下培养建设一支高素质、复合型、职业化外交队伍起到至关重要的作用。认真研究构建和培育外交人员核心价值观是学习贯彻党的十九大精神的重要内容和新时期党建和思想政治工作的重点课题。在当前继续深入开展“两学一做”活动的重要阶段，对既能够继承优良传统又富于时代精神并体现外交人才培养特色、反映外交人员价值追求的核心价值观内涵进行认真的梳理提炼和调研总结，对新时期外交人才思想政治工作的有效开展和新时期合格外交队伍的构建无疑是有积极意义的。

一、外交人员核心价值观的普遍内涵

中共中央十六届六中全会通过的《关于构建社会主义和谐社会若干重大问题的决定》指出，马克思主义指导思想、中国特色社会主义共同理想、以爱国主义为核心的民族精神和以改革创新为核心的时代精神以及社会主义荣辱观共同构成社会主义核心价值体系的基本内容。这就说明，作为社会主义核心价值体系组成部分之一的外交人员核心价值观的基本内容也是由以上四个方面组成的。外交人员的核心价值观在这四方面都有它自己特定的内涵，同时在结构上又是一个有机整体，它们相互联系、相互贯通、有机统一，共同构成一个完整的价值体系，其深刻内涵需要我们在外交工作的理论研究和实践过程中认真加以总结。

（一）“马克思主义指导思想”是中国特色社会主义建设事业和新时期外交工作的指导理论，是武装全体外交工作者的科学的世界观和方法论，是外交人员核心价值观中的灵魂

首先，我们所培养的未来的外交人员要能够坚持正确的政治方向，具有坚定的政治信仰，相信并坚持马克思主义对人类社会发展规律的揭示，即人类从原始社会向社会主义、共产主义社会演进的“自然历史规律”以及资本主义必然灭亡和社会主义、共产主义必然胜利的科学结论。尽管社会主义事业在世界范围内和国际舞台上曾经历过曲折，如苏联解体、东欧剧变等，使得国际关系的格局发生了变化，但历史的曲折不能改变马克思主义理论对历史发展总趋势的揭示，中国特色社会主义事业的蓬勃发展雄辩地说明马克思主义是科学的，我们必须始终不渝地在外交人才培养工作中坚持它并把它作为指导思想。

其次，我们所培养的未来的外交人员要能够坚持用中国化的马克思主义理论成果指导新时期中国外交工作的实践。在外交工作中坚持马克思主义指导思想，就是要坚持用马克思主义中国化的理论成果武装自己，创造性地运用辩证唯物主义和历史唯物主义的世界观和方法论分析当今世界局势和今后中国的外交工作实际，能够在错综复杂的国际关系的风云变幻中看清本质、明确方向，在新的国际条件下对中国外交工作的发展规律的认识和把握达到新的理论高度。

再次，我们所培养的未来的外交人员在工作中要能够坚持马克思主义与时俱进的品格。马克思主义本身一百多年的发展史，就是一部不断发展、完善和创新的历史。中国共产党人坚持把马克思主义的基本原理同中国具体实际相结合，形成了一系列中国化的马克思主义理论成果，指导中国改革开放事业和新时期的外交工作取得了辉煌胜利。随着未来中国进一步的发展和崛起，中国的外交工作将面临更加复杂的国际局势和更大的挑战，只有始终依靠与时俱进的品格，才能够在不断发展的外交实践中，赋予其鲜明的时代精神和创新要求。

（二）"中国特色社会主义共同理想"应该成为全体外交工作者共同为之奋斗的理想和追求，是外交人员核心价值观中的主题、目标和中心

首先，要深刻理解现阶段强调共同理想的原因和重大意义。理想是一个民族、一个社会的灵魂所系。习近平总书记明确提出，坚定理想信念"是外交人员的根和魂"。[①] 这说明了理想对人、对国家、对民族的极端重要性。改革开放以来，中国特色社会主义经济、政治、文化、社会建设所取得的显著成就不但坚定了中国特色社会主义共同理想，而且为共同理想的实现奠定了更加坚实的基础。然而，由于国际上伴随苏联解体、东欧剧变而形成的诋毁、否定社会主义思潮的泛起，也由于国内改革开放深化过程中出现的一些新情况、新问题的影响，使中国的外交工作面临新的困难和考验，坚定中国特色社会主义共同理想的任务仍然突出地摆在未来的外交工作者面前。中国特色社会主义共同理想是历史和人民的选择。中国经过新民主主义革命、社会主义革命和建设以及改革开放

① 《习近平接见2017年度驻外使节工作会议与会使节并发表重要讲话》，人民网，2017年12月28日，politics.people.com.cn/n1/2017/1228/c1024-29734767.html，2017年12月28日登录。

和社会主义现代化建设的长期实践和探索，走上了建设中国特色社会主义的崭新道路。这是党领导人民实践探索和选择认定的结果，外交工作者应该始终坚持不容动摇。

其次，要随着工作实践的发展而不断充实共同理想的内容。中国特色社会主义是外交工作必须长期坚持的共同理想，但它必须随实践的发展而不断充实其内容。党的老一代领导人在不同的历史条件下为这一共同理想的发展都作出了杰出的贡献，并不断充实其内容。毛泽东在党的七大政治报告中就指出，中国人民的基本要求就是将中国建设成为一个独立、自由、民主、统一和富强的新中国；党在社会主义初级阶段的基本路线所确立的共同理想是把我国建设成为富强、民主、文明的社会主义现代化国家；党的十六届六中全会进一步把党和全国各族人民的共同理想概括为建设富强、民主、文明、和谐的社会主义现代化国家；而实现中华民族的伟大复兴是党的十九大对中国特色社会主义共同理想的科学概括。未来的外交工作应紧紧围绕这一最终目标不断地进行理论和实践的探索，并不断地为这一理想的进一步发展和创新做出努力。

（三）“以爱国主义为核心的民族精神和以改革创新为核心的时代精神”是团结、凝聚、激励全体外交工作者自强不息、开拓进取的精神支撑，是外交人员核心价值观中的精髓和精神动力

一个民族，没有振奋的精神和高尚的品格，就不可能自立于世界民族之林。在五千多年的发展历史中，中华民族形成了以爱国主义为核心的团结统一、爱好和平、勤劳勇敢、自强不息的伟大民族精神。外交工作者应该始终高扬以爱国主义为核心的民族精神，视国家和人民的利益高于一切，将荣誉归于祖国，将功绩归于人民，将个人价值融入至高无上的国家利益之中，高水平地掌握和运用外交政策，高标准地学习和提高外交业务，在国际舞台上坚定地维护和实现中国的国家利益，忠实地履行国家和人民赋予我们的神圣职责。

当今世界，科学技术日新月异、迅猛发展，民族的改革创新能力在综合国力的竞争中的地位和作用越来越突出。创新是一个民族进步的灵魂，是一个国家兴旺发达的不竭动力，也是一个政党永葆生机的源泉。提高全民族的自主创新能力，建设创新型国家，是我国的一个战略性的发展目标，而改革创新的时代精神则是外交工作者在外交工作中推动实现这一目标、使我国自立自强于世界民族之林的强大精神动力。只有这样，才能够使我们的外交工作焕发出巨大的创造活力，赋予其与时俱进、求真务实、敢于创新、开拓进取的鲜明时代精神。

（四）“社会主义荣辱观”是用以引导、规范广大外交工作者的思想与行为的道德准则，是外交人员核心价值观中的基础、规范和道德准则

改革开放、发展社会主义市场经济在推动中国经济社会全面进步的同时，也给思想道德领域和社会关系带来了深刻复杂的变化。在这样的历史条件下，外交工作的外部大环境对内部小环境的影响也给外交工作者的思想道德水平和纪律意识提出了更高的要求。外交工作是一个艰巨而又复杂的过程，其间需要处理各种关系和矛盾。无论是处理国与国、人与人还是人与自然之间的关系和矛盾，都需要外交人员具有较高的明是非、辨真假、分善恶、知美丑、晓荣辱的思想道德水平和文明修养，这既是外交工作者普遍应遵守的道德规范，也是外交工作职业发展的必然要求。

外交工作说到底就是做人的工作，在这一过程中实现外交人员的全面发展必须要有道德的引领和保证。外交人员的全面发展直接包括道德素质的提高，而道德素质的提高又对外交人员的其他素质的提高起引领和保证作用，进而会直接影响外交工作的开展和提高。以“八荣八耻”为主要内容的社会主义荣辱观，在是非、善恶、美丑、荣辱方面旗帜鲜明地指出了坚持什么、反对什么，倡导什么、抵制什么，为广大外交工作者顺利、有效地开展外交工作提出了鲜明、正确的道德准则和要求。

二、外交人员核心价值观的独特内涵

构建和培育我国外交人员核心价值观，既是建设中国特色社会主义核心价值体系的重要组成部分，对我国外交外事工作起着行为取向、评价标准、评价原则和衡量尺度的作用，又对新时期新形势下培养建设一支高素质、复合型、职业化外交队伍起到至关重要的作用。因此，认真研究外交人员的核心价值观在与社会主义核心价值体系保持一致的同时所具有的鲜明特色和独特内涵就显得尤为重要。

（一）外交人员核心价值观的主要范畴

外交人员的核心价值观的主要范畴以周恩来总理提出的“站稳立场、掌握政策、熟悉业务、严守纪律”十六字方针为指导，涵盖以下四个方面的内容：

1.忠于祖国是外交人员的首要素质——“站稳立场”是关键。忠于祖国，就是外交人员必须坚持正确的政治方向，站稳立场，忠于党，忠于国家，忠于人民，忠于职守。《驻外外交人员法》第八条规定，驻外外交人员应当履行的首要义务就是“忠于祖国和人民，维护国家尊严”；第五条规定，驻外外交人员根据职务和工作分工，应当履行的首要职责就是“维护国家主权、安全、荣誉和利益”。所以，忠于祖国是外交人员必须依法履行的义务，也是维护国家主权、利益和尊严的职责所在，更是外交人员的首要素质。忠于祖国这一范畴包含了两个核心词：忠诚与奉献。而外交人员的奉献，既有在高原、高温、疾病肆虐的艰苦条件下的乐观向上和无怨无悔，又有在硝烟弥漫的国度冒着生命危险的坚守岗位和忠诚不渝；既有在复杂尖锐的外交斗争中的大智大勇、披肝沥胆、勇往直前，也有在平凡岗位上的脚踏实地、勤奋工作、淡泊名利，更有在家庭和事业不可兼顾时的舍小家，为国家，弃亲情，就大义。……因此，对祖国的忠诚与奉献，绝非空洞的口号，只有内化为价值追求，才能外化为自觉行动。忠诚来自于理性的选择，而理性选择的思想基础就是社会主义核心价值观。忠诚与奉献只有与立场坚定统一在一起，与社会主义理想信念以及民族自尊心、自豪感联系在一起，才是经得住风浪考验的。

2.外交为民是“以人为本”的具体体现——“掌握政策”是前提。外交为民，就是外交人员在工作中坚持以人为本，实践为人民服务的宗旨，维护最广大人民的根本利益，使外交工作成果惠及全体人民。新中国外交是人民的外交，人民性是新中国外交区别于旧中国外交和西方资本主义国家外交的最显著特征。进入21世纪以来，随着中国对外开放的广度和深度的不断发展，依法维护我国众多海外机构和人员的安全和合法权益、依法维护广大华侨华人及港澳台同胞的正当权益的案例大大增加了，我国外交工作直接服务于民的范围大大拓宽了。党的新一代领导集体根据国际形势的变化和中国自身发展的需求，提出了“以人为本，执政为民”的思想，而“以人为本，外交为民”无疑是“以人为本，执政为民”理念在外交领域的具体体现，是中国外交内涵的扩展。外交人员要真正做到外交为民，就必须要有大局意识和服务意识，就必须牢牢掌握国家外交工作的方针政策，把握我国外交政策“维护世界和平，促进共同发展”的根本宗旨。只有这样，才能更好地为人民服务，更好地为构建和谐世界作出贡献。

3.与时俱进是外交工作的主要特点——“熟悉业务”是基础。与时俱进，就是外交工作要体现时代性，把握规律性，富于创造性。外交工作有规律可循，存在国际公认的客观标准，这标准就是《联合国宪章》规定的原则，就是为世界大多数国家所接受的“和平共处五项原则”。同时，外交工作也是门高超的艺术，是把原则的坚定性和策略的灵活性紧密结合的艺术。外交工作的与时俱进就是在瞬息万变的复杂局面中想方设法、不遗余力地维护好国家利益，随时把握时代的最强音。外交人员要做到与时俱进，就必须熟悉外交业务，具备多方面的知识结构，必须有优秀的综合素质，包括政治素质、业务素质、自律素质、身心素质等。习近平总书记在2017年驻外使节工作会议上提出："外交人员既要政治过硬，又要本领高强。"[①] 外交人员要做到与时俱进，还必须有创新精神，增强机遇意识和忧患意识。外交人员要进一步加强和改进外交运筹，正确把握机遇和挑战的辩证关系，善于从变化的形势中把握和运用机遇，善于在严峻的挑战中捕捉和运用机遇，不断增强外交工作的前瞻性和主动性。要进一步增强忧患意识，始终居安思危，保持清醒头脑，做到未雨绸缪，充分估计前进道路上种种可以预料和难以预料的困难和风险，切实提高抓住机遇、化解挑战、驾驭复杂局面的能力，不断开创外交工作新局面。

4.不辱使命是衡量外交人员的尺度——"严守纪律"是保障。不辱使命是对中华民族"富贵不能淫，贫贱不能移，威武不能屈"的浩然正气和优良传统的延续和继承，即为了维护国家尊严表现出政治忠贞并出色地完成使命。不辱使命是爱国主义和国家利益至上的集中体现，更赋有新的时代内涵。《驻外外交人员法》对外交人员的使命和义务规定了四个方面：一是忠于祖国和人民，维护国家根本利益；二是忠于宪法和法律；三是忠于职守、勤勉尽责，努力完成各项工作；四是恪守各项纪律。外交人员要做到不辱使命，严守纪律是保障。"外交无小事"，外交人员必须严格遵守政治纪律、组织纪律、外事纪律、财务纪律、保密纪律等五大纪律。外交工作授权有限，外交人员就是"不穿军装的解放军"，外交人员只有严守纪律，不断强化自我监督和"慎独"意识，才能经受住各种严重考验，恪尽职守，有所作为，向党和人民交一份满意的答卷。

① 《习近平接见2017年度驻外使节工作会议与会使节并发表重要讲话》，人民网，2017年12月28日，politics.people.com.cn/n1/2017/1228/c1024-29734767.html，2017年12月28日登录。

（二）外交人员核心价值观的践行

外交人员核心价值观的形成、内化和发挥功效是需要一个过程的，仅依靠外在的理论灌输是不够的，需要在长期的外交工作中不断践行。

1. 热爱祖国与放眼世界的和谐统一。爱国主义是外交人员核心价值观的最高体现。因此，外交人员在工作中要始终将祖国利益放在首位，忠于党、忠于国家、忠于人民，始终保持高昂的民族精神。同时，外交人员要具备放眼世界的眼光，有较高的国际意识，积极主动地面向世界，学习汲取世界各国人民创造的一切优秀物质和精神文明成果。只有达到民族意识与国际意识的和谐统一，具备热爱祖国的赤子之心和放眼世界的视野，才能更好地为外交事业作出贡献。

2. 吃苦耐劳与健康心态的和谐统一。“谈笑风生化解冲突”的浪漫场景是人们普遍对外交工作的误解。然而真实的外交工作往往条件艰苦，远离祖国或家乡，经常要忍受孤独，这些都需要外交人员以吃苦耐劳的精神克服自身的困难，以服务于外交事业的大局。但是以大局为重并不意味着要压抑个人的一切需要，机械地完成任务。外交工作说到底是与人交流的工作，能不能保持良好的心态，决定了工作质量的好坏。拥有积极心态的外交人员懂得调节环境的压力，在遇到问题和困难的时候能保持理性的头脑，更积极主动地迎难而上；而不懂情绪调节的人则表现得毛手毛脚，难以做出理性正确的判断。所以，扎实肯干与健康心态相统一，才能做一名优秀的外交人员。

3. 继承传统与改革创新的和谐统一。外交人员站在国际舞台就代表着整个国家，其个人业务能力的高低可能会影响整个外交事业的大局。因此，继承和发扬老一辈外交人的优良传统和经验，重视五种基本功（政治基本功、专业基本功、语言基本功、交流基本功、信息技术基本功）和五种能力（调研能力、办案能力、礼宾能力、谈判能力、创新能力）的培养，主动学习和提高专业技能，在业务上精益求精是对外交人员素质的基本要求。同时，随着世界局势的风云变幻和全球一体化进程的不断深化发展，仅延续传统已不足以应对时代变革的要求，优秀的外交人员还需要具备改革创新的时代精神。只有具备灵活运用资源的能力和更强的整合能力，不断更新观念，善于创造，才能更好地完成祖国赋予的神圣使命。

简析尼布尔与摩根索之间的义利之辩

基础部 唐 瀚

第二次世界大战前后，现实主义在美国政治思想领域中强劲崛起，逐渐压倒性地确立了国家对外政策的主导话语权。然而，随着战后冷战格局下美苏两极之间的紧张对峙，在关于如何获得清醒的国家自我意识、明智地形成国家目的这一核心战略问题上，现实主义阵营内部由来已久的思想分歧日益凸显和公开化，其中一个显著的争议焦点就是：在国家外交行为中道义原则与利益原则之间的关系究竟该如何处置？在这场"现实主义阵营内部的义利之辩"中，莱茵霍尔德·尼布尔（Reinhold Niebuhr）与汉斯·摩根索（Hans J. Morgenthau）凭借各自深邃的思想底蕴和卓绝洞见当之无愧地成为两种典型立场出色的代言人。虽然事隔这场争辩已近半个多世纪，但是两人的思想范式被各自的门徒后学所传承和复活，可以说他们的智慧遗产对当今美国的外交理念和实践仍然发挥着不容忽视的影响力。而且，事实上，他们讨论的问题历久弥新，从未真正远离世界舞台上的大国外交，同样也是当前国际政治思想界不得不面对和深思的大问题。接下来，我们将围绕这场"义利之辩"比较两位思想家政治道德观的异同，从而探索和揭示现实主义立场在这一关键问题上可能具有的丰富性与深刻性。

一、渊源

多年之后，在《国家间政治》再版时，编订者甚至还要专设笔墨为摩根索乃至20世纪整个现实主义阵营进行道德正名，“在国家组成的世界上，道德价值和国家利益的关系问题是困扰政治家和学者的最伤神、最棘手的问题之一。它对于现实主义传统来说尤其如此，一个重要原因是该传统常被误解为否认道德原则与治国理政的实际责任之间有任何联系。没有任何现实主义者比摩根索为此受到更多的责难。然而，具有讽刺意味的是，摩根索指明了把对道德原则的关心和对国家利益的奉献结合起来的可能性，他认为这两者在他那个时代已被分离到史无前例的地步……与20世纪所有现实主义者一样，摩根索在现实主义的天平上把国家利益和道德原则这两个砝码平衡起来”。[①] 从他们的这种悲情告白中，我们不难想象，（摩根索）现实主义在政治思想领域中所投下的道德怀疑的幽暗意识的确引起了持续广泛的误解和抵触，而这种情况本身就值得现实主义阵营对自身思想的实质内容与表达形式作出深刻的反思。

非常有趣的是，肯尼思·汤普森和戴维·克林顿在同一篇文章中也征引了尼布尔对政治生活的见解来凸显现实主义传统共享的基本世界观背景[②]。不管这只是巧合抑或有意为之，都足以表明在作者心目中，尼布尔是可以和摩根索比肩而立的重要思想同盟者。然而，正是在这两位分享着很多共识的思想大家之间曾有一场引人瞩目的“义利之辩”，毋宁说这是尼布尔对摩根索奠基于“国家利益”之上的特定道德观的批判，我们也不妨将其视为现实主义内部的一

① ［美］汉斯·摩根索：《国家间政治——权力斗争与和平》，徐昕等译，北京：北京大学出版社，2006年版，“导论”第8页。

② 同上书，第3页。

次自我反思。

20世纪美国政治现实主义阵营中，尼布尔与摩根索是两个非常重要的思想领袖。表面上看，摩根索与尼布尔有很多的相似之处：他们的“现实主义”都起源于对自由主义的温情主义（sentimentalism）的“软弱”的不满；他们都强调在政治尤其是国际政治中，权力（power）而非单纯的道德律具有非常重要的地位；他们都有深厚的德国传统；特别是，摩根索本人公开宣称他从尼布尔那里获益良多。摩根索曾一度大量引用尼布尔的思想，甚至在自己晚年的自传草稿中将尼布尔的《人的本性与命运》列为影响他一生的十本书之一。[①] 摩根索的这一思想姿态，往往令人产生一种强烈的联想，即摩根索只是尼布尔的思想门徒。事实上，一些学者的确如此认为，例如波仁斯（H. Behrens）和诺埃克（P. Noack），在他们看来：摩根索的政治思想的“人学基础”是由尼布尔奠立和提供的；而史密斯（M. J. Smith）甚至认为摩根索的工作只是把尼布尔的一般洞见在国际政治理论上的具体应用，只是在此过程中被他世俗化了而已。[②]

然而，摩根索的传记作者福莱（Frei）却不同意上述学者过分强调两者的相似或传承关系。在福莱看来，尼布尔的影响不应被人为夸大，毕竟摩根索在移民美国遇到尼布尔的思想之前其知识结构已基本定型，而且在德国学界中已有相当的建树积累和学术威望。事实上，摩根索和尼布尔都受到过讲强者、权力意志的尼采的很大影响。这种强者哲学在20世纪早期是德国学界几乎所有人都不能回避的。不过，二战期间当摩根索在美国发表自己的政治思想时，为了避免“政治错误”，他自然需要多引证美国本土的权威思想家，而不宜多提被当时纳粹奉为精神先驱的尼采，于是具有思想深度的

① Christoph Frei, *Hans J. Morgenthau: An Intellectual Biography*, Louisiana State University Press, 2001, p.113.

② Ibid., p.111.

新教神学家尼布尔便成了摩根索特别倚重的一个思想掩体。[①] 笔者认为福莱的分析更经得起推敲，因为摩根索与尼布尔的深刻分歧表明他绝非尼布尔的思想门徒这么简单，毋宁说他乃是尼布尔的一位强劲的思想对手。在学术界，他们的声望也是鼎足而立的。他们各自的“强者政治学”或“强者伦理学”有着重大的差别，这表现为他们在政治的道德困境这一关键规范问题的深层对立。

二、缘起

1960年在围绕尼布尔思想的一次讨论会上，摩根索的一段评论暴露了他与尼布尔在实质的规范立场上的重大分歧，他指出：“相较于政治的其他基本问题而言，政治的道德问题已经遭到我们文化更大的曲解，造成了政治的道德困境。基督教的教导、基督教伦理的戒令与政治成功的要求之间不可避免的分歧造成了政治的道德问题。如果我可以用有些极端和惊人的字眼来说的话，那么成为一个既是成功的政治家又是一个好的基督徒，则是不可能的。……美国社会——我应当说不仅美国社会而且普遍地说西方文明——已经设计了两种不同的方法，借此它可以设法调和基督教伦理的戒令与成功的政治行动的要求之间的紧张。要么它以一种‘自由化’的方式重新解释基督教伦理的教导，这种方式有助于论证和理性化政治行动以至于两者之间的鸿沟可以通过改变基督教伦理的戒令而得以缩短；要么政治行动被粉饰成有别于其实际所是的样子，显得更正派，比起实际所是更小的罪性，从而这种鸿沟也得以缩减。因此，政治领域倾向于被所谓的道德主义的光环所笼罩，以至于在伦理戒令与成功政治行动的要求之间的这种妥协中道德律法的威严和政治

① Christoph Frei, *Hans J. Morgenthau: An Intellectual Biography*, Louisiana State University Press, 2001, p.110.

行为的严酷都消失了。尼布尔经常论辩和成功批判的正是这种道德主义，我们社会中如此普遍的一种偏见。”①

实际上，摩根索对尼布尔思想的赞美性评论乃是以一种微妙的方式间接地否定了尼布尔公共神学赖以成立的合法性基础与核心立场。换言之，在摩根索看来，高调的道德主张对于政治生活而言不仅无益而且有害。这里暴露了尼布尔与摩根索等其他一些世俗现实主义思想家的深刻分歧。同时也表明，公共知识界对于尼布尔深层精神内核及规范意涵的探究存在盲点。贝尼特（John C.Bennett）曾指出：“尼布尔关于人性，尤其是关于国家和其他社会群体的行为的智慧乃是其影响力的最为重要的来源之一，特别是基督徒圈子之外的影响力。他对于人类动机以及在社会中道德与利益和权力的关系的复杂性有非凡的认知。有很多人，尤其在学术圈中，欣赏尼布尔对于历史处境的诊断，然而却没有兴趣或者至少不相信尼布尔试图与那种处境取得相关性的基督教的福音。”②

政治伦理的一个关键问题（摩根索或现实主义必须回应的问题）是“国家能够忠诚于它们自身‘国家利益’之外的利益和价值吗”？摩根索有时似乎暗示国家具有这种道德能力，他说：“国际政治像一切政治一样，是追逐权力的斗争。……政治家和人民可以全力寻求自由、安全、繁荣或权力本身；他们可以根据一种宗教的、哲学的、经济的或社会的理想来界定他们的目标；他们可以寄望于凭借理想的内在力量，或依靠神力的干预，或通过人类事业的自然发展实现这一理想；他们还可以采用非政治的方式，譬如与别国或国际组织进行技术合作来推动理想的实现。”可是，由于摩根索指出权力只是追求目的的工具，因此，政治的道德问题依然存在，“无论国际政治的终极目标是什么，权力总是他的直接目标。……

① Harold R. Landon, *Reinhold Niebuhr: A Prophetic Voice in Our Time*, The Seabury Press, 1962, pp.102-103.

② Charles W. Kegley and Robert W. Bretall eds., *Reinhold Niebuhr: His Religious, Social, and Political Thought*, The Macmillan Company, 1956, pp.48-49.

一旦他们力图通过国际政治的手段去实现自己的目标时，他们就必定参与角逐权力的斗争。十字军渴望解放异教徒控制下的圣地，伍德罗·威尔逊幻想让世界安享民主，纳粹企图把东欧变成德国的殖民地，进而支配权偶、征服世界——正因为他们都是选择权力来实现这些目标的，所以他们才是国际政治舞台上的行为者”。[①] 事实上，尼布尔认为摩根索在讨论“国际政治的意识形态元素”时更彻底地回应了这一问题。摩根索描绘了政治生活中道德的模糊性和政治人物的道德虚伪，进而批判了理想主义的规范主张，它既无助于政治成功又损害道德本来的威严。总之，政治生活中的道德主张只是意识形态的工具而不具有独立的实在性。

三、批判

对于摩根索的攻击,尼布尔针锋相对地给予以了回应:“和我一样，摩根索所关注的是驱散各种形式自由主义的幻想，即试图模糊政治秩序必定关心利益和权力这一事实。这种关注必定唤起如下注意，即政治秩序的模糊性以及该领域内产生纯粹伦理的不可能性。但是如果有人谈论‘基督教教导的戒令与政治成功的要求之间的分歧’，那么他或许过分顺从了基督教的完美主义视角，这种视角极大地造成了这种分歧，例如门诺派特别宣布地方行政官的责任与基督徒的生活是不兼容的。然而，基督教的教导应该包括不仅仅只有登山宝训的绝对要求。准确地刻画了人的自私以及人追求正义的能力的基督教信仰应当坚持的不仅是个体的良心自由，还有抵御个体贪婪和权力欲侵害的共同体的权利。基督教的教导必定不仅包括爱的诫命还有能够且必须成为爱之诫命工具的正义规范……因此，它应当为投身于政治共同体之广阔而道德模糊的领域中的政治家或政治

① 汉斯·摩根索:《国家间政治——权力斗争与和平》，第55页。

人物提供尽可能的正直，以及谦卑地关注到政治光谱中所有竞争性立场中都存在腐败的污渍。在神的王国中应该有这些人的位置，诸如亚伯拉罕·林肯、甚至相当自义的理想主义者如威廉·格莱斯顿以及伍德罗·威尔逊，以及我们当中那些在共同体中一定程度上握有权力、承担责任以及怀有兴趣的其他人。如果我们用并不剥夺其道德内容的字眼来界定政治领域中的道德模糊性，……那么我认为在针对政治秩序的'现实主义'进路中我们并不会牺牲任何价值。"① 事实上，尼布尔从未简单地谋求道德与政治之间的彼此妥协，恰恰相反，他保留了两者之间的张力，该张力可以丰富和深化对道德与政治的理解。用今天的话来说，尼布尔深刻认识到"强"不仅包含了物质力量的强大，而且包含了软实力的强大。当然，这种价值—思想上的两歧张力若能在政治中和一个人的灵魂中辩证平衡起来，需要极大的精神力量来维系，尼布尔认为这只能征诸于信仰。

强者的自我认识表现在对什么是幸福、什么是国家的幸福（所谓"国家利益"）的看法上。古典政治哲学的核心关注是：什么是真正的值得追求的好？怎样一种生活方式才是符合人性内在需求的？本质上讲，摩根索的国家利益观是以权力的最大化来衡量的，而且，在他看来忠诚于这样的国家利益、审慎精明地追求这种利益的最大化乃是政治家—强者的首要而根本的责任所在。摩根索的这种立场有其特定的人性论基础，他对人性中权力意志与爱的冲动的关系所做的描述表明他对人的道德能力是极为悲观的。"权力欲望简直是无望之爱（despairing love）的孪生兄弟。权力变成了爱的替代物。一个人在任意长的时间里都不能通过爱来获得的事物，他试图通过权力获得它；并试图通过征服他的孤独和隔绝来实现他自己、使他自己成为全部"。② 摩根索认为爱仿佛只是达成某种目的

① Harold R. Landon, *Reinhold Niebuhr: A Prophetic Voice in Our Time*, pp.121-122.

② Hans Morgenthau, *The Restoration of American Politics*, Chicago: University of Chicago Press, 1962, p.10.

的手段而非目的本身，因此相对于支配性的权力而言爱也是无效率的，因而会被替代。爱在人的生存中并不具有独特的价值和地位。人的尊严并不能通过超越性的爱来体现，因为它本身乃是不现实的、令人失望的。

尼布尔暗示：摩根索的政治现实主义进路会错误地模糊人类理性中残存的创造性能力。在此我们可以分析尼布尔关于爱与权力意志的理解。尼布尔对人的道德能力做了极为细腻的区分，抱有谨慎乐观的积极态度。在尼布尔看来，道德具有实在性，它本身就是生活现实的一部分。因此，爱与权力意志有根本性的不同，彼此不能简单地替代，它们是人性自由的两种不同表现。爱是牺牲性的、自我奉献的、有代价的，而权力意志是支配性的、向外索要的；因此，爱是精神强大、充沛流溢、恩泽他者的，而权力意志反倒是掩饰不安、虚弱而有待于他者的。尼布尔指出："权力欲与爱之间的关系实际上相当不同。父母的权力冲动并非针对孩子的爱的冲动的替代而是一种败坏。政治家的权力意志并非他服务自已共同体的欲望的替代物而是对这种欲望的败坏。这一区别是重要的。因为如果该区别有效，那么它将指向更高的、更广泛的或更高贵的忠诚的残留力量而不是抹杀它，无论它被更低级的忠诚怎样败坏。"[①]

四、超越

尼布尔当然知道权力意志的实在性，这是他比简单的道德主义者深刻的地方；但是，同时他也辨证地认识到一味的求强反而会伤害到自身的力量，这又是他比一般的现实主义更独到的原因所在。尼布尔指出："事实上，国家的权力冲动是如此强烈，而其更高层次的忠诚感是如此虚弱，以至于只有不相关的理想主义会考虑令国

① Reinhold Niebuhr, *Man's Nature and His Communities*, New York: Charles Scribner's Sons,1965, p.76.

家利益屈服于包罗万象的文化（overarching culture）的可能性。在集体人中确立这种残存的创造性自由的重要性并不在于使较低层利益屈从于更高或更广利益，而在于这种可能性，即甚至对超越国家存在的价值忠诚可以激进地改变国家关于它的‘国家利益’的属性和宽度的观念。”尼布尔强调过于连贯的或偏执的“国家利益”观无助于分析和处理冷战中美苏两个超级大国之间的复杂关系（意识形态的因素确然发挥着作用）。对于更高的价值忠诚是政治威望的一种资源，“狭隘共同体与包罗万象的文化之间的一致之处取消了牺牲某一方的必要性，但它的确转化了国家利益的内容”。[①]尼布尔指出“国家利益”是一个难以简单界定的、具有相当模糊变动性的概念——“国家利益不能被简单地界定。威望、权力和武力的所有元素都必须考虑进来。在那种情况中关系的复杂性将反驳对国家行为的现实主义和理想主义解释，尽管本质上与温和的现实主义协调。这样一种分析的重要议题在于一个相互且普遍的利益网络得以揭示，国家利益在其中复杂地相关，以至于一个对国家利益的狭隘界定会导致那种利益的失败”。[②]

在关于国家的自我理解与自我定位方面，尼布尔的基本立场是：在尊重高级价值理想的情况下，修正简单的理想主义和短视的现实主义进路；启发国家寻找和发现其真正的、长远的利益所在。作为现实主义，其实并不简单强调和诉诸物质力量的强大；相反，如果仅仅依靠实力保护物质性的国家利益，反而有可能自我损害。所以，必须广义地理解国家利益和国家的实力。就国家利益来说，一个国家的国际责任未必就完全不属于它的“国家利益”。早在1942年，尼布尔就指出过于连贯和短视的现实主义的不足之处在于“用太过极端的现实主义角度理解权力问题。有时他们忘记了政治权力是一种综合体，其中物质力量——无论它是经济的还是军

① Reinhold Niebuhr, *Man's Nature and His Communities*, New York: Charles Scribner's Sons,1965, p.78.

② Ibid., p.79.

事的——不过是其中的一种成分而已。他们没有认识到，对于道德诉求的适当重视是政治威望的一个来源；这种威望本身是权力的不可或缺的一个来源”。[①] 因此，在尼布尔看来辩证的现实主义意味着更清楚地知道什么是国家的利益。尼布尔认为高级的忠诚或爱对较低的忠诚或爱具有潜移默化的影响。必须注意的是，这一公式能有效地阻止较低的忠诚陷入自我摧毁的境地。如果一个国家的公民中那些发挥积极的潜移默化功能的人信奉超越国家利益的价值，那么这将有助于一个“现实主义的”国家不至于过于狭隘和短视地规定自己的利益，从而可以避免伤害国家的真正利益。[②]

一般来说，政治现实主义大多对这样的道德超越表示怀疑和嘲讽，认为其只是政治中的伪善。如何看待伪善，也是一个非常有意思的问题。尼布尔对国际政治中普遍的伪善提出了自己的看法，他并没有重复摩根索对人的道德平庸的强调，而是在伪善中识别出道德潜在地独立存在并发挥作用，或者说，人的超越能力即便在伪善中也可以表现出来。伪善有其深层的人性基础。“简言之，国家的伪善正如个人的伪善一样，也许是它们的自由之残存创造性能力的一种迹象，既不同于它们更强烈的自利冲动也不能被这种冲动消除。作为较不可接受的冲动付给较可接受的冲动的一种贡物，伪善当然不是美德。另一方面，通过清除更高的价值忠诚来取消伪善并不带来道德上的收获。纳粹的国家主义并不因为其残忍地极端现实地将国家膨胀作为价值序列中的唯一目的而更有美德。”[③] 在这个意义上，伪善甚至有其积极意义。尼布尔强调，尽管伪善体现了人的道德平庸，但改善道德平庸引致的道德失败决不能通过取消高级的道德规范这种方式解决。这种方式甚至会更加恶化国家的道德失败。改善人之道德平庸的必要且可能的方式只能是培养和发挥人的

---

① Reinhold Niebuhr, “Plans for World Reorganization”, *Christianity and Crisis*, Vol. 2, 1942, p.4.

② ［美］莱因霍尔德·尼布尔:《光明之子与黑暗之子》，孙仲译，香港：道风书社，2007，第176页。

③ Reinhold Niebuhr, *Man's Nature and His Communities*, p.75.

超越性的自由。相比之下，摩根索的政治强者并不追求、甚至根本不相信这种超越的可能性。

总之，同样受到尼采的影响，同样强调“强者”的维度，尼布尔和摩根索各自走向相当不同的方向。如果说摩根索更为坚持物质力量意义上的power至上的话，那么尼布尔认为“强”不能那么简单地理解。政治中的道德—精神规范依然发挥着实质性的作用。如果说尼布尔是一位坚定的道德实在论者，那么摩根索更倾向于非道德论者，尽管他也会关注政治交往中道德言说所发挥的效用。

摩根索认为，政治强者走不出悲剧的宿命，权力意志的冲撞是必须接受的生存事实而不能奢望高级的道德忠诚会超越悲剧，就人性的限度而言那是一种不现实的幻想和自欺，在实践上会伤害政治的成功运作。然而，在尼布尔看来，强者之强恰恰意味着能够超越。道德就是对现实政治的超越。美好的政治需要美德的支撑。

佳人领袖世无双

——关汉卿《望江亭》杂剧第三折赏析

基础教学部 王春晓

《望江亭》全名《望江亭中秋切鲙》、《望江亭中秋切鲙旦》，简称《望江亭》或《切鲙旦》，是元代杂剧大家关汉卿的代表性作品之一。该杂剧今存明代《脉望馆抄校古今杂剧》本、《古杂剧》本和《元曲选》本，各本文字相差不大。剧写青年寡妇谭记儿无儿无女，孤零度日。清安观住持白姑姑怜其身无所主，助她与自己鳏居的侄子、即将官赴潭州的白士中再结连理。不想权豪势宦杨衙内闻知谭记儿美貌，罗织罪名诬陷白士中，意图斩杀白士中、强娶谭记儿作妾。谭记儿于中秋之夜假扮卖鱼女子，独自前往望江亭与杨衙内等人机智周旋，赚出金牌、势剑后全身而退。最后，巡抚湖南都御史李秉忠奉旨暗访、重勘白士中案，杨衙内被贬为庶民，白士中官复原职，与谭记儿夫妻偕老团圆。《望江亭》又称“切鲙旦”，与它是旦本戏（由正旦扮演谭记儿主唱全本）有关。此剧共由四折组成，第三折搬演的是谭记儿智斗杨衙内的关键情节，也是全剧中最精彩的部分。

一

在杂剧的第一折，学士李希颜的遗孀、青年寡妇谭记儿经清安观住持白姑姑牵线，与路过的鳏居官员白士中再结良缘，两人同往潭州赴任。没想到觊觎谭记儿美色的杨衙内却再生歹念。他罗织罪名，诬陷白士中“小官今日奏知圣人，有白士中贪花恋酒，不理公事”①，皇帝不察，居然判了白士中斩刑。杨衙内顺势向皇帝建言说：“此事别人去不中，只除非小官亲自到潭州，取白士中首级复命，方才万无一误”。② 皇帝竟又准许。于是杨衙内即刻携带势剑、金牌，驾起小舟向着潭州悄然出发，意欲直取白士中首级，强娶谭记儿为妾。“衙内”一词的本义是指宫禁之内，五代及宋初，藩镇的亲卫官有衙内都指挥使或衙内都虞侯等职，这类官职一般由藩镇的子弟充任。这些衙内们多为纨绔，品性不佳，行为恶劣，但因其多为官员子弟，又往往受官府袒护，后来“衙内”遂成为民间对一些品行恶劣的高门子弟的称谓。《望江亭》对杨衙内的身份背景仅以“权豪势宦”四字加以概括，但细绎此四字又不难发现：杨衙内不仅仅是出身豪门的“官二代”衙内，其本人还拥有权力较高的实权官职，而他的父亲或家人，则当在朝廷内外拥有举足轻重的地位与影响。他诬陷白士中时可直接向“圣人”（即帝王）谏言，三言两语便令一潭之事的官员被判斩刑，又轻而易举地拿到代表皇命的金牌、势剑亲自前往潭州行刑……从这些情况来看，杨衙内的权势地位显然是白士中和谭记儿难以抗衡的。也正因为如此，白士中才会对杨衙内颇有忌惮。在第二折里，白士中甫登场便说：“小官白士中。自到任以来，只用清静无事为主，一郡黎民，各安其业，颇

① ［明］臧晋叔编：《元曲选·望江亭中秋切脍杂剧》，北京：中华书局，1958年版，第1659页。

② 同上书，第1659页。

得众心。单只一件，我这新娶谭夫人，当日有杨衙内要图他为妾，不期被我娶做夫人，同往任所。我这夫人，十分美貌，不消说了，更兼聪明智慧，事事精通，端的是佳人领袖，美女班头，世上无双，人间罕比。闻知杨衙内至今怀恨我，我也恐怕他要来害我，每日悬悬在心。”[①] 一面是美丽聪慧的妻子，一面是怀恨在心的权贵，白士中每日心绪怏怏，却不想让夫人担心。但杨衙内暗害白士中的消息还是提前传到了潭州，谭记儿知情后，立刻提出要只身亲去杨衙内处化解危机：“你道他是花花太岁，要强逼的我步步相随。我呵，怕甚么天翻地覆，”[②]“这桩事，你只睁眼儿觑者，看怎生的发付他赖骨顽皮，”[③]“着那厮得便宜翻做了落便宜，着那厮满船空载月明归，”[④]“直着他船横缆断在江心里，我可便智赚了金牌，着他去不得！”[⑤] 虽然白士中下场前特意再次铺垫说：“据着夫人机谋见识，休说一个杨衙内，便是十个杨衙内，也出不得我夫人之手，”[⑥] 然而面对来势汹汹的杨衙内，身为官员的丈夫尚且畏葸，谭记儿一介女流真的可以战胜权奸吗？她又会怎样做呢？所有答案都要等到第三折才会浮出水面，但观众的期待在此时已经被曲家“撩拨”到了极点。接下来，究竟会发生什么呢？

二

第三折首先出场的不是谭记儿，而是已经来到潭州的钦差杨衙内。杨衙内轻舟简从，临时停船在望江亭附近的江上。这在一定程

---

① ［明］臧晋叔编:《元曲选·望江亭中秋切脍杂剧》，北京：中华书局，1958年版，第1659—1660页。

② 同上书，第1661页。

③ 同上书，第1661页。

④ 同上书，第1661页。

⑤ 同上书，第1662页。

⑥ 同上书，第1663页。

度上确实降低了惊动白士中的可能，但也为谭记儿的行动提供了很大便利。中秋之夜，杨衙内在船上与随从张千、李稍饮宴作乐。只见三人捉虱子、拿狗鳖，前脚刚说了身肩重任不能饮酒，转身便自食其言、彼此揶揄、推杯换盏……关汉卿仅用一个场景、寥寥数语便将杨衙内与亲随言语粗鄙、行为无状的颟顸丑陋活画出来。这些细节，一方面如颊上添毫，入木三分地刻镂了人物的典型特征，另一方面也在主人翁正式登台前做好了环境渲染——一江、一亭、一舟，一个衙内、两个亲随，三人此刻都有了几分醉意。谭记儿扮成卖鱼女悄然而至，身边甚至还携带一尾活鱼——来得巧，扮得妙，真真聪慧！正旦一亮相，便是满堂彩！

【斗鹌鹑】写谭记儿在来至望江亭之前，因时因地，精心盘计：中秋夜正宜开筵；杨衙内独自来潭州又刻意隐藏行迹，必定“花残月缺”无限凄凉；若可在此时带着三尺活泼乱跳的锦鳞前来，必有机会靠近望江亭；如果再提议亲自切鲙，则将有直接面见杨衙内的可能。谭记儿甚至想好了先从随从下手的步骤：“俺则是一撒网、一蓑衣、一箬笠，先图些打捏。只问那肯买的哥哥，照顾俺也些些。”[①] 即便乔装打扮了一番，刚见到李稍时谭记儿也险些被识破。但谭记儿不慌不忙，机智反问：“你道我是谁？”[②] 李稍见此情状反而有些拿不准了：“姐姐你敢是张二嫂么？”[③] 谭记儿顺势认下自己便是张二嫂，又看似随意地问起：“你怎么不认得我了？你是谁？”[④] 随后便熟络地与李稍嬉笑怒骂起来。谭记儿的言行举止泼辣大胆，与市井女子无二，进一步打消了李稍的戒心。因了“旧识”这层关系，谭记儿更加顺利地见到了杨衙内。

杨衙内见到“张二嫂”不但没有认出，反倒为她的美丽神魂颠倒起来。谭记儿不紧不慢地陈述了要为大人献新切鲙来意，杨衙内

① ［明］臧晋叔编：《元曲选·望江亭中秋切脍杂剧》，北京：中华书局，1958年版，第1663页。

② 同上书，第1663页。

③ 同上书，第1663页。

④ 同上书，第1663页。

色令智昏，大摆怜香惜玉的姿态："难得小娘子如此般用意！怎敢着小娘子切鲙，俗了手"；[①]"多谢小娘子来意！抬过果卓来，我和小娘子饮三杯。将酒来，小娘子，满饮一杯！"[②]在古代，位卑者接尊者赐须行礼表答敬谢。谭记儿接酒叩拜，杨衙内直接出言调戏："小娘子请起！我受了你的礼，就做不得夫妻了。"[③]谭记儿非但没有羞恼，甚至还"识趣"地应下了杨衙内的试探："媳妇来到这里，便受了礼，也做得夫妻。"[④]在李稍不小心泄露来意之后，谭记儿连忙假意表达了对白士中的不满："相公，若拿了白士中呵，也除了潭州一害"，令杨衙内对这个主动送上门来的渔家女渐渐丧失了戒心。【金蕉叶】一曲，是谭记儿当面假意奉承衙内之语；【调笑令】所写的则是谭记儿的心理活动——州里不知，正好行事；金牌、势剑，唾手可得。

杨衙内妄想趁热打铁、就成好事，厚颜无耻地央求随从保媒，要张二嫂做第二个夫人。"张二嫂"果然被财帛权势"打动"，再顾不得贞节，当面便应下了衙内的"好意"："不由我见官人便心邪，我也立不的志节"，[⑤]"我呵，只为你这眼去眉来，使不着我那冰清玉洁"。[⑥]杨衙内见状愈发志得意满、丑态百出起来。在随从的怂恿、起哄声中，身为钦差的杨衙内似乎已忘了此行的目的，当下便要与新纳的"张二嫂"饮酒玩乐。"张二嫂"受宠若惊，满口答应，更得志张狂起来："珠冠儿怎戴者？霞帔儿怎挂者？这三檐伞怎向顶门遮？唤侍妾，簇捧者！我从来打鱼船上扭的那身子儿别，替你稳坐七香车。"[⑦]【圣药王】连用三个疑问，又韵押三个"者"字，

① ［明］臧晋叔编：《元曲选·望江亭中秋切脍杂剧》，北京：中华书局，1958年版，第1664页。

② 同上书，第1664页。

③ 同上书，第1664页。

④ 同上书，第1664页。

⑤ 同上书，第1665页。

⑥ 同上书，第1665页。

⑦ 同上书，第1665页。

活泼娇俏，将一个少见识又爱虚荣的渔妇形象活画出来，看似寻常，其实妙绝！

杨衙内陷入了谭记儿的“千层锦套头”中，不能自拔。但谭记儿的使命却尚未完成，只能继续与奸贼周旋，等待时机。杨衙内提议要与“张二嫂”作对、赋词，谭记儿都积极配合。即便对方所讲的是狂言浪语，她兵来将挡，水来土掩。谭记儿的才华与机智，杨衙内的不学无术与贪酒好色，就在这样的一来一往的对照中被进一步凸显出来。而两人行酒令的过程，也为整部戏增加了新的趣味，原本的虎穴龙潭仿佛变成了喧嚣的花酒筵。关汉卿高超的冷热调剂才华，在这个部分也得以完全施展。谭记儿看似为奉承和作的【夜行船】词，所传达的其实是她对白士中的深情与对美好生活的向往：“花底双双莺燕语，也胜他凤只鸾孤。一霎恩情，片时云雨，关连着宿缘前注。天保今生为眷属，但则愿似水如鱼。冷落江湖，团圞人月，相连着夜行船去。”[①] 谭记儿固然才智勇气过人，但她之深入虎穴、色诱杨衙内，却是迫不得已而进行的反击。若可与白士中团圞厮守，纵然是冷落江湖她也愿意相随归去。藉由【夜行船】的表白，观众被从“张二嫂”的轻薄行径中唤醒，更为谭记儿内心的贞烈深深打动。而谭记儿对丈夫的这份真情，恰恰是在面对仇人杨衙内时吐露出来的，“于浩歌狂热之际中寒”，[②] 冷热相成，谭记儿这一人物的性格与形象也就此更加丰盈起来。

眼见得杨衙内酒醉，随从们也渐渐神志俱失，谭记儿一直等待的好时机终于到来了。谭记儿佯装无知懵懂，将势剑、金牌、文书一一赚到：“这个是势剑？衙内见爱媳妇，借与我拿去治三日鱼好那”[③]；“这个是金牌？衙内见爱我，与我打戒指儿罢”[④]；“这个便

① [明]臧晋叔编：《元曲选·望江亭中秋切脍杂剧》，北京：中华书局，1958年版，第1665—1666页。

② 鲁迅：《野草·墓碣文》，北京：人民文学出版社，2005年版，第207页。

③ 臧晋叔编：《元曲选·望江亭中秋切脍杂剧》，第1666页。

④ 同上书，第1666页。

是买卖的合同？（正旦做袖文书科，云）相公再饮一杯”。[①] 但直到确定杨衙内酒醉、随从睡着，谭记儿才放心离开。【秃厮儿】、【络丝娘】抒发了谭记儿袖起金牌、势剑离开望江亭后终于松了一口气的心境情绪。【收尾】则再一次将时空拓开，眺望美好的未来："从今不受人磨灭，稳情取好夫妻百年喜悦。俺这里美孜孜在芙蓉帐笑春风，只他那冷清清杨柳岸伴残月。”[②] 末两句化用唐代白居易《长恨歌》“芙蓉帐暖度春宵”[③] 和宋人柳永《雨霖铃》“今宵酒醒何处，杨柳岸、晓风残月”[④] 的名句，既提升了戏曲的意境，又将谭记儿从刚刚的渔妇“张二嫂”身份中剥离出来，并回扣了上一折里她离家时对白士中的承诺。在本折的最后，关汉卿又出人意料地打破了元杂剧的体制常规，让杨衙内等人接唱了【马鞍儿】一曲。由净脚所扮的丑角在台上插科打诨，再一次引发了台下的阵阵欢笑，也为下一折杨衙内等人的被惩处打下了基础。

三

《望江亭》是关汉卿世情剧的代表，它以卓越不凡的技巧与手法，展现了关汉卿这位杂剧大家的喜剧创作才华。剧中人物各具面目，鲜明生动。除了谭记儿之外，白姑姑、白士中、杨衙内的性格都呈现出复杂性与典型性。以第三折来讲，关汉卿虽集中展现了谭记儿的智勇，但对杨衙内也未作简单化处理。较之张千、李稍，杨衙内虽然好色贪杯，但并未失言泄密，最初对谭记儿也有所提防。正因为如此，谭记儿智斗杨衙内的场面才没有呈现出一边倒的碾压态势，而是步步惊心，紧张又精彩。《望江亭》活泼、新颖的语言

① 臧晋叔编：《元曲选·望江亭中秋切脍杂剧》，第1666页。

② 同上书，第1666页。

③ ［唐］白居易：《白居易集》，北京：中华书局，1979年版，第238页。

④ ［宋］柳永著，薛瑞生校注：《乐章集校注》，北京：中华书局，1994年版，第59页。

尤其令人印象深刻，也成为这部戏最受瞩目的特色之一。近代戏曲大家吴梅曾评价说：“此剧俊语颇多，与他作如出两手。如【村里迓鼓】云：‘俺如今罢扫了蛾眉，净洗了粉脸，卸下了云鬟，待甘心捱你这粗茶淡饭。’【柳叶儿】云：‘你若是提着这桩公案，则你那观名儿唤作清安。你道蜂媒蝶使从来惯，怕有人担疾患，到你行求丸散。你只与他一服灵丹，你专医那枕冷衾寒。’字字芳逸，非肠肥脑满辈所能办也。”[①] 主角谭记儿的语言在雅俗之间，但始终与人物身份和故事情节相契合；反面人物杨衙内等虽为权贵或豪门帮闲却言行粗鄙，讽刺性强……在《望江亭》里的主角和配角都是独特的，有“我”的，这种独特性的塑造与人物语言的“本色当行”密切相关。

虽然此剧的第四折或给人强弩之末之感，但自内容、结构、人物形象、语言和思想来看，《望江亭》仍不失为一篇佳制。在这部戏里，身处社会弱势的青年寡妇谭记儿，凭借个人的机智与勇气，战胜了豪强杨衙内，保全了自己和丈夫的性命与幸福。与《窦娥冤》的全幅悲剧不同，《望江亭》的结局是喜剧，谭记儿智斗杨衙内的过程也颇具喜剧效果。据说元代著名的女伶朱帘秀在当年演出此剧时，便曾大长小民（特别是女性）的志气、横扫权贵们的威风，大受市井观众好评。直到现在，《望江亭》仍然是京剧和一些地方戏舞台上常演不衰的剧目。关汉卿在一个男尊女卑的社会中，成功塑造了谭记儿这个集自尊、自信、自强于一身的巾帼英雄，展露了他不俗的襟抱与识见。而他进步的爱情观与婚姻观，也鼓励了无数女性勇敢地跨出了追求幸福的脚步。王国维曾在《宋元戏曲史》中评价关汉卿说：“（关汉卿）一空倚傍，自铸伟词，而其言曲尽人情，字字本色，故当为元人第一”。[②] 观堂先生此语，洵非虚誉。

① 王卫民：《吴梅戏曲论文集》，北京：中国戏剧出版社，1983年版，第319页。

② 王国维：《宋元戏曲史》，上海：上海古籍出版社，1998年版，第103页。

辞书的稳定性及实用性

基础教学部　王　立

就一般而论，辞书，不论其规模如何都应该尽可能使用的长久些，能经受较长时间的考验，不因客观环境的瞬息变化而成为时代的陈迹。这样的辞书才能使读者有所遵循，大胆使用。法国拉鲁斯（Larousse）《大百科全书》“前言”说：“读者请放心，向你推荐的论文不会很快过时。已作了准备，在百科全书发表后，还将定期出版一些适时的卷册，保证百科全书的掌有者：年代不会损害其收藏品的价值。”稳定性是辞书本身性质的要求，自然，它也是衡量辞书的又一标准。

同其他出版物比较，辞书具有较大的稳定性；在辞书内部，语文词典相比专科词典又具有较大的稳定性。吕叔湘先生说过：“我看一般的著作其中多数是昙花一现，不再版了，卖完拉倒，有的还卖不完。真正好的书呢，可能维持个50年，人家还要看看。超过50年的是少数，那是经典了，很有限的。”而“一部大词典绝不是50年可以取消的，可以站他个几百年，几千年。一部《说文解字》到现在还很有权威呢！”①这是就历史语文词典说的。当代辞书，特别是专科辞书，自当别论。但这并不否定辞书应该具有共同的稳定性。

辞书为人们提供规范知识，人们寄希望于这位“顾问”的，是先进、博识、严谨，出言稳健而不是相反。

辞书编纂出版周期比一般出版物长得多。《牛津英语词典》历时75年、四任主编；格里姆兄弟（Grimm's）的《德语词典》费时100年;《罗马尼亚语大词典》历经子孙三代主编70余年，至今尚未竣工;《荷兰语大词典》编了65年;《丹麦语大词典》历时49年。至于修订，也往往旷日持久。《韦氏第三新国际英语词典》从1946年组成班子，到1961年修订完成。《牛津英语词典》1933年以来迄今未能修订，只是在20世纪70年代到80年代出了四册补编。可见，从编纂到修订都不是轻而易举的。因而要求辞书具有较长寿命，是不难理解的。至于读者，更不会希望由于辞书时效短暂而带来工作不便和经济损失。

稳定性和科学性是可以一致的。强调稳定，并不意味着对反映新事物、新成果的否定；强调科学性，也并不排斥辞书的稳定性。稳定是发展中稳定，是在科学性和社会性基础上的稳定，而不是阻拦发展的保守。长期被人们尊奉为不可改易的科学定理、定律，在几十年、几百年之后被推翻、修正，辞书的有关内容也要随之改动。辞书的稳定性应该这样理解：写进辞书的词目或条头、释文资料和观点应该是经过社会认可的定型知识，或是根据科学预见具有生命力的新事物而不是处于摆动、变幻莫测或其命运难以预卜的现象。

首先，词目方面，主要指新词的收列。在罕用、偶见词同完全稳定词之间存在各种新词。有的如过眼烟云，有的享年不永而家喻户晓，有的常人不察却显示了强大的生命力。第八版《法兰西学院词典》“前言”说，“大量涌来的词语中有许多是昙花一现的。有一些随它们所代表的‘昙花一现的’事物的消失而消失；另有一些使人感到是应急用的语词被更加精确的词所取代；还有一些术语到头来也没有超出它所诞生的那个领域。除了内行以外，谁也不懂，谁也不用，所以没有任何机会普遍通用。所有这些正是科学院在编纂这一词典的新版时所试图鉴别的。这种精细的工作不可仓促从事，而是既要以双倍努力去适应现代的变动，又要深思熟虑，谨慎小心”。《韦氏新世界美国英语词典》大学版第二版“前言”说，“在极大多数情况下，新词往往要经过一个时期才能证明其活力，确立其进入词典的资格。可是有时候事态发生惊人的迅速变化，以致由此而造出的新词语从出现那天起就会在我们语言中牢牢地固定下来。在本书付印之前不久，我们经历了人类传奇的第一个里程碑，人类第一次蹒跚地登上了月球。这个事件就要求我们插入Mascon（按【月球表面下层高密度物质的】质量密集）这个词目”。

上面述说了如何根据稳定性原则处理新词问题的经验。Mascon反映了举世公认的科学成就，它进入特定辞书是理所应该的，即使还没有形成广泛的社会基础。有些词语风靡一时，但享年不永，一般辞书可以不予收录。但它们虽然从现实舞台消失了，却广泛见于历史文献。因此，应该进入什么样辞书是值得考虑的。

其次，释文资料方面。辞书资料应该是经过历史检验认可定型的。那些科学性尚未分明、矛盾处于发展中、或尚未完全肯定的资料，都不可以贸然作为依据写进释文。最近美国天文学界对冥王星（Pluto）的地位出现了争议。美国坎特伯雷史密森学院天文台负责人布顿恩·马斯顿（Boonton maston）和休斯敦的天文学家弗兰克·库珀（Frank Cooper），根据他们的测定，以为冥王星并不像原来设想的那么大，它的直径只有2500公里而不是原先推测的4000公里，质量也许只及地球的千分之一，似乎不能算是九大行星之一，地位应该降落。类似冥王星的，也许还有23个，也各有自己的卫星。1930年发现冥王星的克莱德·图勃夫（Clyde toubove）和华盛顿美国海军天文台的天文学家们，则坚持传统观点。在我国，有关“老子”的不少问题也处于聚讼未决的状态，他的姓名、籍贯、生平、著作都说法纷纭。一说老子就是老聃，姓李名耳，字伯阳，楚国苦县（今河南鹿邑历乡）曲仁里人，做过周期管理藏书的史官（守藏宝之史）。一说老子即太史儋，或称老莱子，楚国隐士。《老子》一书是否老子所作，也说法不一。对于这部书，有人以为是唯物主义的，他的“正复为奇，善复为妖”，“祸兮福之所倚，福兮祸之所伏”等包含着朴素的辩证法因素，有人认为他主张“无为而治”、“绝圣弃智”，幻想人类社会回复到“小国寡民”的原始状态，是唯心主义的。人言言殊。[①] 对于有争议的事物，虽未完全肯定，但不同说法言之成理，各有坚强的科学依据，辞书可以介绍不同说法。如果偏执一词，遽下结论，或断章取义随意注释，就会成为辞书不稳定的因素。

第三，观点方面。辞书同其他出版物显著区别之一是强调客观性、提供事实，让读者从中形成自己的看法。不仅编者个人的议论、褒贬和推测应该避免，就是必要的评价和推测也应避免，必要的评价和议论也应是出自公论，并在写作时力求适度，留有余地或尽量概括，避免绝对化，把话说死。当然，编者个人的见解并非绝对不能写进辞书，但应该有充分的学理和事实依据，而不能降格从事。

语言是稳固的，又是渐变的。对于变化，需要一个观察的过程。辞书不能太着眼于当前而亦步亦趋。例如先生、小姐、太太、阁下、法官在20世纪六七十年代辞书里往往标注贬称和旧称。随着开放和改革，这些标注已经不能反映语言的实际。对于我们来说，斯莱德（Sledd）的一句话值得注意：“词典编纂者不能因为‘词汇’这棵大树的树叶一有风吹草动就跟着改编。”[②]

读者选购辞书，总是先要看看所要查的词语是否收录，再看那样的解释是否解决问题，还要看看查检方便不方便。这是读者评价一部辞书初步的、直觉的印象，不能说是不合理的。“我们不要忘记词典编纂者做的虽然是科学工作，但使用词典的人所追求的却总是较实用的目的，至少从他们自己的观点来考虑是这样”。[③] 实用性，简单地说就是词典要能满足需要，方便合用。它是辞书质量和

① 王力：《龙虫并雕斋文集》，北京：中华书局，1980年版，第331页。

② 《词典学概论》，北京：商务印书馆，1983年版，第18页。

③ 同上书，第15页。

特点的综合表观。辞书价值的标志，也是读者评价辞书的第一个标准。辞书是最广大读者案头上供随时查询的良师益友，不是经院哲学，更不是玻璃橱窗里装潢豪华的“观赏艺术”。

20世纪六七十年代以来，各国辞书在编辑体制、知识收录、释文撰写、检索设计等方面不断有所改进，力求方便适用。可以这么说，实用性是现代辞书编纂中具有主导意义的原则和趋向。例如百科全书在卷数上趋向于从原来的好几十卷甚至成百卷减缩为现代的二三十卷的标准部头；那些使人头昏眼花不得要领的长篇大论，往往被显豁醒目、层次分明、简明扼要的释文所取代；不少辞书一改学者专家的“架子”而成为一般读者所乐于接近的“亲切面孔”；原来是单一检字法，现代则有了可以使全书信息渠道贯通、能充分发挥信息库作用的多种检索手段。中小型辞书也极力为读者着想，提高实用性。缺少针对性，检索繁难的辞书，同现代社会信息化、高效率的特点是不相适应的，也不会有好销路。

这里，提几点来说：

首先，从词目到释文都要切合同一档次读者的口径，有较大的释疑能力，能最大限度地满足读者对知识的需求。就一般语文词典来说，由于现代社会的科学化、科学的社会化的趋势不断加速，反映文化和科学最新发展的词语、通用的专门用语，似应予以充分注意。目前国外语文词典的普遍趋势是百科词语的比例增大。除常见的自然科学、社会科学用语外，重要人名、地名，重要事件名等也往往予以收录。《钱百斯20世纪词典》（Chambers，Twentieth Century Dictionary With Supplement）从1901年问世以来，历经十余次修订。每一次修订都以收录新词语和新用法为特色。1980年版收词18万，修订的指导思想是紧跟时代步伐，反映英语的新变化。除大量科技文化新词语外，对莎士比亚（Shakespeare）和密尔顿（Milton）等文学巨匠以及最新英、美文学用词也予以收录。这对阅读当代英语报刊和现代文学作品都有很高的实用价值。家喻户晓的法国《拉鲁斯小词典》（Petit Larousse illustré）1981年版，收词7.5

万，以中等文化读者为对象，合语文与史、地、人物于一册。全书分三个部分，语词部分，占一半篇幅、收词4.45万；法语中常见外来语成语、法语谚语约20页；此外，史、地、人物专名词并附肖像、照片、地图以及美术作品和彩色插页。本书兼收科技用语，也不避俗言俚语。是一部以语词为主兼收大量百科词语的语文词典。普通语词与科技，专名之比约各一半；其他词典，一般掌握在3∶1或4∶1之间。

建立标注体系，充分提供词的用法知识也是国外现代词典实用性的显著特色之一。例如《朗曼当代英语词典》(Longman Dictionary of Contemporary English，1978)，对语词的用法特点作了广泛标注，包括使用频率、交际场合、说话态度、语体区别。在“用法说明”栏中，提示词的规范用法，列举同义词，反义词加以辨析，并指明美国英语和英国英语的不同用法。对词的语法特征也给以标注，如注明比较级、单复词、语态等。此外，将动词、形容词、名词、副词在语段结构中的搭配，归纳为种种句型，在释文中用代码标注。《布洛克豪斯-瓦利希德语词典》(Brockhaus-Wahrig Deutsches W ŏ rterbuch)十分重视语体、专业特点以及地区和年代方面的辨别。该书把语体和色彩分为口语、公文、典雅、文学、风趣、委婉、粗鲁等12种，一一加注；行业属性列出六种类别。如学生、军人、海员等；专业使用范围则列出化学、生物、宗教等200种。此外，对使用情况，如废弃词、现代罕用等也都逐条加注。这些，对编纂汉语词典也都不无借鉴之处。

其次，释文要易于为同一类读者所理解，资料和解释要大致符合读者水平。例如古籍资料，现代有些词典给难字作括注，或加以译述，例如：

【买椟还珠】mǎi dú huán zhū 楚国人到郑国去卖珍珠，把珍珠装在匣子里，匣子装饰的很华贵。郑国人就买下匣子，把珠退还了(见于《韩非子·外储说左上》)。比喻没有眼光，取舍不当。

对于一般读者，古籍资料如何便于理解，以往注意不多。就以现代语词典来说，如果用例艰深而不为读者看懂，词典的效用如何发挥？现在国外大型辞书常以明白易懂引为特色。法国拉鲁斯《大百科全书》说，“这部通俗的著作是我们时代文明的见证”。《朗曼当代英语词典》把释文用词控制在两千个常用字之内，用例也简明切实，并出自编者自制。这个尝试受到广泛重视和好评。可以说，明白易懂是现代辞书发展的趋势，它完全符合知识爆炸和信息化时代的要求。有人以为辞书与其失之浅陋，不如失之偏专。浅陋和偏专都不合实用性要求。

再次，辞书检索要简明便捷。检字法应该无师自通，一索便得。一个词要翻来覆去地查，几番周折，这在今天决不能看作小问题。我们要推广汉语拼音检字。目前据形设计的各种检字法，如部首、笔画、笔形、四角号码等，未加统一，给读者带来了不便。不论采用哪一种基本检字，最好附列必要的索引，这对信息量大的大型辞书尤为重要。让读者毫无困难地、快速地检索知识，这是辞书应该达到的质量指标。许多旧辞书由于缺少现代检索手段而未能充分发挥作用，令人惋惜。今后重印应考虑附有现代索引。

最后，辞书设计尽可能简明，紧缩篇幅，便于使用并减轻读者负担。例如，不必要的释文项目（如上文提到的歇后语、成语词典的逐词注音），可以删去；不便记忆的繁复的释文符号，也往往使读者望而生畏；除了教学词典或特殊需要，用例引证似不宜过多，多则荒芜。此外，如千篇一律的附录，也值得研究。至于释文冗语赘词，徒使篇幅膨胀。列宁十分赞赏法国《小拉鲁词典》，原因之一是它的简明扼要。词典条目动辄盈万，如果每一条释文都留一点“水分”，积聚起来就是一笔可观的浪费。

经典作家与作家之师

——玛丽莲·罗宾逊的双重身份与美国文学经典传承

英语系　于　倩

玛丽莲·罗宾逊（Marilynne Robinson）是美国当代著名作家，迄今已出版四部小说和五部杂文集，先后获得过普利策奖、国家书评人奖、笔会/海明威奖、柑橘小说奖等各种奖项。2015年9月，时任美国总统奥巴马在爱荷华州首府得梅因对罗宾逊进行了访谈并被广泛报道，开创了美国历史上在任总统首次采访作家的先河。2016年，罗宾逊获得美国国会图书馆颁发的美国小说家奖章，并被《时代周刊》评为一百位全世界最具有影响力的人物之一。罗宾逊杰出的艺术成就使她成为公认的为数不多的在世经典作家。在经典作家身份之外，罗宾逊还长期执教于爱荷华大学作家工作坊（The Iowa Writers' Workshop，以下简称"工作坊"），教授创意写作课程，培养了一大批来自美国和世界各地的青年作家。2016年春，73岁的罗宾逊正式退休并被聘为终身荣誉教授。

爱荷华大学作家工作坊创立于1936年，是美国创意写作的发源地，也是全美历史最悠久的写作硕士项目所在地。"工作坊"至今已培养出了17位普利策文学奖得主、四位"桂冠诗人"、多位国家图书奖和其他文学奖项的获得者。罗宾逊自1991年起受邀任教于"工作坊"至2016年退休，是"工作坊"第一位全职女性教授，也是迄今受聘任教时间最长、最著名的作家。在长达25年的从教生涯中，她长期讲授文学理论和小说创作课程，培养出了普利策奖获得者保罗·哈丁（Paul Harding）、现任工作坊主任美籍华裔女作家张岚（Lan Samantha Chang）、著名作家阿亚纳·梅西斯（Ayana Mathis）等一大批著名毕业生，他们的写作都曾得到罗宾逊的指导。哈丁在多种场合都表示了对罗宾逊的敬仰和感谢："我们有幸成为她的学生，她富有洞察力，是我们学习的榜样。"① 在为罗宾逊举办的退休仪式上，张岚高度赞扬她为作家工作坊作出的杰出贡献："玛丽莲任职期间对参加作家工作坊学习的小说家和诗人产生了深远的影响，在更广泛的意义上，她选择在爱荷华从教，通过她的课堂鼓舞并影响了无数作家，甚至可以说她影响了美国文学近30年的发展。"②

罗宾逊是美国当代文化界新人文主义转向的代表，是当代主流文学文化的代表性人物。罗宾逊主张"文明的回归"，认为当代美国作家创作应当重归美国文学拷问灵魂、寻求个体生命意义、通过文学想象和艺术表现塑造美国精神的经典主题和审美内涵。作为经典作家，罗宾逊的小说创作体现了美国文学的经典主题和审美趣味。她倡导恢复人的神性、注重个体情感体验、关注种族融合和性别冲突等当代社会主题，呼吁美国民众重拾传统文化价值观。罗宾逊小说的艺术成就也受到了评论界的一致认可。她坚守文学审美价值本质属性，善于运用诗意的语言描摹神秘莫测的精神世界、孤独的个体和共鸣的灵魂、神秘瑰丽的自然世界。作为作家之师，罗宾逊在"工作坊"讲授《圣经》解读、加尔文主义思想和美国19世纪浪漫主义文学等课程，对学生创作习作认真反馈并提出修订建

① "Conversation: Pulitzer Prize Winner in Fiction, Paul Harding", interview by Molly Finnegan, in *PBS Newshour*, April 16, 2010, http://www.pbs.org/newshour/art/conversation-pulitzer-prize-winner-in-fiction-paul-harding/, 2017-03-27.

② "Marilynne Robinson to Retire from Iowa Writers' Workshop", April 27, 2016, https://writersworkshop.uiowa.edu/resources/news/marilynne-robinson-retire-iowa-writers-workshop,2017-03-27.

议。在“工作坊”与学生的交流中，罗宾逊坦承自己不太关注当代作家作品，呼吁这些未来的作家从经典文学文化作品中汲取文学创作的思想和灵感。“罗宾逊的最大贡献就是她对这个国家的文学传统、知识结构和宗教经典有着深刻的理解，并能以一种美国式的通俗易懂、慷慨激昂的语调来传达她的信念”。[①]罗宾逊继承和发展了美国文学经典中的盎格鲁——新教传统和19世纪浪漫主义文学艺术传统，并将自己的双重身份互通融合，通过自己的文学创作和在“工作坊”的教学引导读者和一大批美国新一代作家关注美国当代文化的价值取向和美国当代小说在民族文化建构过程中的重要意义，对美国文学的未来走向起到了一定的引领作用。

一、盎格鲁—新教文化与民族认同

美国著名国际政治理论家、思想家塞缪尔·亨廷顿（Samuel Huntington）指出，美国之所以区别于其他国家，主要在于植根于盎格鲁—新教文化之上的“美国信念”。这一“信念”是美国早期定居者特有的盎格鲁—新教文化的产物。盎格鲁—新教文化塑造了美国文化传统价值观，维护着美利坚民族文化认同，在定义美国国民性方面一直发挥且仍在发挥着关键的作用。美国历代作家正是通过自己的文学书写参与塑造这一美国民族特性。“美国文学传统的基石——纳撒尼尔·霍桑（Nathaniel Hawthorne）的《红字》、麦尔维尔（Melvile）的《白鲸》、哈莱特·比彻·斯托（Harriet Beecher Stowe）的《汤姆叔叔的小屋》、沃尔特·惠特曼（Walt Whitman）的《“自我之歌”》、艾米莉·狄金森（Emily Dickinson）的诗——尽管在形式和内容上相差甚大，但都具有一个基本的新教——自

① Marilynne Robinson, *The Death of Adam: Essays on Modern Thought,* New York: Picador, 1998, Backcover.

由主义的观点。”[1] 20世纪60年代以来，美国多元文化运动蓬勃发展，道德相对主义、价值多元化倾向极大冲击了传统主流文化的中心地位，但不容否认的是，盎格鲁—新教文化传统仍然是美国民族文化的根基与精髓，传达着美利坚民族的精神信仰、道德规范、价值观念和思维方式。作为新教自由派思想者，罗宾逊的文学创作聚焦于捍卫盎格鲁—新教主流文化价值，她认为坚持以新教信仰为基础、重塑美利坚精神是对抗当前美国道德滑坡、价值观混乱的唯一手段。罗宾逊的作品得到广泛认可也是当前美国文化思潮回归的必然结果，是当代文学审美与政治结合的典范。

罗宾逊1943年出生于美国西部小镇的新教长老会家庭，她的作品体现了强烈的宗教使命感和社会责任感。罗宾逊认为，坚守盎格鲁—新教文化传统才能祛除美国当代消费社会和通俗文化中普遍存在的恐惧心理和传统价值观式微的文化危机，才能重塑美国国家和民族认同。罗宾逊致力于描写美国中西部农村生活，认为美国中西部才是美国主流文化的根基，美国历史上诸如种族平等、自由独立、爱国精神等主流文化民族认同特质随着西进运动在这里得到了较好的留存和发展。同时，罗宾逊强调从神学层面追本溯源，重拾美国经典文学传统。罗宾逊的普利策奖作品《基列家书》采取书信体叙事方式，以73岁的老牧师约翰·埃姆斯在人生弥留之际写给七岁小儿子的家书的形式讲述了这个牧师家庭四代人的家族故事。罗宾逊通过聚焦暮年的埃姆斯视角，使叙事者在回首往事时可以进行评述型叙事，通过书信体特有的“事后聚焦”的叙事方式讲述了这个牧师家族百年来关于新教信仰、非裔种族问题、家庭生活的变迁故事，记录了美国中西部百年历史文化变迁，表达了作家对美国未来走向的自信和乐观态度。美国前任总统奥巴马对《基列家书》

① 萨克万·伯克维奇:《惯于赞同：美国象征建构的转化》，钱满素等译编，上海：译文出版社，2006年版，第5页。

推崇备至："这部作品改变了我，使我成为一个更好的人。"[①] 罗宾逊的杂文集《亚当之死》《缺席的思想：消解当代自我神话的内向维度》《事物的被给予性》也从历史、科学、哲学、美学角度出发探讨了加尔文教义对当代美国生活影响、现代科学与宗教信仰的关系、新教伦理价值观的现实意义等当代盎格鲁—新教信仰核心话题。罗宾逊认为："当代美国充满了恐惧，这并不是基督教的思维方式。"[②] 她的文学创作和理论著述是美国当代文学多元语境下的新人文主义转向的重要代表，不论是在小说创作还是非虚构写作上，罗宾逊都以强烈的救赎感呼唤美国国民恢复和坚守盎格鲁—新教文化传统，通过文学艺术创作为当下的日益粗浅喧嚣的社会提供了一剂解毒剂。

罗宾逊的"基列三部曲"[③] 聚焦20世纪中期美国中西部小镇生活，作品蕴含着浓厚的救赎主义情怀和深刻的历史反思。罗宾逊的盎格鲁—新教思想也与她长期在爱荷华任教的经历有关。当接受"工作坊"邀请时，罗宾逊克服了"和他人一样对中西部地区的偏见"，因为她认为"这是个有趣的工作"。[④] 尽管教书工作会占用她的创作时间，她仍然认为这项工作为她提供了难以置信的刺激和动力。爱荷华州不为人所知的历史背景也成为她的创作源泉。罗宾逊认为在一个地方生活就必须了解这里的历史。当她来到爱荷华州，"人们会说（这里）没有历史。但是你知道，人们聚集在一起不可能不创造历史，所以我开始阅读我可以找到的一切。这些由废奴主义者创立的小学院往往不知道他们的起源——他们在内战前就兼收

---

① "Iowa's Marilynne Robinson is a National Humanities MedalWinner", O. Kay Henderson, in *Radio Iowa*,July 11, 2013, http://www.radioiowa.com/2013/07/11/iowas-marilynne-robinson-is-a-national-humanities-medal-winner/, 2016-01-27.

② Marilynne Robinson，*The Givenness of Things,*Farrar, Straus and Giroux, 2015, p.125.

③ "基列三部曲" 指罗宾逊聚焦于基列镇上两个牧师家庭生活的三部小说《基列家书》(*Gilead*, 2004)、《家园》(*Home*, 2008) 和《莱拉》(*Lila*, 2014)。三部小说人物情节互涉而关注主题、写作手法又大不相同，从不同侧面传达了罗宾逊对于美国历史、宗教、种族、性别等问题的深刻理解。

④ SarahFay, "Marilynne Robinson: The Art of Fiction no. 198." in*Paris Review*, 2008, p.39.

黑人与白人子弟”。[1]为了写作《基列家书》，她详细研读了当地历史文献，对埃姆斯生活的时代和地点做了详细调研，还请学生帮助查阅了19世纪当地棒球运动的展开情况。在《基列家书》中，罗宾逊通过老埃姆斯之口表达了对文化传承的渴望：“我们这儿也出过英雄，圣人和殉教者。我想让你知道这一点。因为这是真实情况，即使已经没有人再记得那些往事。”[2]

朗吉努斯（Longinus）指出：“崇高的风格是一颗伟大心灵的回声。”[3]罗宾逊在“工作坊”也教导学生应该具备宽广的视野、神圣的理想与崇高感，而不只局限于当代文学惯常刻画的平庸、世俗、怪诞与异化。罗宾逊强调重回西方文明源流，她在作家工作坊长期开设“《圣经》选读”课程，带领学生系统学习新教教义和加尔文主义思想，体验《圣经》文字的简洁优美和内容的深刻丰富。保罗·哈丁求学期间在罗宾逊的影响下开始重新审视美国历史，他的普利策奖小说《修补匠》带有浓厚的罗宾逊式探寻式写作风格（interrogative writing）。小说通过记录新英格兰一个家族三代人的故事，探讨普通人平静生活下的暗流涌动。更有读者反映：“我兴冲冲看完《修补匠》，却发现它更像《基列家书》。”[4]阿亚纳·梅西斯也在多种场合表达了她对罗宾逊的感激：在“工作坊”师从罗宾逊之后，她开始读奥古斯汀（Augustinus）的《上帝之城》和其他经典名作。梅西斯的代表作《哈蒂的十二个部族》也从历史角度出发，描写了20世纪20年代种族大迁徙过程中一位从南方逃到费城的黑人女性的生命史诗。在罗宾逊的言传身教之下，她的学生们也以文学书写作为手段，对历史、文化、传统进行审美重构，将过

① “A Life in Writing: Marilynne Robinson”, Interview by Emma Brockes, in*The Guardian*, May 29,2009, https://www.theguardian.com/culture/2009/may/30/marilynne-robinson, 2017-03-27.

② 玛丽莲·罗宾逊：《基列家书》，李尧译，北京：人民文学出版社，2007年版，第192页。

③ 朗吉努斯：《论崇高》，载缪灵珠译：《缪灵珠美学译文集》第一卷，北京：中国人民大学出版社，1987年版，第87页。

④ 苏伟贞：《(不)在爱荷华足音与轨道之间与之后》，《书城》，2011年第12期，第84页。

去与现实相联系，勾勒个体生命在大时代背景下的遭遇与抗争，完成了文学与历史指涉的任务，以自己的文学创作参与到美国民族身份的书写当中。

二、浪漫主义的回归

罗宾逊在各种访谈中对19世纪美国浪漫主义经典文学推崇备至，并将自己的写作视为对拉尔夫·沃尔多·爱默生（Ralph Waldo Emerson）、亨利·戴维·梭罗（Henry David Thoreau）、麦尔维尔、埃德加·爱伦·坡（Edgar Allan Poe）、艾米莉·狄金森这些“美国文学的前辈叔父、姨妈”的精神对话：“很可惜当代文学与浪漫主义的对话产生了断裂，当代文学关注的主题无法与浪漫主义思想媲美，然而经典文学关注的主题并没有得到充分阐释就被弃之不顾。”[①] 罗宾逊批评当代文学创作的祛神化使大部分作家的关注点只局限于现世生活的世俗纠结当中，倡导恢复浪漫主义文学传统对人与自然、理性和秩序、人性与神性、艺术与真理之间矛盾统一关系的探讨。在她的文学创作和“工作坊”教学中，罗宾逊坚持倡导弥合由当代科学理性主义所剥离开的主体与客体的统一，恢复自然的生机与人的神性。罗宾逊的小说主题都体现了超越物质世界、追求灵魂归属的超验主义思想，浪漫主义文学惯用的象征、比喻、预表等修辞手法也是她鲜明的创作风格。在她的“工作坊”课堂上，她带领学生研读爱默生、梭罗的超验主义思想，体会狄金森、惠特曼诗歌中的浪漫主义写作手法，引导这些未来的作家们关注美国文学文化的经典本源。

罗宾逊的代表作《管家》带有浓郁的美国浪漫主义文学色彩。

---

① Thomas Gardner, *A Door Ajar: Contemporary Writers and Emily Dickinson*, Oxford: Oxford University Press, 2006, p.9.

小说中自然景物和人物情感交融，过去与现实交替出现，营造出幻觉与现实交错、自然和艺术交融的的浪漫主义气氛。《管家》体现了罗宾逊对人与自然、理性和秩序、人性与神性等浪漫主义主题的探讨。罗宾逊认为应该唤起民众对本国高雅文化的自豪感："我对高雅文化的兴趣出发点就是认为它是被忽视了，美国也有自己的高雅文化——我写作《管家》的目的就是要重拾与美国文化传统的对话。"①

通过写作《管家》，罗宾逊以自己的方式和19世纪的先贤们进行了思想的交流。从创作思想上看，《管家》与狄金森诗歌中的超验主义一脉相承，认为灵魂可超越肉身,与"超灵"融为一体。罗宾逊继承了狄金森对生死主题的关注，探讨了死亡、复活、灵魂、永生等主题，通过丰富的想象和深刻的思想刻画出不同凡响的生死意象，展现了人物神秘而又丰富的内心世界。在《管家》中，主人公茹丝经历了外祖母、母亲的离世，又在头脑中想象她们如何复活。在罗宾逊看来,人类通过死亡与复活通向永恒与不朽，这与狄金森在《因为我无法停下来等待死亡》、《我感到葬礼在我脑中》中参悟和体验人的直觉意识融入宇宙超灵的心理意识经历有着异曲同工之妙：人物通过直觉意识穿越一切,与宇宙超灵融为一体。小说中茹丝在学校诵读狄金森的《我听见苍蝇嗡嗡叫/当我死时》的场景一方面点明了主题，另一方面更是罗宾逊对狄金森的直接致敬。从写作技法上看,《管家》也带有浓厚的浪漫主义文学风格。小说中虚构的中西部小镇指骨镇经常遭受洪水的侵袭，当大水退后，坟墓下沉，"看起来似有几分像凹陷的肋部或空洞的肚皮"。② 罗宾逊通过诗意的韵文和别出心裁的比喻对自然意象进行了细致入微的描摹，获得了评论界的一致好评。指骨镇冰冻的湖面、阴晴不定的天

① Tace Hedrick, "'The Perimeters of our Wandering are Nowhere': Breaching the Domestic in *Housekeeping*" in *Critique: Studies in Contemporary Fiction*,Vol.40,No.2 ,1999, pp.137-151.

② 玛丽莲·罗宾逊:《管家》，林泽良译，台北：麦田出版社，2011年版，第99页。

空、漆黑的果园都是茹丝冥想的对象，体现了作家对浪漫主义文学传统（特别是其中的自然文学传统）的继承和发展。小说文字富于诗意质感，思想孕于自然具象，体现了人类精神世界中人与自然、荒野与文明的和谐统一。

罗宾逊对浪漫主义文学的推崇也直接影响到了她的“工作坊”的学生们。罗宾逊教导学生要全心投入创作，相信人类心智的无限可能，尽力生活在充满想象的内心世界，沉浸在对于人与自然、存在与死亡等哲学命题的思索和冥想中，与自己的作品进行对话，发现自己可能会忽略的某个意象或时刻。她以自身创作为例，解释了基列三部曲的创作历程：“当我写完《基列》之后感觉那些人物仍然在脑海中盘旋无法挥去，因此我又写了《家园》。”① 尽管学生对她列举的浩瀚书目感到艰难恐慌，大部分人还是认为从中取得了前所未有的收获。哈丁在师从罗宾逊之后，大量阅读了19世纪文学、神学著述，他的普利策奖获奖作品《修补匠》也带有浓郁的浪漫主义风格。《修补匠》通过诗意的语言探讨自然、时间、记忆和灵魂。小说主人公修补匠乔治在临终前任凭思绪游弋，回顾自己的一生并走进了几十年前突然出走的父亲的生命，这与《管家》中茹丝对跳湖自杀的母亲的想象同出一辙，都带有鲜明的超验主义特征。哈丁更将自己定义为“现代新英格兰超经验主义者”。② 南非当代女作家梅格格迪·麦克哈尼（Magogodi Makhene）也是罗宾逊的学生，她认为从罗宾逊的作品和课堂上收获最多的是认识到尊重人性的荣誉，“作家就是要成为人性的见证者，并致力于发掘其中的奥秘”。③

---

① “Marilynne Robinson's *Home*”, interview by Ramona Koval, in *The Book Show*, October 31, 2008, http://www.abc.net.au/radionational/programs/bookshow/marilynne-robinsons-home/3173416, 2017-04-12.

② “Paul Harding's Magical ‘Tinkers’”, interview by Christopher Lydon, in Radio Open Source, May 7, 2009, http://radioopensource.org/paul-hardings-magical-tinkers/,2017-02-12.

③ “Marilynne Robinson, according to her students and friends”, by Cristóbal McKinney , in *Iowa Now*, September 23, 2016, https://now.uiowa.edu/2016/09/marilynne-robinson-according-her-students-and-friends,2017-05-06.

结　论

在爱荷华大学作家工作坊任教的二十多年时间当中，罗宾逊一直在经典作家和作家之师的双重身份中穿行。一方面，爱荷华悠久的民权运动历史和典型的中西部农村生活方式为她的文学创作提供了不竭的灵感源泉，塑造了罗宾逊作品中的盎格鲁—新教美国精神，激发了她的浪漫主义文学想象；另一方面，作为创意写作教授，罗宾逊又将授课和与学生的交流视为提升自身文学敏感性的重要手段。她将自己的创作思想理念传递给了一大批未来的作家们，更有一些毕业生追随罗宾逊的脚步重返"工作坊"任教以培养更多的未来作家。罗宾逊的创作主张也由此得到继承和发展，她和她的学生们也成为了当代美国文学新人文主义转向的一支重要力量。当被问起教学工作是否会影响她的写作时，罗宾逊回答说："我们很幸运能招收到一大批有趣的学生，人们经常问我如果不教书是不是会有更多作品，然而谁知道呢，在这里任教的这些年使我感到刺激和挑战，我喜欢这种感受。"①

① "Marilynne Robinson, according to her students and friends", by Cristóbal McKinney , in *Iowa Now*, September 23, 2016, https://now.uiowa.edu/2016/09/marilynne-robinson-according-her-students-and-friends,2017-05-06.

布朗肖论文学

基础部　朱玲玲

一、文学如何可能？

文学可以说是布朗肖（Maurice Blancot）思想不枯竭泉眼，也是他各路错杂密布的思想潜流汇集之处，最后，更是有关死亡、他者、犹太主义、共通体等一切思想涌流一齐奔向的大海。文学对布朗肖而言的重要性，在他的墓志铭上就可见一斑，“布朗肖，生于1905年，他的一生都献给了文学以及属于文学的沉默。”与其说是布朗肖的墓碑，不如说是文学的路碑。布朗肖以其一生的思考，使文学的路径在思想领域实现了逆转。文学与哲学之间延续千年的古老战争，在布朗肖立下的文学路碑的指引下，由德里达（Jacques Derrida）、福柯（Michel Foucault）、德勒兹（Gilles Deleuze）等遍传烽火，使文学针对西方形而上学的战事在20世纪势如破竹。布朗肖从文学思考中生发出来的“中”辗转到德里达那里，就成了“延异”；布朗肖以文学之名发起对一切形式的“权力”的质询和讨伐，也被福柯很好地接替过来；布朗肖在文学作品中发现的“去作品化”（worklessness）以及作品向作品之起源的“永恒回归”，成为德勒兹“差异与重复”的灵感之源。总之，布朗肖对文学的思考，最终成为了撬动形而上学地球的那一根杠杆。

但是以文学的名义反对形而上学，这并不是布朗肖思想的最终指向，也不是一种可以归于后现代的激进姿态。可以肯定的是，对布朗肖而言，形而上学并不是一个虚幻的敌对者，以文学的名义所面对的，并不是一个无物之阵。但是，重要的并不是文学对形而上学的战胜和瓦解，而是对形而上学的理解和越过。这就涉及“人”的问题，涉及在将人从一个更深广的的境遇中敉平到一个只有人的平面上，然后再将这种已经窄化的“人”继续压缩成“主体”，压缩成“我”。布朗肖在“文学”的背后，所考虑的，所要解决的问题，其实是如何从这种其实只是一种假设，一种虚构，甚至一种“经典的缩写”[①]的“我”（其实也就是作为小我的“主体”）逆向而行，重新返回到更加丰富和全面的“人”的经验，返回到更加深阔，与“外边”融通无碍的状态。因此，被形而上学压缩和简化的“人”的经验，文学再将其丰富；被形而上学斩断的与“外边”的关联，文学重新将它接通。在这个意义上说布朗肖借用了文学反形而上学之力，应该是不至于是误解。但是，因为布朗肖语言中的密集的悖论，无处不在的断裂和跳跃，以及有时候难免激进的论调，很容易让人误解他就是通常意义上（往往是被误读的）碎片化、无序化以及平面化的后现代主义阵营中的一员。无论如何，还是从文学说起。

前面说到过，在布朗肖的论域中，以传统认识论的方式追问“文学是什么”而获得的一切答案，都只是对文学的贬低和背叛，因为“是什么”已经预设了提问对象的本质和在场性，而文学恰恰是对这种形而上学式的本质与在场的质疑和颠覆。在布朗肖看来，文学的本质就在于它没有本质，“文学的本质就在于它逃离一切本质性的特征，逃离一切能将它固定甚至实现的断言：它从来不是

① Maurice Blanchot：*The Step not Beyond* .trans. Lycette Nelson, New York,: State University of New York Press,1992, p.6.

已经在这里的”。[①] 也就是说，文学根本上是非本质的，是反本质的，文学也从来都不具备那种充分自足的在场性。所以，沿着认识论的路径寻索文学，已经是与文学相背而行，注定只能离文学越来越远。布朗肖发现了这种追问方式在面临文学这个无物之阵时的尴尬处境，“谁肯定文学，也就是什么都没有肯定；谁寻求文学，所找到的，就是那已经逃离的；谁发现文学，发现的仅仅只是文学所不是，或甚至更糟，是超越文学的。这也就是为什么，到最末，每本书当成本质去爱，去渴望，并充满激情去探索的，其实是非文学。”[②]

因此，布朗肖跨过“文学是什么”这个伪问题，而直接问“文学如何可能？”在《文学与死亡的权力》开篇，布朗肖指出：“文学只有在文学成为问题的那一刻才开始。”[③] 也就是说，文学的可能性建立在文学“成问题”的基础之上，然而这里的“成问题”，并不意味着文学面临着外界的责难和攻击而失去了其立足点与合法性。相反，这是文学的自我问题化，它来源于文学中一种根本的、不息的差异之力，文学打破了知识论上的同，而激发出美学的异，也就是文学以自我怀疑与自我否定为代价，或者如布朗肖所说的，文学以“自我毁灭”（self-destruction）与自我牺牲为筹码，来为文学自身的可能性下注。所以，文学的可能性事实上是以其不可能性为赌注而展开的一种高风险投资，只有在这种风险之中，文学才能成就自身，“文学牺牲自己，而这种牺牲却不会让文学消失，相反却成为新的力量来丰富它……当毁灭并不是摧毁，而是建造时，又怎能毁灭呢”？[④]——文学的本质在于其反本质，文学的在场在于

① Maurice Blanchot:*The Blanchot Reader*, ed. Michael Holland, Oxford UK& Cambridge USA, Blackwell Publishers Ltd, 1995, p.141.

② Maurice Blanchot:*The Blanchot Reader*, p.142.

③ Maurice Blanchot: *The Work of Fire*, trans. Charlotte Mandell, Stanford: Stanford University Press,1995, p.300.

④ Ibid., p.26.

其幽灵般的逃逸和不在场，文学的可能性源于不可能性，文学的存在建立在自我毁灭的基础之上，这一系列悖论并不指向逻辑悖反的死胡同，也并不形成黑格尔式的矛盾的辩证调和与解决，相反，由悖论而生的紧张与不息之力正是文学发生的必然境遇。那么，这种相悖的冲突与咬合之力是如何发生的呢，这要从文学的“开端”（beginning）与“起源”（origin）谈起。

二、作品的开端和起源

作品的“开端”与一般的“大写的书”有关，也就是与作品的可能性、意义，或者世界性有关。在《文学与死亡的权力》中，布朗肖将作品的开端称为文学的第一个斜面，开端建立在概念语言的否定性劳作之基础上，将物的不在场转化成精神的生命，也就是观念的在场，继而形成透明的意义整体。布朗肖意识到，大多数文学都是在亚里士多德的名义下进行的，也就是诗要经过哲学的裁决而获得其合法性。（亚里士多德的诗学试图在诗与哲学之争中进行斡旋，但结果却是简单地将诗置入哲学系统的坐标内部来衡量，也就是以哲学的方式确定诗的规则、逻辑以及范畴体系。）这种文学也就是“一种否定的运动，通过它，物与自身分离，并且被摧毁，只是为了让自己被认知，被征服，被交流”。[①] 这是寄居于工具论之中的文学，它是理性的一个种属，理性将语言的概念化力量纳入自己的统治之下。在这个斜面上，文学就是“有意义的散文，它的目的就是以一种指称事物的语言来表达物。这也是日常言说的方式，很多人就是以说话的方式来写作”。[②] 这是哲学能够接受的文

① Maurice Blanchot: *The Work of Fire*, trans. Charlotte Mandell, Stanford: Stanford University Press,1995, p.330.

② Ibid., p.324.

学，在这种文学中，思想优先于语言，而语言又优先于文字，它的最大企图就是文字能够在传达思想时完美地消失，而不至于成为障碍，这种文学服务于德里达后来所批判的逻各斯中心主义或者书本中心主义。文学的这一个向度就是作品的第一个斜面，也就是作品的“开端”，它在世界之中展开，成为文化、历史的一部分，为真理而言说，给出意义，交流思想，形成一种“有用的在场”。但是，这毕竟只是文学的一个斜面，是文学被哲学挟持进理性或者真理的理想国中，但是另一方面，也更为根本的是，作品总是使文学的这一面陷入危机，作品总是开端，自这种有用的在场撤退，而向其起源回归。

与海德格尔（Martin Heidegger）相似，布朗肖更关注艺术作品的起源，在《文学空间》中，起源甚至成了贯穿始终的关键词——“作品从未停止与其起源相关联”；[①]“作品就是对其起源的不断经验，这种经验是作品存在的条件”；[②]“作品通过艺术家，成为对作品起源的关切与无尽寻求”，[③]如此等等反复强调，可见艺术作品对布朗肖而言，确实命悬于“起源”，那么，起源究竟意味着什么？可以确定的是，起源并非一个从无到有的确定起点，也不是一种可以无限追溯与返归的纯粹在场。就好像海德格尔的“无之无化”并非是相对于在先的存在之“有”而发生的，而是无之无化敞开了存在者之存在。再比如德里达的“延异”也并非是针对一个作为先验所指的形而上学在场而发生的延搁与差异，因为“延异比存在本身更为古老”，延异正是取消和颠覆一切在场的差异力量。与之相似，布朗肖的“起源”也不仅仅是作品得以可能的条件，也是先于开端，先于在场的一种去作品化的力量。它取消作品，摧毁作品的可能性，“它让作品成为不可能，因为它是作品永远也不能抵

① Maurice Blanchot: *The Space of Literature*, trans. Ann Smock, Lincoln, London:University of Nebraska Press,1982, p.204.

② Ibid., p.204.

③ Ibid., p.44.

达的，是先于作品的，它是这样一个点，在这里，无物被创造，无物被完成，是存在的去作品化的幽深的隐蔽处。”[①] 因此，作品的起源就在去作品化中，向着起源的永恒回归使得作品无法到达任何确定的在场状态，而始终处于一种持续的自我背叛与自我毁灭中。

作为起源的去作品化力量在布朗肖早期的作品中被表述为文学的第二个斜面，也就是意义向着晦暗之“物”的隐匿与退遁，这是与语言的特性相关的。在《卡夫卡与文学》这篇文章中，布朗肖说道：“如果语言，尤其是文学语言，不迫切地投向自己的死亡，那么它也就不可能，因为这种朝向其自身的不可能性正是它的本质，也是它的基础，它就是这样一种运动，预见到自己的虚无，它的潜能就在于成为这种虚无，然而却并不实现它。换句话说，语言之所以是真实的，在于它朝向非-语言（non-language）而展开自身。”[②] 非-语言，就是被语言所谋杀的物，这也可以说是语言的起源，是使语言得以可能和必要的东西，但它同时也侵扰和瓦解语言的可能性。语言在否定物，在形成自身，获得精神的生命的同时，却始终试图向着作为起源的物回归，相对于意义的生命来说，向着晦暝之物的回归事实上就是无休止地投入死亡。因此布朗肖不止一次地说道：“词语必然尝试自杀，这种自杀的倾向始终萦绕着它但从未获得成功”，“语言的残忍在于它无休止地唤起它自己的死亡，但又无法真正地死去。”一方面，语言限定、划界、确立意义，而另一方面，由于向着物这种原初的无名状态的回归，语言又悬置、消除、替换意义。语言正是在这两种相悖的态势中成就自身，而这两种向度的纷争始终处于胶着僵持的状态，没有一方能完全消除另一方。值得注意的是，正如Leslie Hill所指出的，这种物作为一种原初的无名状态，它在话语中的功能并不是一种哑默的，自我同一的先在

① Maurice Blanchot: *The Space of Literature*, trans. Ann Smock, Lincoln, London:University of Nebraska Press,1982, p.46.

② Maurice Blanchot: *The Work of Fire*,p.19.

状态，而更像是一个可疑的原初性的幽灵，它的目的是挑战而非肯定词语的自足性。[①] 物作为起源在扰乱词语的自我同一性时使意义增殖、消散而趋于混沌（ambiguity），这才是布朗肖意义上的文学语言。

同样，作品之起源也可以循语言的思路去把握。将作品的起源，即作品的瓦解与退藏看成是作品之所以成为作品的原因，看成是更根本的，这很明显受到海德格尔的影响，海德格尔将遮蔽看成是本有（Ereignis）运作的更本源的一面，他认为："遮蔽并不是一个空洞的附加，也不是仿佛阴影属于光明。相反，遮蔽乃是作为无蔽的心脏而属于无蔽……而且在在场性之澄明的这一自身遮蔽中……甚至还有一种庇护和保藏由之而来，无蔽才能被允诺，从而在场者的在场者才能显现出来……（因此）澄明就不会是在场性的单独澄明。"[②] 所以，无蔽从遮蔽而来，最终仍归于遮蔽，在遮蔽中获得庇护与守藏。海德格尔对希腊的真理概念Aletheia进行阐释，aletheia是physis的基本特征，它的双重结构在大地与世界的关系中被给出，也就是必须被理解为遮蔽与解蔽的双重运动。就像世界在physis的运动中必须伴随着大地，真理也伴随着非真理（untruth）的运动，非真理不是谬误，而是隐藏，或者遮蔽。当赫拉克利特说physis喜欢隐藏时，当他说"战争是万物之物，万物之王"，他必然也是预见到了世界与大地之间本质的"纷争"。因此，遮蔽不是派生的、第二性的，而是相较于解蔽更为本源的。与之相似，在布朗肖这里，由作品之"开端"所打开的明晰的意义世界，也并不是一劳永逸，不是确定与绝对的，相反，它始终在向着作为物之晦暝性的"起源"回望，"作品不停地从开端的明晰性返回到起源的晦暗。"[③] 但是，正如前面所说到的，起源作为一种去作品化的力量又

① Leslie Hill: *Blanchot— Extreme contemporary*, London and New York, Routledge, 1997, pp.131-132.

② 海德格尔:《面向思的事情》，陈小文、孙周兴译，北京：商务印书馆，1999年版，第72—74页。

③ Maurice Blanchot : *The Space of Literature*, p.204.

消解一切作品，使得作品在生成同时又被不断瓦解。作品的意义整体正是从起源而来，然而由意义的明晰性所体现的同一与在场的逻辑，从一开始就受到起源的非作品化力量的侵蚀。

布朗肖多次用俄耳甫斯（Orpheus）的神话来阐释作品向起源的回归。俄尔甫斯要将妻子欧律狄刻（Euridice）带出冥府，使其复活，重新来到日光之下，某种意义上来说，欧律狄刻就是他的作品。但是要完成这一作品，就必须遵循冥王哈德斯的禁令，即不能回头看欧律狄刻。也就是说，对艺术作品而言，有一种遮蔽的律令，这在海德格尔那里就是大地，是艺术作品黑暗的物质层，这也是布朗肖所谓的艺术作品的起源，只有让起源保持在遮蔽中，作品才能完成。但是俄耳甫斯却违犯了这一禁令，他回头看了黑暗中的欧律狄刻，他想看到"那不可见者是如何的不可见"，俄耳甫斯渴望的，并不是将被带入之光之下，重获生命的，可见的欧律狄刻，而是——就像布朗肖在《文学与死亡的权力》中提及的在坟墓中死去的、发臭的拉撒路——另外一个属于黑夜的，永远不可见的欧律狄刻，因此，欧律狄刻在俄耳甫斯的目光中永远的死去了。历来对这个神话的解释多重在指责俄耳甫斯的不耐心。但是布朗肖却认为，俄耳甫斯之所以回头，是源于对另一种更加紧迫的要求的回应，也就是对起源以及非作品化的律令的回应，对这一律令而言，根本的不是作品，而是作为起源的黑暗，没有它，就不会有作品。"作品对俄耳甫斯来说就是全部了，"布朗肖写道："除了那使得作品在其中毁灭的目光，结果就是在那一瞥中，作品超越了它自身，而与其起源相连，并且在它的不可能性中被圣化了。"[①] 为了回归起源，作品甚至被牺牲，但也正是在这种牺牲中，才有艺术的可能性。因此，"在艺术的领域中，有一种与死亡，与重复，以及与失败签订的契约。"[②] 这种失败，正是艺术的不可能向白日之光完全敞

① Maurice Blanchot : *The Space of Literature*, p.174.

② Ibid., p.243.

开自身，也是艺术不能被还原为纯粹精神的明晰性，艺术作品始终向着其起源，也就是物的遮蔽回归，从而使得作品中生发出的一切真理和意义都归于混沌而无效化。

三、文学的谬误（error）与非真（un-truth）

基于此，布朗肖非常肯定地说："一旦人们以为自己将真理带入白日之光中，并成为白日的生命与作品，那么作品就必然封闭自身，成为相异于真理，没有任何意义的东西，这不仅在于作品不同于任何已有的，可靠的真理，不仅是作品作为可怕的，非真的丑闻，而是作品始终拒绝为真：不管这'真'是什么，即使它源出于作品自身，作品也会颠覆它，收回它，埋葬它，隐藏它。"① 在海德格尔的艺术理论里，艺术是真理自行设置入作品，尽管真理是一种遮蔽与揭蔽的不断争执。但是在布朗肖这里，艺术却始终是一种"非真"，也就是说，艺术作品体现着绝对的谬误（error），这种谬误并非是违反逻辑规则的形式悖谬，而是意味着"非真"对一切形式的真理的干扰和颠覆，是一种无止境的不确定性。根据布朗肖的意思，唯一可确定的就是不确定性。也正是在这种意义上，布朗肖《站在尼采这一边》才是可理解的。布朗肖认为，尼采的"上帝已死"并不只是针对基督教神学发起的无神论宣言，如果只是在神学语境中宣判上帝已死，那么作为一种确定事实的"上帝已死"本身就成为了"上帝"，而无神论也只是乔装改扮的另一种神学。相反，上帝本身意味着一种永恒真理，而上帝已死指的是一切确定真理的丧失，因此，上帝之死就不是一个已经完成的事实，而是一种需要无止境去奋斗的任务。② 而文学艺术对布朗肖而言，正承载着

① Maurice Blanchot : *The Space of Literature*, p.228.

② Maurice Blanchot: *The Work of Fire*, pp.287-299.

不断向“非真”，向不确定性进发，不断地宣判“上帝已死”的任务。布朗肖这样说：“艺术是对绝对谬误的模仿。艺术预示着某种非真的东西，但是这一‘非’并不是一种界限的关键特征，而是充盈的、无尽的不确定性。真与这种不确定性无法交流，也没有能力战胜它，并且在面对不确定性时，真只有变成否定的暴力才能确定自身。”[①] 因为文学中的不确定的力量对任何形式的“真”都是一种瓦解和腐蚀，也是一种挑战。而“真”无法完全消除这种不确定性，除非是以否定的暴力来压制它，或者以辩证的方式将不确定性纳入“真”的轨迹之中，而借此扩充与丰富“真”的内涵。但是布朗肖发现了真理在面对不确定性时的无能和虚张声势，并在文学中找到了“非真”和不确定性对这种伪强权的真理的致命反击。

“非真”除了意味着对一切形式的真理的颠覆和干扰之外。更重要的，“非真”是对起源，对物的晦暝性的尊重和庇护。这又得从海德格尔说起，在《论真理的本质》中海德格尔讨论了真理与非真理之间的关系。如果说真理是揭蔽，是柏拉图的从洞穴阴影上升至洞穴外对太阳的直接注视，那么，非真理就是从显现者退回到未被揭露者。因为如果说光是一种揭蔽，是一种无蔽，那么光本身对黑暗就构成了遮蔽。同样，真理的无蔽也对“密”（das Geheimnis）[②] 构成一种持续的遮蔽。因此，非真理与真理不一样，它不是有关“密”的揭示，也不是将某种被隐藏的东西带入光亮之中，而完成人类知识的稳固进程中的最后一步，相反，非真理是

① Maurice Blanchot : *The Space of Literature*, p.243.

② 对海德格尔来说，密（das Geheimnis）并不能被解释成一种神秘的经验或者某种有破译的谜。而是，必须在家（heim）的基础上来理解密（das Geheimnis）。这两个同根词或许能够表明，密是人类存在的家园。或者可以这样说，生存，就是没有为什么的去存在——但同时这就是最深的遮蔽。“人，在其存在被遮蔽的最深处，就是他像玫瑰一样的存在者——没有为什么。”（Heidegger, The Principle of reason，p.38）因此，人一方面，是真理的看护者，而另一方面，人的命运以及尊严，事实上也在于他是密的守护者。对海德格尔而言，人类真正的命运指向比“人”更深的，不仅仅是“人类”的某种东西。人的存在（此在与存在的关系）不是“人类学”的。（John D. Caputo, The Mystical Element in Heidegger’s Thought, New York: Fordham University press,1986, pp.155-157.）也就是说，此在的尊严就在于承认此在没有力量处置存在，在于承认此在依赖于存在的馈赠和庇护。非真可以说就是“密”的庇护，因此，这也是非真比真更加源初的原因所在。

向着“密”的敞开，非真的思是“由于谬误而对密的偶然一瞥”。非真理不是对“密”的揭示，而是将“密”保持在密中。与海德格尔相似，布朗肖一直对被“光”，被“真”所遮盖和谋杀了的物之晦暗性充满了乡愁，而文学则以其“非真”对这种谋杀进行着对抗和弥补。因为，对布朗肖而言，文学作品自身根本上就是一种遮蔽（concealment），一种掩藏（dissimulation），“作品的深度（depths）从来不会直接给出自身，而只有通过在作品中隐藏自己才能显现自己”。[①] 文学作品的出场方式与“密”，与物之晦暝性有其相似之处，文学以其有所掩蔽的显现，以其“非真”的方式，庇护着另外一种更加本源的“真”，因此，与海德格尔的断言“非真理就是真理最适切的本质”相似，布朗肖也说，“非真就是本真性的本质形式”。[②]

在《文学空间》中，布朗肖改写了埃斯库罗斯（Aeschylus）的《欧墨尼得斯》一剧，其实就是在唤起文学艺术的非真理的晦暗起源。在希腊神话中，厄里尼厄斯（Erinyes）和愤怒女神（Furies）是复仇的精灵。她们是尼克斯（Nyx），即黑夜之神的女儿。俄瑞斯忒斯（Orestes）因犯下弑母大罪而被厄里尼厄斯追逐和迫害，俄瑞斯忒斯向阿波罗求救和雅典娜求救，雅典娜通过雅典的陪审团而宣判俄瑞斯忒斯无罪。厄里尼厄斯和愤怒女神要劫掠雅典娜，但是却被雅典娜制服，并赐予她们圣地与宗教仪式。这样，体现着古老的血仇秩序的厄里尼厄斯，变成了欧墨尼得斯，即“和善者”。但是这个新的名字却不能够阻止她们重回被布朗肖称作“夜之神庙”的黑暗之中。“之后，她们作为黑暗力量的象征而言说，为了正义与文化，这种黑暗力量必须被压制——这对我们来说都是太熟悉了的。最终有一天，她们也会以这种方式言说，即在言说中语言始终是源初的，在其中它就是语言的源头。这对我们依然是不可知的，

① Maurice Blanchot: *The Space of Literature*, p.171.

② Ibid., p.247.

但却不是陌生的”。[1] 也即是说，不可避免的，欧墨尼得斯将重新变回厄里尼厄斯，并激烈地反对将她们束缚于其中的一切习俗、行为以及规则。她们与邪恶力量交谈，诱引不信神者走向死亡和毁灭，但是没有任何驱魔者能够驱逐她们。重要的是，她们扮演了另外一种更加鲜为人知的角色，即在艺术作品中肯定她们的无法约束的力量。

对这一神话的重写体现了布朗肖对文学和艺术所寄予的厚望，即文学以一种“非真理”的形式实现着对黑暗的物质力量，或者说对“密”，对晦暝性的记忆和尊重。这是与黑格尔不断上升的辩证运动完全相反的另一维，即不是精神对物质的节节战胜，而是精神向物质的不断回望和沉降。因此，在黑格尔那里，是“艺术已死”，因为艺术不再是真理的最高表现形式。说到底，还是和真理有关，也就是海德格尔所说的：“黑格尔的判词尚未获得裁决，因为在黑格尔的判词背后，潜伏着自古希腊以降的西方思想，这种思想相应于一种已经发生了的存在者之真理。如果要对黑格尔的判词做出裁决，那么，这种裁决乃是出于这种存在者之真理并且对这种真理做出裁决。”[2] 在黑格尔的体系中，真理与精神对物质的战胜有关。比如西方艺术的三阶段，从象征艺术到古典艺术，在从古典艺术到现代艺术，体现的是精神对物质的不断战胜。在这个过程中，由物质压制精神的埃及象征艺术，到物质与精神平衡的古典艺术，再到精神性超出物质性的现代艺术，精神逐步进犯和吞噬物质领域。但是这依然不够，只有在哲学中，精神才能完全战胜物质，只有在哲学中，才不会有物质世界的残留。因此，作为真理的体现形式，艺术必然要让位于哲学，这也就是在艺术繁荣，歌德还没死的19世纪，黑格尔依然做出这种判决的原因所在。

但是，对黑格尔来说，是“艺术已死”，而对布朗肖而言，艺

① Maurice Blanchot: *The Space of Literature*, pp.206-207.

② 海德格尔：《林中路》，孙周兴译，上海：上海译文出版社，2004年版，第69页。

术的生命与出路则正在于艺术之死（dying）。因为，艺术在布朗肖那里，不是真理的承载者，不是精神对物质的单向战胜，而是由非真理所体现的物质对精神的反噬力量。如果说从古希腊到黑格尔，到海德格尔之前，艺术理论一直在“知白”的道路上行进，那么从海德格尔之后，到布朗肖，甚至到德里达，则意识到了“守黑”的重要性。这并不是悖逆的两个维度的互相冲突，而是，一方面是人类精神本然的向光性在逐日般地追求明晰与敞亮，而另一方面又有朝向黑暗深邃的地层不断延伸和扎根的致命需要。布朗肖的文学和艺术理论则是在20世纪，在人类精神被“比千百个太阳还亮”[①]的单纯光明灼伤的处境下，开始有意识地寻求大地和黑暗的庇护。也就是说，以文学之名，在“非真理”的大旗下，物质性开始了对精神的倒戈。因此，布朗肖的“艺术之死”和黑格尔的“艺术已死”看起来向着完全相反的方向生长，但是从深层来看，却是在根底处血脉相连的。“艺术已死”，艺术死于精神的向光性，死于精神试图摆脱物质的牵累和染污，死于精神向着纯粹和光明盘升。但是布朗肖的“艺术之死”却正是为了保护艺术的生命而唤醒物质性，以物质性抗击精神长驱直入的进犯，以物质性保护精神不被过度的光亮所灼伤。因此，这二者对艺术的认识都是同源的，即艺术是精神与物质性，是光明与黑暗的交汇和激战，并且永不停止。

在布朗肖那里，艺术正是以“死去”的方式活着，“死去”意味着它从来没有真正的在场过，从来不能被完全的现实化（actualisable），也就是说，艺术从来都是伴随着一种退隐与消逝的运动才能够显现。或者，从某种意义上来说，艺术甚至从来没有真正地活过，也就是没有真正地在场过。因为，文学或者艺术中的物质性就像一种无处不在的幽灵，它时时扰乱和悬搁意义的生成，让其无法确定，无法止息。“死”无时无刻不在扰乱辩证同一的稳固和确定性，就像Lars Iyer所评论的：“对布朗肖来说，死就是一种位

① 海德格尔：《同一与差异》，孙周兴等译，北京：商务印书馆，2011年版，第132页。

错（dislocation）或者非同一化（disidentification）命名的方式——并不是外在于死亡和否定的跃出，而是一种生成（becoming），在其中辩证法被悬置了。"[①] 也就是说，文学中所暗含的强大且危险的"死"之力量同时保证了意义的生成与瓦解。布朗肖这样说："诗创造意义，但从另一方面来说，它又取消这种意义。它离间词语，如果它给予我们词语，也是隔着距离给出的。它将言说的可能性与成为它的条件的不可能性充满危险地联结起来。"[②] "诗，通过其所创造的分离，通过其所产生的难以承受的紧张，只能导致语言的毁灭；但是这种毁灭却是它实现的唯一机会。"[③] 文学的特殊也许就是在这里，因为其挥之不去的物质性，因为始终动荡不安的物质与意义之间的斗争，决定了它只能以瓦解的方式生成，只能以毁灭的方式实现，或者，只能以不断死去的方式活着。

四、作品与其"自身"之间的距离

既然文学始终是作品和去作品化，是世界与大地，是真与非真之间的争执，那么文学作品就永远没有一个确定的所谓"自身"，因为作品的非作品化所要打破的，正是"自身"背后所隐含着的同一性、自我确定性以及稳固性。[④] 换句话来说，作品之所"不是"

---

① Lars Iyer: *Blanchot's Communism—Art, Philosophy and Political,* Houndmills, New York, Palgrave Macmillam, 2004, p.59.

② Maurice Blanchot: *The Work of Fire*, p.71.

③ Ibid., p.53.

④ 在布朗肖的语境中，"我"始终被他者（Autrui）侵扰而成为非-我（I-less），而这才是我之为我的前提。那么，与此相似，作品也始终与自身分离，作品在与自身的差异中成就自身。在《极端的消极性：列维纳斯、布朗肖以及阿甘本》这本书中，Thomas Carl Wall有这样一个判断："那始终在逃避的——他者——就是我（moi）自身所是的它异性……我们认为列维纳斯的《别样于存在或者超越本质》——替换——就是清空了同一性、稳固性、以及自我-确定性的自我与他者的极端同一。"（见"Radical passivity—Levinas, Blanchot, and Agamben", p.4）同样的思路，文学作品也是清楚了由"自身"所体现的同一性和确定性，而向它异性和未定性敞开自身，也就是说，文学的没有一个所谓自身，因为"自身"正意味着叛离自身，逃避自身。

正是其所“是”的前提，只有“不是”才能成就文学的“是”，而这两者之间所打开的无限距离正是作品与其自身的极深的距离，因为这种距离，作品始终都在逃离它之所是。因此，作品从来就不是平静的、确定的，从来就不是真理的守护者，或者意义的沉淀，它始终是未完成的、不确定的、在变化和生成过程之中的。

这种作品与其自身之间的永恒距离可以说成“作品完成于未完成性”中，或者用布朗肖的话来说：“作品——艺术作品，文学作品——既非完成，也非未完成：它存在。它所说的仅是：它存在——此外没别的了。”① “存在”这个词在布朗肖的文章中是非常值得警惕的，“存在”其实是“开端”与“起源”，是“虚无”与“存在”的一体两面，是它们之间的一种互相生发，互相掩藏的动态游戏。② 从作品来说，作品的存在就意味着，一方面，作品向精神，向意义，向阐释敞开自己；但是另一方面，还涵括了一种从意义的光亮，从阐释的明晰性中自行隐匿和退却的态势。因此，这就使得作品始终处于未完成之中，始终处于与自身的无法弥合的深刻距离之中。“……作品的特征。它源于作品相对于自身的深刻距离，由于这种距离，作品总是逃离它之所是——似乎确实无疑已经完成，然而却又始终未完成；就好像在它逃离一切掌握时，进入了与生成（becoming）的无尽变化的合谋之中。这种距离让作品超越了我们所及，也超越了时间”。③

超越我们所及，也就是超越我们的一切主题化的把握和阐释。一千个读者就有一千个哈姆雷特，这并非是由读者的差异造成的，而是作品本身就是这一千幅面孔的幻化，然而哪一张面孔却又都不

① Maurice Blanchot: *The Space of Literature*, p.22.

② 布朗肖的“虚无”与萨特《存在与虚无》中的“虚无”相近，都意味着一种积极的力量，即黑格尔的辩证运动的“否定性”，也就是前面所说及的“死亡”。虚无是开端从起源中升起的必要的势能，是世界和历史得以运转的基本力量。但是布朗肖的存在（Being），则还包括了作为起源的一种锁闭和退藏，是一种隐退的消极性（这种消极性并非与积极对立的消极，而是积极之所由出，并复归于此的消极，是作为积极的源头与归宿的消极）。

③ Maurice Blanchot: *The Space of Literature*, p.205.

是作品本身，只是作品在阐释之力下被迫给出的假面。无数相异的假面只能证明作品本身的无本然面目，意义和阐释的无限只能证明作品与其自身之间存在的空白（void）和间隔（interval）。《文学空间》的英译者Ann Smok就这样说过："（作品中）存在着一种空白或者虚空（void or vacuum），它让自己被自身所不是者填满。比如，被有用的意义所填充，它随着历史进程而繁殖或者改变。或者这种虚空能化妆成让人敬畏的光晕（aura）环绕着永恒的杰作。……这种种不同的误解或遗忘作品的方式，却也是维系作品的方式；他们守护着作品的本质，也即是消失。它们为作品提供了'空间'，然而却不是其处所（location）。"[①] 空间包含着消失（disappearing）和退隐（withdrawal），包含着距离和分裂，以及空白和空虚，而处所则是确定的，是稳固的。作品的空间就是作品的不断迁延和退却（displacement or removal），也就是作品没有确定的"自身"，它始终游离在"自身"之外。即使被阐释之箭射中而被迫给出一个"本真"的面目，即使这种由阐释的强力驱迫而生的所谓作品的本来面目在种种外在条件的变迁中，比如意识形态的影响下，而被不断地强化和加固，或者不断地挤压变形，这都与作品"本身"没有关系，都是作品在以逃逸和隐遁的方式成就"无自身的自身"。

这种作品与其自身之间的深刻而距离，在《文学空间》中也被布朗肖称作"作品的孤独"，这里孤独并不是一种主体的，人类处境的孤独，不是"小我"（I）的向内专注凝聚，也不是个体主义刻意寻求和营造的疏离感。布朗肖是这样描述作品的孤独的："作品是孤独的：这并不意味着它不可交流，它没有读者。而是，阅读作品的人都进入对作品孤独的肯定中，就好像写作的人也属于这种孤独的风险一样。"[②] 这是一种根本的孤独，这种孤独就意味着一种幽灵般的"无自身"，意味着一切想要确定作品的本身或者本质的努

① Maurice Blanchot: *The Space of Literature*, p.11.

② Ibid., p.22.

力都必然归于失败。就像Paul Davis在《作品与作品的不在场》这篇文章中所评论的，这种孤独并不是一种定义作品的手段，相反，它意味着一切试图为作品提供标准或者归定其同一性和本质的企图不可避免的失败。如哲学或批评那样，谈论作品就是试图将作品拉近，将它主题化，并言说什么是它所是。对布朗肖来说，这种积极的归类（ascription）总归会被“作品”中的某种关键的东西暗中破坏瓦解。对布朗肖而言，作品唯一的积极面就是它的距离，它对一切主题化的逃离。作品打开了一个空间，即使作品在那个空间中始终是缺场的。[①] 这种孤独正是由作品的非作品化趋向而来，正是由作品“无自身”的宿命而来，这种孤独就像幽灵的孤独。

在《文学空间》中布朗肖是以“作品与其自身之间的距离”，是以“作品的孤独”来表述文学作品的这种始终被“非作品化”因素缠绕而没有所谓确定自身的特点，但是到了《无尽的对话》，布朗肖则以“作品的不在场”或者“书的不在场”来深化作品的这种特征。比如，布朗肖在《书的不在场》这篇文章中这样说道：“从马拉美开始，作品开始意识到自身，并且认识到作品是与作品的不在场一致的，后者意味着（一旦与自身同一，那么就必然偏离，并且使其成为不可能）偏离作品的自身同一，使其成为不可能。一种迂回的运动，通过它，作品消失在作品的不在场中。”[②]

这里关系到布朗肖对“书”与“作品”这两种不同的书写模式的理解。在布朗肖那里，书有两层含义，一种是经验的书，作为知识的传播媒介，知识的贮藏处，书接收并汇聚种种特定的知识形式。还有一种是绝对的书，是大写的书，这在黑格尔那里等同于绝对意识的完成，也就是绝对意识在一切形象、语言中外化、认识并回归自身。不管这两种书有何种相异之处，可以确定的是，它们都

---

① Maurice Blanchot: *The Space of Literature*, p.92.

② Maurice Blanchot: *The Infinite Conversation*, trans. Susan Hanson, Minneapolis and London, University of Minnesota Press, 1993, p.424.

是某种在场的知识形式，都是与同一性或整体性有关的。布朗肖以《圣经》模式来比喻这种在场的书："《圣经》为书提供了卓异的模式，一个无与伦比的范本，它涵括了所有的书，无论书与圣经式的启示、知识、诗、预言以及箴言多么不同，它却拥有书的精神……圣经，同一性，与总体的关系，大写的律法，整体性的规则，不能违犯……所以，书本质上是神学的。"[①] 这意味着，书就是将某种精神或者理念的在场形式固定下来，铭刻自身，留下标记、踪迹或者沉积物而让人去追索，并将其重新恢复成某种观念的在场，在意味着某种缺失的符号的基础之上，重新恢复符号所代表的充分、完整的在场。也就是说，先在观念的在场是第一位的，而书承荷着保存、追踪和还原这种代表着在场、同一性以及整体性的观念和精神的任务。在这个意义上来说，书本质上是神学的，书的上帝，书的不可违犯的圣意，就是观念的在场。

但是作品却和书不同，作品是"书的不在场：书的先在退化，书与写于其中的空间之间的异见游戏（dissident play）；书的预先死去"。[②] 或者这样说，作品依然包含着两个相异的向量，一方面，通过书，写作的不安和能量试图获得止息并且聚集成作品，但是作品的不在场，作品之死（dying）从一开始就召唤作品，回应外边，以及外在性（exteriority）的迂回而强烈地吸引。因此，作品的不在场并不是与"在场"相对的完全的不在，布朗肖后期将"在场"写成"'在场'"，也就是给"在场"加上引号，加引号的"在场"意味着取消了"在场"和"不在场"的截然两分，而意指一种同时是在场，而又不同于在场，或者是在场本身的一种持续的消逝，一种总是已然消逝又即将消逝，总是被阻抑和消散的态势。在场总是被转变成一种差异的可能性，因为它始终在悬置、推迟在场，始终将

① Maurice Blanchot: *The Infinite Conversation*, trans. Susan Hanson, Minneapolis and London, University of Minnesota Press, 1993, p.429.

② Ibid., p.427.

让在场与自身相分离。

作品的不在场所体现的，正是这种加引号的在场。也就是在场的预先毁灭，在场的行将消逝，因此布朗肖说："作品，绝对的声音和写作，即使在即将完成之前，它也会瓦解自己；在完成自身之前，它会毁掉一切完成的可能性。"也就是说，作品永远在生成之中，始终在自身之外，或者换句话说："只有走出自身之外（'going' outside of itself），文学才能达到自身，才能到达其本质之所是。"[①] 也是在这个意义上，布朗肖才会断言："作品不像书一样与成功（完成）相关，而是与灾难相关；即使灾难是对绝对的另一种肯定。"[②]

灾难是布朗肖晚年思想的一个关键词，它很明显打上了二战的血腥烙印。布朗肖与其同时代的人，比如列维纳斯，针对二战的沉痛反思基本上集中于对同一性神话的批判。列维纳斯的他者哲学显然与此有关，而布朗肖在文学中发现的不确定性以及它异性也成了与同一性神话相抗争的潜在却巨大的力量。布朗肖以"灾难"为这种它异性命名，作为二战这场悲剧的亲历者与见证者，"灾难"在布朗肖眼里，早就成了人类精神的红字，成了人类灵魂的紧箍咒。因此，与死是为了更真实的活一样，灾难所意味着的失败也正是为了警惕真正灾难的发生。布朗肖后来甚至以"灾难的书写"来作为书名，这也是因为书写所释放出来的差异力量能够打破同一与整体的神话，这一气脉后来在德里达那里被承接上了。在《无尽的对话》中，布朗肖将书写称为"疯狂的游戏"，因为"书写，书写的紧迫性：书写不再是为言语或者观念性的思想服务，而是通过其自身缓慢的解放性力量（随机的不在场的力量），让自己致力于某种非同一性的东西，并且，一点一点的，催生出某种完全异样的可能

---

① Maurice Blanchot: *The Infinite Conversation*, trans. Susan Hanson, Minneapolis and London, University of Minnesota Press, 1993, p.201.

② Ibid., p.429.

性：一种无名的，分散的，延迟的，消散的存在方式，因为它，一切都要被打上问号——首先是上帝的观念，自我，主体的观念，其次是真理和大写的一，最后是书与作品的观念——因此，这种书写（在其谜一般的严密性上来理解），远远不是将书作为它的目标，也不是以传达信息为目的：一种可以说是在话语之外，在语言之外的书写。"[①] 就像前面说到的，书的概念还是和整体性，和同一性，和形而上学的神话有关，但是书写却致力于打破这个神话。如果说"灾难"这个词语是对那场真正发生过的灾难的铭记，那么"书写"则是布朗肖为预防这种灾难而开出的一剂药方。

五、结语：文学与外边

从文学的非本质的本质，到作品的去作品化，到作品的无自身，作品与其自身之间的距离，甚至到"灾难的书写"，布朗肖赋予文学的深意，从表层来看，是为了对抗西方形而上学背后的在场和同一的强权，但是从深层来看，也许可以把它理解为试图从以"人"为中心和重心的狭小圈子中走出来。在西方哲学史上，自从亚里士多德将形而上学确定为第一哲学，之后哲学一直在"绝地天通"的道路上行进。这种思想斩断了人类精神的彻上彻下，而将中心固着于"人"之上。而本质，自身，在场，同一等对人的存在来说，是最迫切，也是最必须的预设，这是绕不过去的。就好像尼采那样极端的反形而上学者也承认在某种程度上，是形而上学保存了，成全了人。再比如海德格尔也说过："形而上学是此在内心的基本现象。形而上学就是此在本身。"[②] 因此他在批判科学与技术

① Maurice Blanchot: *The Infinite Conversation*, trans. Susan Hanson, Minneapolis and London, University of Minnesota Press, 1993, p.xii.

② 海德格尔：《形而上学是什么？》，载《海德格尔选集》，熊伟译，上海：三联书店，1996年版，第152页。

摆置、促逼现实时，也认为，科学是人必须领受的天命。但是成于此，也毁于此，以人为中心，为起止的形而上学，发展到近代，遇上了主体哲学这块无法消化的硬骨头，这是势所必然。而20世纪的哲学，粗略的说，也许可以看成是对主客两分这道魔咒的种种不同的解咒办法。

陈春文教授把以人为中心的这种思想称作“关于人的思想”，他认为在这种思想中，“人既是起点又是终点，起于人的假设，止于人的假设。在这种思想中，人本身就是个假设物，假设到了一个其上只有人的平面上”。[①] 而这其实窄化了人的生存维度，人在这个密不透风的假设之核里越来越膨胀，也越来越枯竭。布朗肖意识到了人类给自己打造的这个铁牢笼，也就是前面说到过的“自我之狱”对人的禁闭和拘迫，所以他那么迫切地要打破人的“自我”这条虚构却异常顽固的封锁线，那么执着地证明“外边”的无处不在，而死亡、他者、文学则是他一次又一次的构想如何与“外边”接通，如何接收到“外边”的频率的不同方式。尤其是对文学，布朗肖倾注了最大的期望，这也许是因为，在西方语境中，文学是形而上学的对立物，“形而上学聚集着概念，文学打开概念；被形而上学简化掉的人的经验，文学再把它拾回来。”[②] 形而上学斩断了人与“外边”的脐连，将中心固着在人本身之上，而文学则打通这种断裂与蔽塞，将重心还给人之外的“外边”。因此，即使以一种笨拙甚至太过惨烈（惨烈是因为以失败为筹码）的方式，布朗肖也毫不迟疑的信奉文学，和后现代哲学家一样拜起了文学教，祭出文学这个法器来为形而上学驱魔解咒。前面所说到的文学的非本质、不在场、无自身，文学向晦暝之物回归和沉降，文学的谬误和非真，文学所体现的物质对精神的反噬力量，以及书写所意味着的抗争、偶然、游戏等等，其实都有一个明确的指向，就是把审判权由“人”的手

① 陈春文:《回到思的事情》，武汉：武汉大学出版社，2007年版，第1页。

② 同上书，第212页。

里交出。人以各种方式做了几千年的上帝，在这条路上已经积压了太多的血腥和灾难，尤其是奥斯维辛之后，因此到了不得不反思这条不得已的歧路的时候，到了必须警惕这种以人本身为法度的审判的时候。不管文学是否能够承担这个重任，还是文学又将只是一个虚弱的新偶像，但是通过文学，毕竟照进了“外边”的一线光亮。以文学为契机，不是要走向碎片化、无序和平面的所谓后现代图景（这可以说是对那些有着担当和良知的思想家的误解甚至污蔑），不是要以自暴自弃的虚无来对抗形而上学的暴力。而是要打通阻断了几千年的“人”与“外边”的交流，将重心重新还回人之外，而人承担的责任则是作为这种更深更广的力量的倾听者、领受者和传达者。这不是在证明“人算什么”，而是，就如海德格尔所认为的，人类真正的命运指向比“人”更深的，不仅仅是“人类”的某种东西，这正是人的尊严所在。在这个意义上，布朗肖的“文学”正体现了人的天命与尊严。

语法隐喻符号资源与高级英语写作能力培养①

英语系　张延君

一、引言

写作能力培养是学习者不断扩展在不同语境中运用各种社会符号资源表达意义的过程，学习适合于不同交流语境的语言表达，其中最具有挑战性的是学术交流。学术交流不同于日常社会交流，学术写作具有词汇密度大、态度和语气权威、小句内而非小句间论证等特点。英语写作能力发展是一个从日常口语表达向书面语表达转变的过程，书面语需要将事件的动态序列过程重新表述为静态的、概要的实体，从而可以进行系统的组织、比较和对比以及评价（Halliday & Matthiessen, 2004）。近年来，系统功能语言学尤其关注这种语言变化及其对学习者语言发展的影响。

系统功能语言学将语言视为一个符号系统，将语法描述为功能性的而不是形式规则，强调语言的基本目的是表达意义（Halliday & Matthiessen, 1999）。它关注适合于各种社会语境或语类的语言建

① 本文是中央高校基本科研业务费专项资金科研创新项目"'一带一路'建设中的经济合作机制研究"(项目批准号：3162015ZYKA01)的阶段性成果；是中央高校基本科研业务费专项资金项目《语法隐喻的语篇意义构建模式》（项目批准号：3162013ZYE03）的部分成果；国家社科基金项目《英语本科生多元能力培养模式研究》（项目编号：14BYY075）的部分成果。

构工具，其中语法隐喻（grammatical metaphor）被视为建构学术书面话语的重要语言符号资源。语法隐喻通过对语法重新打包，对原有符号资源重新组织和选择以完成多种工具才能完成的任务。它能够将动态的、语法复杂的语言转换为静态的、词汇密度高的实体，从而实现这些词汇之间的关系，将小句间逻辑关系转换为小句内关系，将论点表述为具有说服力的事实，隐蔽逻辑论证，加强论点说服力（Martin, 1992; Halliday & Martin, 1993），等等。

尽管所有语言中都存在语法隐喻符号资源，但大多数相关研究主要是针对英语作为母语的研究。近年来，国外研究者扩大了语法隐喻的研究语境，例如，英语作为二语或外语（e.g. Christie, 2002; Schleppegrell, 2004; Christie & Derewianka）、西班牙语作为二语或外语（e.g. Colombi, 2006; Achugar & Colombi, 2008）、德语作为外语（e.g. Byrnes, 2006; Ryshina-Pankova, 2013）等，这些研究对语法隐喻有了更全面的认识，更加关注二语和外语学习中的语法隐喻使用情况，认为学习者教学大纲和教材需要重视这种语言能力发展的关键性语言特征。

本文运用系统功能语言学作为理论框架，以英语专业本科生的英语写作为语料，通过前期的语料分析建立语法隐喻分析框架，对学习者英语写作语料进行深入分析，旨在考察学习者如何在英语写作中通过语法隐喻符号资源选择来表达不同的意义，并在语料分析的基础上思考高级英语写作能力培养的相关问题。

二、语言符号观与语法隐喻符号资源

系统功能语言学将语言视为一种由社会秩序系统规划的社会符号（Halliday, 1978）。它认为语言的基本功能是表达意义，把语法描述为一种用于意义表达的语言选择系统而不是可以使用的规则。这种语言观认为，语篇是从各种系统网路选择的过程和结果，是“语言的基本潜势”（Halliday & Matthiessen, 2004:26）。系统网路为意义表达提供选择，即语法是从系统中选择的模式（Halliday & Matthiessen, 2004; Martin & Rose, 2003）。因此，语言使用者的语言能力发展即是学习者学习在各种语境中表达意义和创造语篇的过程，学习者在这个学习过程中不断扩展其语言符号资源。

语言的扩展性符号选择具有层级性，通过这种层级关系实现的相互作用和张力对于学习者的语言能力发展非常重要，可以帮助学习者发展更加复杂和抽象的语言符号资源，以完成更加高级的学术任务，例如学术写作。根据马丁和罗兹（Martin & Rose, 2003）的观点，这种语言层级关系由语言的两层语境组成：内部语境和外部语境，即情景语境和文化语境。前者被称为语域，后者称为语类，二者的关系构成语境的层级，这种关系通过三种元功能意义的互补特征得到进一步丰富，从而为在系统功能语言学视角下将语言理解为一种符号系统提供了理论框架。根据这个框架，语言使用者在不同的交际语境中互动并表达意义时，这个系统为他们提供了概括性途径，帮助他们在更具挑战性的语境中有效地表达意义。

语法能力发展的概括性途径是从普通的、日常的语境向学术的、机构的语境发展，在这个发展过程中交际模式从口语向书面语转换。这种发展过程的主要特征是掌握层级间的张力，即学习者能够一次表达一个以上的意义，语言的意义潜势不再只是一致式的、具体的体现形式（Halliday, 1993）。学习者在从日常的、具体的互动向更专业的、更抽象的知识和词汇发展的过程中，在实现词汇语法与语篇语义之间的意义时发生了一种重要的转换。在这种层级之间，一致式表达出现在期待的关系中，即概念意义由小句表达，小句由参与者（名词词组）、过程（动词词组）和环境成分（介词和副词短语）构成，每个小句通过逻辑关系词（即连词）与其他小句建立联系，形成小句组合，即并列或主从复合句。同样的意义也可以用非一致式或隐喻式表达，即小句由名词词组替代，逻辑关系词由隐喻式的动词或介词短语替代。这里的语义和语法是不匹配的，彼此形成了张力。过程意义由名词词组而不是动词词组体现，逻辑意义由动词词组或介词词组而不是连词体现。韩礼德将语法隐喻定义为“一对层级之间的重组”或者“语义在词汇语法上的重新映射”（Halliday, 1993:235）。也就是说，隐喻式是在一致式的符号资源的基础衍生出来的一种新的符号资源，是通过对一致式的符号资源重组和创造而生成的，由名词化、逻辑关系化、功能再分配、结构缩减化等符号再组合方式实现。

语法隐喻作为高级语言能力的必要条件和重要符号资源，已经成为系统功能语言学语言能力发展的研究课题。尤其是近年来一些研究者开始重视二语或外语写作中学习者的语言隐喻使用情况，在这些研究中，形成了一个清晰的语法隐喻框架，即学习者的“不完整”或“不恰当的”的语法隐喻体现形式，即所谓的“错误”，如何有助于学习者的语言能力发展成为一个新的语言模式，成为语法隐喻的扩展框架，可以用于写作能力培养研究。将这种“准一致式”体现形式纳入语法隐喻框架中，有助于考察学习者的语言能力发展。在写作能力培养中，几乎所有学生的写作中都存在不同程度的“错误”，但是，社会符号系统资源框架下的高级写作能力培养研究重点不是纠正“错误”，而是将“错误”视为外语语言能力发展的自然组成部分，将学习者的“错误”纳入研究范围，并考察这些“错误”如何在学术写作中实现语篇意义，以及如何发展为完整的、典型的、恰当的语法隐喻形式的。

三、语法隐喻分析框架：语篇意义模式

语料分析的第一步是在语篇中标识出语法隐喻，这是分析的基础。语法隐喻出现在语篇中的位置以及如何用于实现语篇意义是研究的目的所在。因此，笔者对语料中的每个语篇都标识出语类阶段，每个语法隐喻都按照它在语类阶段和整个语篇中所实现的意义

种类进行标识。

语料分析的第二步是对语料中语法隐喻所实现的意义类型进行归纳，确定语篇意义模式的种类，描述和分析学习者在英语写作中使用语法隐喻资源实现的语篇意义模式。根据系统功能语言学理论，语法隐喻在学术写作中的主要作用是表达有价值的意义，主要表现在专业性的内容、清晰的结构、小句内的论证过程、客观的观点或态度等方面，这些语篇意义是通过显性的语法资源实现的。基于前期研究成果，本文主要分析以下四种语篇意义模式：（1）回指重述；（2）意义阐释；（3）因果关系；（4）意义累积。

（一）回指重述

语法隐喻最强大的功能是在语篇中通过“指称”建立衔接关系。在学术写作中，作者通过归纳和重述上文的观点逐步地建立和发展个人论点，每个小句都是在前面小句的基础上扩展而来，使用的语言符号资源主要是名词或名词词组，用以浓缩上文所述内容，从而将前面的信息当作已知信息，然后继续在下一句中增加新信息。例如：

（1）It can't be denied that as a world's factory, China's economy is booming with thousands or even more industries producing products day and night without stop. But this kind of high *production* is actually at the expanse of a high cost of our energy and environment.（Text 2）

这是全文的第一个句子，作者概述了问题背景，即中国经济的快速发展实际上是以能源和环境的高消耗为代价的。在语法资源上，作者使用了一致式过程（is booming）介绍新信息（with thousands or even more industries producing products day and night without stop）；在接下来的小句中，这个新信息用名词重述，并带有评价性修饰词（high production），以推进论点和提供更多的评价信息（is actually at the expanse of a high cost of our energy and environment）。这种回指重述模式有效地实现了小句之间的衔接和发展了作者的论点。

（2）Man-made global warming might be one of the greatest challenge facing human beings in the 21th century. As the second largest economy and top two emitters in the world, China is a responsible participant in dealing with climate change together with other parties. But some contend it is far from enough and argue China is expected to assume greater *responsibility* and play a more active role to stop climate change.（Text 7）

这几个句子出现在语篇开头的问题提出部分，作者概括问题背景：全球变暖是21世纪人类面临的最大挑战之一，中国最为第二大经济体和排放者应该在应对气候变化问题中扮演积极的角色。在第二个句子中，作者使用了一致式表达（China is a responsible participant in dealing with climate change together with other parties），在第三个句子中，作者使用了隐喻式名词（responsibility）替代过程小句，并且用评价词（greater）对信息进行评价，有效地实现了与上文的衔接，并进一步发展了论点。从学生写作的语料中可见，这种模式是学生语料显示的使用频率最高的一种意义模式。语料显示，几乎所有的学生都在不同程度上使用了这种意义模式，但是，有的学生只是简单地重复使用了写作任务中出现的名词词组，例如global warming, economic growth/development等。

（二）意义阐述

在进一步阐述前面小句中的信息时，常常是多种意义融合在一个小句成分中。这种情况下，语法隐喻通过说明性名词词组将前面句子中提到的多种信息浓缩在一个隐喻式成分中，增加词汇密度，降低语法难度，即用更简单的句子结构传达更多的信息。这种意义模式在学生的语料中也比较常见。例如：

（1）Global warming, as its name shows, is an issue in a global scale. It doesn’t care about so-called national boundaries and no single country can escape from its huge impacts peacefully. Only with a *global cooperation* can current situation be solved or improved.（Text 6）

在这个例子中，作者在前两个句子中使用一致式表达，阐述了“全球变暖是一个没有国界的全球性议题，任何国家都无法逃脱它的影响”这一观点。第三个句子中，作者将这些信息浓缩为一个说明性名词词组（global cooperation），使得语篇结构和已知信息—新信息结构更加清晰，而且可以进一步就“全球合作”这一话题作出评价（can current situation be solved or improved）。

（2）China has a limited ability to be more active in dealing with global warming and therefore we only do what we can based on our ability. In reality China is still a developing country with poverty and inequality …… Rationally, as mentioned above, even though we want to be more active, we should calm down and measure our ability, and then make the choice. China's *limitation of ability* determines its attitude towards global warming.（Text 6）

这是同一作者的第三个分论点，即中国应对全球变暖的能力有限。作者在前面几个句子中使用的都是一致式表达（has a limited ability, we only do what we can based on our ability），在最后一句中，作者使用一个名词词组（limitation of ability）作为已知信息，简要概括了前面的论述，并且进一步增加了新信息，对名词词组表达的内容进行了评价（determines its attitude towards global warming），将结论性概括与前面的阐述有机地结合起来，增强了论点的说服力。

以上两个例子出现在同一个语篇中，说明这个学生已经基本掌握了这种语法隐喻功能，有比较清晰的语法隐喻意识。这种使用一般出现在语言水平较高的学生写作中，在本文分析的7篇作文中，只有这个学生熟练地使用了这种意义模式，实际上，这个学生的语言能力与英语写作水平在班里也是最好的。

（三）因果关系

回指重述和意义阐述模式主要使用一致式语言的经验意义资源，因果关系则需要逻辑意义和经验意义的互动。根据相关研究结果（e.g. Halliday, 1998; Hyland, 2009; Martin, 1992），学术语篇更青睐小句内而非小句间的论证，逻辑隐喻和经验隐喻的互动将一致式概念意义重构为隐喻式“事件”和逻辑关系词（e.g. *because of, due to, lead to, result in, in result of, cause, make, enable*），从而实现语篇意义。例如：

（1）<u>With the development</u> of the economy, China will be strong enough to develop and invent more advanced technology and apparatus to fight against global warming.（Text 4）

这句话出现在作者的论点阐述部分，阐述的观点是“更大的经济发展能够使中国更全面有效地应对全球变暖问题”。作者使用一个典型的隐喻式介词短语，说明经济发展是应对全球变暖问题的必要条件，观点清晰，句子结构简单，语言简练。这个句子也可以用比较口语化的一致式语言符号资源表达：

Because the economy is developing, China will be strong enough to develop and invent more advanced technology and apparatus to fight against global warming.

（2）The United States is a developed country where money and opportunities are omnipresent because of its toxic and harmful industries which have thrived for decades.（Text 4）

这是同一个语篇中第三个分论点，阐述了“发达国家应该承担更多的责任”这一观点，作者使用一个隐喻关系词（because of）实现了“美国作为发达国家雄厚的财力和机会”（The United States is a developed country where money and opportunities are omnipresent）和“美国的工业发展所造成的环境危害”之间的因果关系，句子结构紧凑。

（3）Such *sacrifice* on the part of China will not <u>lead to</u> any *fruits* in the international arena. Environmental issue is a global one, because emissions travel from border to border.（Text 7）

这个句子出现在论点阐述部分，第一个句子中，作者使用了一个逻辑过程隐喻（lead to）连接两个经验语法隐喻（sacrifice, fruits），用一个简单句有效地实现了两者之间的逻辑关系：单凭中国做出牺牲不能解决世界范围的全球变暖问题。第二个句子是对这一观点的进一步阐述，这里作者使用了一个比较口语化的主从复合句，也可以建议改为隐喻式表达：

Such sacrifice on the part of China will not lead to any fruits in the international arena. Environmental issue is a global one because of emissions travel from border to border.（Text 7）

这种隐喻式因果关系模式对于建立和发展论点十分重要，可以帮助作者以学术的态度发展其观点。这种手法多出现在语言能力较强的学生的写作语料中。

（四）意义累积

语法隐喻在语篇中的另一种作用是通过重复或重述手法累积某些意义，例如用抽象名词归纳上文讨论的话题，以此建立主题。作者在语篇中多次重述一个隐喻式成分，通过这种手法作者能够建立语场，并把同一问题的多种视角或方面衔接在起来。例如：

（1）Less well-off people will be disproportionately harmed by such policies in China. A big argument from proponents on this issue is how it will improve people's health condition. The false *assumption* is that environment is the only factor deciding health condition and health is the only thing we care in China.（Text 7）

这是语篇第二个分论点的开头部分，作者论证了“中国不太富裕的人们可能会受到这些政策的伤害”这一观点。普遍的看法认为解决这个问题的关键是改善人们的健康状况，但作者不同意这种看法，将这种看法的特性表述为“错误的看法”（assumption），并阐述了这种看法的具体内容（that environment is the only factor deciding health condition and health is the only thing we care in China）。这里的隐喻式名词assumption的是作者基于前面的信息做出的意义概括，进一步提升了论点。意义累积也以人际隐喻的形式出现在学生的写作中。例如：

（2）**Maybe it seems** that these factories need to invest more, but the step is in the right direction for it helps them to be more efficient, in other words, to produce more with less.（Text 2）

这是语篇的第二个分论点部分的最后一句，用于概括本段的主题“在应对全球变暖问题中起积极的作用能够给中国带来可持续性发展”。作者使用了两个客观性人际隐喻，这种体现形式有助于增强语篇的权威性和确定性（Schleppegrell, 2004），对于构建语篇的学术意义有很好的效果。值得注意的是，在中国学生的英语写作中，经常出现主观人际隐喻的累加使用（e.g. Personally, I think …），这种表达如果过多地出现在学术写作中就不太合适，会削弱语篇的权威性和确定性。

四、学习者语料分析与讨论

（一）语料描述

本文的语料选自英语专业二年级本科生的英语写作期末考试。笔者从全班21篇作文中选择了7篇同一话题的作文作为语料，重点考察学习者如何使用语法隐喻符号资源表达以上分析框架中的四种语篇意义模式。期末考试时间为两个小时，要求学生写两篇作文，一篇记叙文和一篇议论文，每篇作文的字数要求是350—400字。本文选择了议论文作为语料。写作任务设计如下：

Directions: Write a paper of about 350-400 words in which you argue *for* or *against* any one of the three comments below（Option 1-3）.

Support and defend your argument by providing two or three supporting details based on your reasoning ability and general experience.

写作任务提供了三个话题选择，学生可以任选一个话题。本文选择了“全球变暖”话题的7篇作文进行深入的语料分析。写作话题设计如下：Many scientists consider that global warming is the anthropogenic consequence of the greenhouse effect caused by the worldwide increase in the output of carbon dioxide and other greenhouse gases. China is expected to take a more active role in combating global warming while striving to make her economic progress. Argue *for* or *against* the issue raised here with specific illustrations or examples.

根据系统功能语言学的语言能力概念，写作任务必须有效地将语类和语法资源连接起来，即写作始终围绕着语类和语法两个方面进行。这种观点对于写作教学的要求是，不是每个学生在完成同一项写作任务时必须做出同样的语法选择，而是当学生所掌握的语类知识和语法资源无法有效地完成写作任务时，他们可以选择更加口语化的一致式表达方式。因此，本文重点考察学生在完成具体的写作任务时所作出的语法选择，即一致式表达还是隐喻式表达。

（二）语料分析与讨论

语料分析显示，7篇作文都符合议论文的语类要求，具有完整的语篇结构，包括提出问题、论点1、论点2或论点3以及结论等几部分。所有作文都不同程度地使用了概念语法隐喻和人际语法隐喻资源表达语篇意义，使用的语法隐喻分布在语篇的各个阶段。下面重点分析和讨论其中三名学生的作文。

学生A（Text 1）：

学生A的作文题目是：The Responsibility Should Be Shared；语篇结构包括问题提出、论点1、论点2、论点3以及结论等五部分。作者的语言表达比较正式，使用了较多的语法隐喻，语法隐喻分布在语篇的各个阶段。

在问题提出部分，作者比较有效地使用语法隐喻描述问题背景和提出个人观点。在意义表达方面，作者首先描述了问题背景：近年来全球变暖成为一个令人担忧的议题，成为全世界面临的重要问题，全世界都期待有效的应对措施；然后，作者指出了本文要讨论的问题：世界各国期待中国在应对全球变暖问题过程中承担更大的责任；最后，作者在主题句中表达了其个人观点：解决这个问题的责任应该由世界各国共同分担。在语言资源使用方面，作者使用了两个人际语法隐喻（There is no doubt, I don’t think）和三个经验语法隐喻（negotiation, responsibility, responsibility）。其中，最有效的意义表达资源是三个经验隐喻：

（1）**There is no doubt** that the global warming is becoming more and more alarming in recent years. It’s a vital question which is faced by all the human beings and governments are all looking forward to figuring out an effective way to handle it. However, during the process of *negotiation*, China is expected to shoulder a larger share of *responsibility* even if it is still a developing country. **I don’t think** it’s fair and the *responsibility* to deal with the problem we faced altogether should be shared.（Issue）

第三句中，作者有效地使用了一个经验隐喻（negotiation）对前两句的信息进行了意义阐释，即把提出解决方法的过程解释为“协商”；还使用了一个经验隐喻（responsibility）回指重述上文的内容，即这是全人类共同承担的责任（a vital question which is faced by all the human beings）。在主题句中作者又重复使用了responsibility，但是主题句的前半部分表达比较口语化，而且意思不明确，影响了主题句的表达效果，可以建议改为：

I don’t think China should take a larger share of *responsibility* to deal with the problem of global warming.

在第一个分论点部分，作者的整体表达比较口语化，语法结构比较复杂，语言表达比较啰嗦，还多次使用了问句形式。只有第二句里成功地使用了语法隐喻：

（2）The major factors that lead to the global warming may be the *burning* of fossil fuels, the *emission* of greenhouse gases and even the *deforestation*.（Argument 1）

在这个句子中，作者使用了一个逻辑过程隐喻（lead to）和三个经验隐喻（burning, emission, deforestation），通过两种隐喻资源的互动有效地表达了全球变暖所产生的后果。其中burning是动名词形式，并不是标准的经验隐喻体现形式，但在这里可以视为学生在掌握语法隐喻中的过渡语，而不是作为“错误”。

在第二个分论点部分，作者使用了较多的经验隐喻，主要是简单地重复使用了responsibility这个名词。但是，作者比较好地掌握了“意义阐释”模式。例如：

（3）Taking the *historical emission*, the *level of development* and the *capability to achieve the goal* into consideration, this proposal seems to be much more reasonable and should be upheld. All countries need to shoulder their share of the *responsibility*, but it should be varied under different circumstances.（Argument 1）

这句话中，作者使用了三个名词词组概括全球变暖的相关因素，从而进一步阐述其观点“应对全球变暖问题的责任应该由所有国家共同承担”。语法隐喻的使用使得句子的语法结构简单，意义表达清晰，符合学术写作的要求。

第三个论点和结论部分中，作者使用的语法隐喻较少，只是重复使用了responsibility。这个名词虽然不是写作任务中出现的词语，但对于语篇的意义表达和推进没有很大的作用，只是简单的名词化。

整体来看，这位学生具有比较好的语法隐喻意识，能够有意识地使用语法隐喻资源表达各种意义，对于实现语篇连贯和发展论点产生良好的语篇效果。另外，从平时成绩和课堂表现来看，这位学生也是班里写作水平最好的学生之一，其逻辑思维能力和语言能力都比较强。

学生B（Text 2）：

学生B的作文题目是：Combating Global Warming as a Priority；语篇结构包括问题提出、论点1、论点2以及结论等四部分，语篇结构完整，语言表达比较正式。作者使用的语法资源数量较少，但语篇效果比较成功。语法隐喻主要集中在问题提出和论点1两个部分。例如：

（1）The *development* of globalization <u>enables</u> people to see a thriving China's economy with its booming industries. For some people, *making economy progress* and *becoming competitive* in global economy should be China's top concern, but **I contend** that China needs to put more emphasis on combating global warming for it's not only conducive to its *economic development*, but also benefit to people's well-fare.（Issue）

这个开头段落由两个句子组成，作者在第一个句子中使用了经验隐喻（development）和逻辑过程隐喻（enable），两种语法隐喻共同实现了全球发展（the development of globalization）和中国经济繁荣（a thriving China's economy）两个概念之间的逻辑因果关系，句子结构简单，简明扼要地描述了问题背景。相比之下，第二个句子语法结构复杂，虽然作者也使用了语法隐喻（making economy progress, becoming competitive, I contend, economic development），但表达比较口语化，这个句子中有两个动名词词组，本文将其视为学习者的准语法隐喻体现形式。这不是一个成功的主题句，句子结构比较复杂，逻辑关系不够清晰。可以建议改为：

For some people, *economy progress* and *economic competition* in global economy should be China's top concern, but **I contend** that China needs to put more emphasis on combating global warming <u>because of</u> its *benefits* to both *economic development* and people's *well-fare*.

作者在第一个分论点中所使用的语法隐喻数量不算多，但却成功地实现了回指重现、意义阐述、因果关系和意义聚集等四种意义模式。如下：

（2）First and foremost, *taking a more active* role in combating global warming <u>enables</u> China to have a *sustainable development*. **It can't be denied** that as a world's factory, China's economy is booming with thousands or even more industries producing products day and night without stop. But this kind of *high production* is actually at the expanse of a high cost of our energy and environment. …… But if China holds a long-term view on its *economy development* and invests more on clean energy like solar energy and wind energy, factories can make profits while being environment friendly. **Maybe it seems** that these factories need to invest more, but the step is in the right direction for it helps them to be ore efficient, in other words, to produce more with less.（Argument 1）

该分论点的主题句通过一个隐喻式表达成功地表达了作者的观点：积极应对全球变暖能够使中国得到可持续性发展。逻辑过程隐喻（enable）连接了两个经验隐喻表达（taking a more active role, sustainable development），实现了两者之间的因果关系。当然，这个句子也可以用语法结构更加复杂的从句表达，那样主题句的概括效果会受到影响。在第三句中，作者很成功地使用一个说明性名词词组（high production）对前面句子中的意义进行了阐述，即意义阐述模式。在最后一句中，作者同时使用了两个人际语法隐喻（maybe, it seems），以客观语气实现了意义累积模式，隐蔽了作者的态度，使论证更具说服力。当然，这部分的语言表达比较啰唆，可以建议学生修改得更简洁些。

中国学生作文中使用because句型的频率非常高，这种句型往往是松散长句，比较口语化，语法结构复杂，逻辑关系模糊。例如：

（3）Because when they are working hard for themselves and their families, what they've gained is a bad environment, which makes them have a thought to leave their country and find a better place for their families.（Argument 2）

这是一个典型的口语化长句，包含几个主从句和并列句，逻辑关系不清晰。这个分论点是“更加重视全球变暖问题有利于人们的福利”，作者的阐述是：只注重经济发展是不够的，还要重视环境保护；如果中国的环境好了，人们就不会选择别的国家居住，就能解决人才流失问题。但是，这个长句并没有有效地阐述作者的观点。建议改为：

Fast development of economy might <u>cause</u> bad environment which make people choose to leave their own country for a better living place for their families.

这个句子中，快速经济发展与恶劣环境之间的因果关系通过经验隐喻（fast development）和逻辑过程隐喻（cause）的互动得以实现，句子结构更简单。

总体上看，这个学生的语言表达能力比较强，逻辑思维能力较强，对于语法隐喻资源有良好的意识，能够比较自如地使用语法隐喻表达各种意义。

学生C（Text 3）：

学生C的作文题目是：A Changing Vision；语篇结构包括问题提出、论点1、论点2、论点3及结论等五部分。语篇中使用的语法隐喻数量不多，主要分布在三个分论点部分，问题提出和结论部分几乎没有语法隐喻。

第一个分论点的主题句使用的是一致式表达：To start with, companies will be nudged toward more noble paths that benefit them at the end of the day，在进一步阐述该观点的过程中，作者使用了五个经验语法隐喻和两个逻辑过程隐喻：

（1）If they struggle to cut carbon emission and even donate money to *environmental protection*, they will no longer be viewed merely as ferocious profit seekers but more as reliable social economic institutions that takes into account *societal consequences*. In other words, *taking up corporate social responsibilities* enhances their *credibility* among people and eventually will enlarge their *customer base*.（Argument 1）

第一个句子中有两个经验隐喻，第一个（environmental protection）是回指重述模式，第二个（societal consequences）是意义阐述模式，两个语法隐喻资源清晰地概括了环境保护和社会效果之间的逻辑关系。第二个句子由两个并列句组成，第一个小句通过逻辑过程隐喻（enhance）将企业的社会责任（taking up corporate social responsibilities）和企业信誉（credibility）相连接，在第二个小句中作者使用一个逻辑过程隐喻（enlarge）将企业与顾客基础（customer base）相连接，从而形成了有效的意义链。

这位学生比较成功地使用语法隐喻实现了因果关系：

（2）Secondly, the *battle* with global warming may lead to *structural transformation* of economic model in China.（Argument 2）

这是第二个分论点的主题句，作者用一个简单句清晰地表达了个人观点。句子通过一个逻辑过程词语（lead to）连接了全球变暖应对过程（the battle with global warming）和中国经济模式的结构型转变（structural transformation of economic model in China）两个方面的因果关系，逻辑关系清晰，观点明确，句子简单。

（3）That directly leads to my final point – China can polish its national image by taking the lead to overcome global warming. China has always born the brunt of criticism due to its *unreasonable model of economic development* that jeopardizes the environment.（Argument 3）

这是第三个分论点的前两句。第一句中使用了一个过程隐喻（lead to）；第二句中作者通过一个逻辑关系词语（due to）阐述了中国受到批评的原因（its unreasonable model of economic development that jeopardizes the environment）。当然，这个句子也可以使用口语化的一致式表达：

China has always born the brunt of criticism because its unreasonable model of economic development jeopardizes the environment. 因果关系不仅可以通过表示原因或结果的连词体现，还可以通过过程手段体现（Halliday,1998；Halliday and Martin, 1993）。韩礼德（Halliday, 1998）认为，表达因果关系的过程是科学语篇中建构论点的重要手段。动词或介词可以在小句内表达包括原因在内的各种逻辑关系（e.g. cause, prevent, increase, lead to, increase, because of, due to）。语法隐喻是将事件（通常用动词表达）和逻辑关系（通常用逻辑连接词表达）组合成名词的过程。名词化意味着名词词组中所有的成分都可以用于扩展名词化“事件”或逻辑关系，能够增加语篇的浓缩性和抽象性。

五、结语

本文分析了英语本科生的议论文写作，讨论了语法隐喻使用与语篇意义发展之间的关系。尽管语法隐喻一直被视为构建学术语篇的重要语言资源，本文的语料分析显示，学生对于语法隐喻的使用结果并不总是与语篇意义发展有关。例如，尽管在学生的语料中经验语法隐喻的使用频率很高，但很多情况下并非通过回指重述和意义阐述等手段对建立语篇衔接和论点发展产生效果，而只是关键性名词词组的简单重复，或者是写作任务中的关键词语的借用。学习者的语法隐喻使用提供了一个很好的视角，帮助研究者考察中国学习者在外语能力培养中如何使用非一致式语言符号资源的情况。语料显示，英语专业二年级本科生能够较好地写出符合语类要求的议论文，语言表达比较恰当，能够较好地使用语法隐喻资源实现语篇衔接和发展论点。但是，语料分析同样显示，在议论文写作中，学生缺乏的往往并不是观点和论据，而是有效地建立语篇连贯和发展观点的语法资源，学生的议论文写作总体上使用的是一致式语言资源，表现为语法结构复杂、因果关系模糊、抽象名词较少等特点。语法隐喻作为一种构建学术语篇意义的符号资源潜能和学生在写作中对语法隐喻不成熟的使用形成了对照。

值得思考的是，尽管学生并没有在课堂上学习过语法隐喻的相关知识，但他们在写作任务中能够有效地使用部分语法隐喻资源表达意义。因此，通过针对性的显性语法隐喻教学，学生应该能够掌握语法隐喻表达适合于学术语境的语篇意义。重要的是，教学设计不仅要关注对语法隐喻的使用频率，还要注重这种符号资源在意义表达和知识建构方面的更多功能。具体来说，教师的任务是帮助学生扩展语法资源，指出在什么样的语境下使用什么样的语法隐喻，以及使用语法隐喻表达什么样的意义，等等。写作教学的目标不是简单地纠正学生的语言错误。学生在学习使用外语写作的过程中做出的语法选择不同于本族语作者的语言，实际使用的语言与较高的课程大纲要求之间存在着差距，这些学习过程中的过渡性语言特征需要研究者通过真实的语料进行深入分析，并作为显性语法教学的内容融入教学模式中。构建基于语类和语法资源的高级英语写作能力培养模式，确定具体的语法隐喻教学内容与方法，找出学生在完成写作任务时有效地使用了哪些语言资源以及还需要扩展哪些语言资源，设计显性的语法资源教学方法等，这些都是有待于进一步研究的课题。

我国优秀男子100米自由泳运动员速度能力特征的研究

基础部　袁绍婷

一、相关概念诠释

（一）速度能力

在竞技体育中，速度能力是指运动员进行快速运动的能力，即在给定的条件下以最短的时间完成运动动作的一种综合能力。根据速度能力的表现形式，一般将速度能力划分为三种基本能力，即反应速度能力、移动速度能力和动作速度能力。

1.反应速度能力

运动员对各种刺激的快速应答能力。本研究中主要指出发反应速度，即出发反应时（RT）。

2.移动速度能力

单位时间内运动员重心移过一定距离的能力。本研究中主要指出发15米速度、分段25米、50米速度、转身速度和冲刺5米速度等。

3.动作速度能力

运动员快速完成某一动作的能力。本研究中主要指划频、划幅。

（二）2012—2017年我国男子优秀100米自由泳成绩分析

表1 2012—2017年我国男子100米自由泳世界排名前100的运动员成绩及世界排名

年度	姓名	成绩（秒）	世界排名
2012	吕志武	48.92	48
	孙杨	49.50	99
2013	宁泽涛	48.27	11
	吕志武	48.86	38
	余贺新	49.21	50
	班豹	49.56	92
2014	宁泽涛	47.65	2
	余贺新	49.06	47
2015	宁泽涛	47.84	1
	余贺新	49.11	60
2016	宁泽涛	47.96	2
	余贺新	48.47	18
	林永庆	48.96	41
	何健彬	49.17	53
	曹犄文	49.40	73
2017	宁泽涛	47.92	6
	余贺新	48.63	32
	侯钰杰	49.06	67
	林永庆	49.26	89
	孙杨	49.27	90

注：时间截至2017年11月。

由表1可以看出，我国男子运动员在100米自由泳项目中进步明显。2012年吕志武以48.92秒的成绩位居世界第48位，长距离运动员孙杨排在第99位，可见当时我国短距离自由泳项目成绩较差。2013年该项目我国有4名运动员进入了世界前100名，其中宁泽涛以48.27秒的成绩位居第11位。2014年该项目成绩为近4年最好成绩，跻身世界排名前100名的两名运动员均排名前50，其中宁泽涛在全国游泳锦标赛以47.65秒的成绩打破亚洲纪录，位居世界第2位。2015年宁泽涛以47.84秒的成绩获得喀山世锦赛该项目冠军，成为世锦赛上首位获得该项目冠军的亚洲选手，成绩为当年度世界最好成绩。2016、2017年该项目中我国运动员进入世界前100名的人数均达到5人次，为近几年之最，充分说明我国运动员在该项目上有整体性提高。

二、我国优秀男子100米自由泳运动员速度能力分析

（一）我国优秀男子100米自由泳运动员反应速度能力分析

表2 2011年世锦赛、2014—2016年冠军赛男子100米自由泳运动员反应速度统计表（单位：秒）

反应速度	2011年世锦赛	2012年冠军赛	2013年冠军赛	2014年冠军赛	2015年冠军赛	2016年冠军赛
第1名成绩	0.73	0.67	0.69	0.67	0.72	0.66
2—3名平均成绩	0.70	0.74	0.64	0.71	0.65	0.70
4—8名平均成绩	0.68	0.77	0.74	0.75	0.70	0.68

2014年和2016年冠军赛冠军余贺新反应速度较快，为0.67秒和0.66秒，而2015年冠军赛冠军宁泽涛慢于2—3名和4—8名运动

员，因此宁泽涛在反应速度方面还有很大提高空间；2012—2016年冠军赛4—8名运动员反应速度呈明显提高的趋势。

与世界优秀运动员相比，我国冠军运动员宁泽涛和余贺新反应速度均优于2011年世锦赛冠军马格努森，前3名运动员也优于世界前3名平均值；经统计学t检验发现，2012—2014年冠军赛该项目前8名运动员数据与2011年世锦赛相比，落后于世锦赛水平且具有显著性差异（P<0.05），而2015年和2016年不再具有显著性差异（P>0.05），说明近两届冠军赛该项目我国前8名运动员在反应速度方面有整体提高。

（二）我国优秀男子100米自由泳运动员移动速度能力分析

表3　2011年世锦赛、2014—2016年冠军赛男子100米自由泳运动员出发15米速度统计表（单位：米/秒）

出发15米速度	2011年世锦赛	2012年冠军赛	2013年冠军赛	2014年冠军赛	2015年冠军赛	2016年冠军赛
第1名	2.65	2.56	2.65	2.54	2.62	2.67
2—3名平均	2.66	2.53	2.56	2.47	2.57	2.64
4—8名平均	2.66	2.48	2.54	2.49	2.59	2.55

2012—2016年冠军赛冠军出发15米速度均优于2—3和4—8名运动员，尤其是2016年冠军赛冠军余贺新，在国内运动员中较为出色；2012—2016年冠军赛冠军、2—3名和4—8名运动员出发15米速度上呈明显提高的趋势。

与世界优秀运动员相比，2016年我国冠军运动员余贺新出发15米速度优于2011年世锦赛冠军马格努森；经统计学t检验发现，2012—2014年冠军赛该项目前8名运动员出发15米速度数据与2011年世锦赛相比，落后于世锦赛水平且具有显著性差异（P<0.05），而2015年和2016年不再具有显著性差异（P>0.05），充分说明近两届冠军赛我国前8名运动员出发15米速度得到了提高，正在逐渐缩短与世界优秀运动员之间的差距。

表4 2011年世锦赛、2014—2016年冠军赛男子100米自由泳运动员平均泳速统计表（单位：米/秒）

比赛	平均游速（米/秒）		
	冠军	2—3名	4—8名
2011年世锦赛	1.99	1.97±0.00	1.96±0.01
2012年冠军赛	1.90	1.90±0.00	1.89±0.02
2013年冠军赛	1.93	1.95±0.00	1.89±0.02
2014年冠军赛	1.95	1.91±0.01	1.89±0.00
2015年冠军赛	1.95	1.90±0.01	1.88±0.01
2016年冠军赛	1.96	1.92±0.00	1.90±0.01

注：途中游距离去除了出发15米、转身15米和冲刺到边5米。

2014—2016年冠军赛男子100米自由泳冠军和4—8名运动员途中游平均泳速成绩呈逐年提高的趋势。与世界优秀运动员相比，我国冠军运动员在途中游泳速上占有优势，均优于2011年世锦赛冠军马格努森。但2—3名和4—8名运动员明显落后于世锦赛水平，经统计学t检验，具有显著性差异（$P<0.05$）。

表5 2011年世锦赛、2014—2016年冠军赛男子100米自由泳运动员转身速度统计表（单位：米/秒）

转身速度	2011年世锦赛	2012年冠军赛	2013年冠军赛	2014年冠军赛	2015年冠军赛	2016年冠军赛
第1名	2.21	2.07	2.17	1.96	2.17	2.08
2—3名	2.16	2.07	2.01	2.10	2.11	2.13
4—8名	2.15	2.05	2.00	2.06	2.08	2.08

2013和2015年冠军赛冠军宁泽涛转身时间在近5届冠军赛决赛40人次运动员中转身速度最快，有较为出色的表现；而2014年和2016年冠军赛冠军余贺新在转身速度上有明显劣势，虽然近两届冠军赛有所提高，但仍旧落后于国内2—3名运动员，甚至4—8名的平均水平。

与世界优秀运动员相比，近5届冠军赛我国无论是冠军、2—3名还是4—8名运动员转身速度均落后于世界平均水平。经统计学t检验发现，5组数据与2011年世锦赛均具有显著性差异（$P<0.05$），这充分说明转身速度能力是我国运动员亟需改进、提高的薄弱环节。

表6　2011年世锦赛、2014—2016年冠军赛男子100米自由泳运动员冲刺5米速度统计表（单位：米/秒）

冲刺到边5米速度	2011年世锦赛	2012年冠军赛	2013年冠军赛	2014年冠军赛	2015年冠军赛	2016年冠军赛
第1名	2.04	1.96	2.10	2.11	2.14	2.02
2—3名	2.08	1.92	2.07	2.03	2.00	1.96
4—8名	2.03	2．00	1.99	1.99	2.02	1.98

2013—2016年冠军赛冠军冲刺到边5米速度均优于2—3名和4—8名运动员，尤其是2015年冠军赛冠军宁泽涛冲刺速度为2.14米/秒，位列5届决赛40名运动员的首位，说明宁泽涛后刺速度能力较为出色，这也为他在世界短距离自由项目占据领先地位奠定了坚实的基础；观察数据还可以发现2—3名和4—8名运动员的平均冲刺5米速度差距甚微。

与世界优秀运动员相比，2013—2015年冠军赛冠军冲刺5米速度均优于2011年世锦赛冠军水平，5届冠军赛2—3和4—8名运动员成绩与世界平均水平尚存在微小差距。

（三）我国优秀男子100米自由泳运动员动作速度能力分析

1. 我国优秀男子100米自由泳运动员50米分段平均划频、划幅、游速特征分析

表7　2011年世锦赛、2012—2016年冠军赛男子100米自由泳50米分段平均划频、划幅、游速一览表

	11年世锦赛	12年冠军赛	13年冠军赛	14年冠军赛	15年冠军赛	16年冠军赛
0—50米分段（前程）						
平均划频（次/分钟）	53.30±3.15	51.9±4.73	54.18±3.77	50.47±4	52.09±1.85	53.34±3.02
平均划幅（米/次）	2.33±0.14	2.29±0.18	2.25±0.15	2.36±0.18	2.25±0.10	2.25±0.14
平均游速（米/秒）	2.06±0.02	1.96±0.04	2.02±0.04	1.97±0.04	1.95±0.04	1.97±0.02
50—100米分段（后程）						
平均划频（次/分钟）	50.39±2.27	50.67±2.53	51.39±2.96	49.80±4	50.54±1.05	50.49±2.15
平均划幅（米/次）	2.28±0.11	2.19±0.12	2.20±0.16	2.26±0.19	2.20±0.08	2.23±0.11
平均游速（米/秒）	1.91±0.06	1.85±0.04	1.84±0.05	1.87±0.03	1.85±0.04	1.87±0.02

由表7可见，2014—2016年冠军赛男子100米自由泳前8名运动员后程的平均划频均慢于前程；后程的平均划幅均短于前程；后程的平均游速均慢于前程。2.2.2的研究表明100米自由泳项目后程成绩对总成绩影响更大，与世界优秀运动员相比，我国运动员在后程中平均划频的减缓幅度不大，但划幅的缩短影响了后程分段成绩，是目前我国优秀男子100米自由泳运动员需要提高改进之处。

表8　2012—2016年冠军赛冠军50米分段平均划频、划幅、游速统计表

第1名	吕志武 2012年	宁泽涛 2013年	余贺新 2014年	宁泽涛 2015年	余贺新 2016年
0—50米分段（P1）					
平均划频（次/分钟）	54.50	54.55	46.90	51.23	49.50
平均划幅(米/次)	2.20	2.29	2.59	2.34	2.48
平均游速（米/秒）	2.00	2.08	2.02	2.00	2.04
50—100米分段（P2）					
平均划频（次/分钟）	51.08	53.16	44.25	51.24	47.59
平均划幅(米/次)	2.16	2.09	2.60	2.24	2.42
平均游速（米/秒）	1.84	1.85	1.92	1.91	1.92

表8通过对5届冠军50米分段的平均划频、划幅及游速进行统计分析能够看出，其后程的平均划频、划幅、游速均较前程稍有下降。吕志武（2012）后程的平均划频明显减慢，导致其平均划幅缩短、游速下降，这也是吕志武当年后程成绩不理想整体表现为减速游的主要原因。对比宁泽涛2013年和2015年两届冠军赛平均划频，划幅、游速及前面研究中所述的50米分段配速特征可得，宁泽涛（2015）的配速策略更为合理，取得了更好的成绩，即宁泽涛（2015）后程在尽可能保持划幅不变的情况下，加快划频，避免游速下降。余贺新在2014和2016年后程的平均划频减慢，平均划幅趋于稳定，并能基本保持游速。

上述冠军运动员在后程阶段均出现了划幅缩短，游速下降的现象，故有必要对该阶段进行具有针对性的训练，即在保持稳定划频的基础上，加大划幅，提高游速，将有助于冠军运动员提升其后程的冲刺能力和整体竞争力。

2. 我国优秀男子100米自由泳运动员25米分段平均划频、划

幅、游速特征分析

表9 2011年世锦赛、2012—2016年冠军赛男子100米自由泳25米分段平均划频、划幅、游速一览表

	11年世锦赛	12年冠军赛	13年冠军赛	14年冠军赛	15年冠军赛	16年冠军赛
0—25米分段（p1）						
平均划频（次/分钟）	54.30±3.57	52.65±5.01	55.28±4.87	51.55±3.71	53.24±1.81	54.64±3.11
平均划幅（米/次）	2.33±0.15	2.27±0.19	2.23±0.18	2.33±0.17	2.22±0.10	2.22±0.14
平均游速（米/秒）	2.10±0.03	1.97±0.04	2.04±0.05	1.99±0.06	1.97±0.03	2.02±0.03
25—50米分段（p2）						
平均划频（次/分钟）	52.34±2.46	51.15±4.45	53.07±2.66	49.39±3.82	50.93±2.11	52.04±2.96
平均划幅（米/次）	2.33±0.12	2.30±0.17	2.26±0.12	2.31±0.18	2.28±0.11	2.27±0.14
平均游速（米/秒）	2.03±0.01	1.94±0.04	1.99±0.03	1.90±0.03	1.94±0.05	1.97±0.03
50—75米分段（p3）						
平均划频（次/分钟）	50.72±1.94	50.85±2.52	52.62±3.12	49.55±3.82	50.88±1.38	50.98±2.26
平均划幅（米/次）	2.33±0.09	2.22±0.12	2.25±0.17	2.31±0.18	2.23±0.07	2.25±0.13
平均游速（米/秒）	1.97±0.02	1.88±0.03	1.89±0.05	1.90±0.03	1.89±0.04	1.91±0.04
75—100米分段（p4）						
平均划频（次/分钟）	50.07±2.28	50.48±2.54	50.16±2.80	50.06±4.35	50.20±1.41	50.00±2.17

续表

平均划幅(米/次)	2.23±0.09	2.15±0.12	2.15±0.15	2.21±0.19	2.17±0.09	2.20±0.11
平均游速(米/秒)	1.86±0.03	1.81±0.04	1.79±0.04	1.83±0.04	1.81±0.04	1.83±0.02

观察表9中2011年世锦赛数据我们可以发现，世界优秀运动员4个25米分段中划频递减，但划幅始终保持在相同水平。而2014—2016年冠军赛男子100米自由泳前8名运动员25米分段的平均划频的特征为：0—25米“快划频，长划幅，高游速”；随后25—50米运动员划频稍降的同时加大动作幅度以保持较高的游速；进入到50—75米和75—100米两个分段运动员的平均划频、划幅均有所下降。

表10　2012—2016年冠军赛冠军25米分段平均划频、划幅、游速统计表

第1名	吕志武 2012年	宁泽涛 2013年	余贺新 2014年	宁泽涛 2015年	余贺新 2016年
0—25米分段（P1）					
平均划频（次/分钟）	54.95	56.34	49.59	51.72	51.06
平均划幅(米/次)	2.21	2.27	2.50	2.32	2.43
平均游速（米/秒）	2.02	2.13	2.07	2.00	2.07
25—50米分段（P2）					
平均划频（次/分钟）	54.05	52.75	44.21	50.74	47.94
平均划幅(米/次)	2.19	2.30	2.67	2.35	2.52
平均游速（米/秒）	1.97	2.02	1.97	1.99	2.01
50—75米分段（P3）					
平均划频（次/分钟）	50.24	51.47	44.78	52.17	48.13
平均划幅(米/次)	2.25	2.21	2.61	2.23	2.47

续表

平均游速（米/秒）	1.88	1.90	1.95	1.94	1.98
75—100米分段（P4）					
平均划频（次/分钟）	51.92	54.84	43.72	50.31	47.04
平均划幅(米/次)	2.07	1.96	2.58	2.24	2.36
平均游速（米/秒）	1.79	1.79	1.88	1.88	1.85

表10对冠军各25米分段的平均划频、划幅及游速的整体特点进行分析时发现，5届冠军运动员在P3段均表现出“放慢划频，拉长划幅，保持游速”的特点。并且该特点在P2段就有所显现。冠军运动员在25米分段的平均划频、划幅及游速的这一变化基本符合2.2.2中所论述的第3个25米分段成绩与总成绩的相关关系。

总体来说，吕志武在各25米分段的平均划频、划幅上呈现出“快划频，短划幅”的特征；宁泽涛的平均划频、划幅在各分段中均有明显变化，说明运动员可以根据比赛节奏做出较为合理的调整；余贺新则整体表现出鲜明的个性化特点，即全程基本采用“慢划频，长划幅”的游进方式。事实证明，通过分析运动员的划幅、划频指标比较容易预测运动员成绩增长情况和上升空间，即在成绩相同的情况下，运动员划频慢，成绩提高幅度大。因此，余贺新在男子短距离自由泳项目中进步空间较大。

三、结论与建议

（一）运动训练学将速度能力分为反应速度能力、移动速度能力和动作速度能力

本研究中的反应速度能力主要指出发反应时；移动速度能力主要指出发15米速度、分段25米、50米速度、转身速度和冲刺5米

速度等；动作速度能力主要指划频、划幅。

（二）近年我国运动员在男子100米自由泳项目上成绩有整体性提高

通过Pearson相关系数分析发现，对于优秀男子100米自由泳运动员来说，后程50米对成绩的影响更为重要，在此基础上转身后的第3个25米是重中之重。

（三）反应速度方面

近年来我国优秀男子100米自游泳运动员在出发反应速度方面有整体提高，余贺新在反应速度能力上优势明显。

（四）移动速度方面

平均泳速方面宁泽涛、余贺新具有明显优势，但2—8名运动员明显落后于世锦赛水平；转身速度方面我国优秀男子100米自由泳运动员转身速度均落后于世锦赛水平。冲刺5米速度方面宁泽涛、余贺新具有优势，但2—8名运动员成绩与世锦赛水平尚存在微小差距。

（五）动作速度方面

世界优秀运动员在4个25米分段中能够保持划幅不变，而我国优秀男子100米自由泳运动员则出现了相反的特征：在全程相关性较高的第2个50米分段和第3个25米分段中划幅下降明显。

浅析习近平的教育思想

基础部　赵安琪、钟媛媛

百年大计，教育为本。教育是一个民族最根本的事业。中华民族的伟大复兴，离不开中国教育事业的支持与发展。十八大以来，以习近平为核心的党中央领导集体高度重视教育，坚持把教育放在优先发展的战略位置。习近平总书记先后在各类场合多次发表关于教育的讲话，阐述自己对教育的思考，已逐渐形成一套成熟的思想体系。

一、习近平教育思想的基本原则

习近平的教育思想，是以社会主义核心价值观为指导，以“育人”为核心，立德树人。他指出，教育应服务于中国特色社会主义伟大实践，服务于两个“一百年”奋斗目标的实现，服务于中华民族伟大复兴的中国梦的实现。其内容包括对基础教育、高等教育、职业教育、教育公平等问题的思考与论述。在新形势下，面对国内外诸多机遇和挑战，习近平总书记对党员、教师、科研工作者等社会中坚力量提出意识形态教育要求，只有全社会成员有了共同的价值目标，有了共同的价值追求，才能在无限接近两个“一百年”奋斗目标的今天，有自信实现中华民族伟大复兴的中国梦。

新时期，学习和贯彻习近平总书记教育思想，有助于进一步指导我国教育战线工作者的教育理念和发展方向，有助于实现中国特色社会主义理论体系的教育自信，是未来中国教育发展的旗帜和标杆。

（一）用社会主义核心价值观培育人

核心价值观是一个国家、一个社会、一个民族最持久、最深层的力量。[①] 核心价值观与国家的前途命运、人民的幸福安康息息相关。教育是培养人的活动，是民族振兴和社会进步的基石。培育当代服务于中国特色社会主义伟大实践的人才，当然要以社会主义核心价值观为核心，指导中国教育事业的发展。习近平十分重视对社会各成员的社会主义核心价值观培育和实践。“只要是中国人，就应该自觉培育和践行社会主义核心价值观”。[②] 对儿童，习近平指出：“只要从小就沿着正确道路走，学到一点，就实践一点，努力做最好的我、在自己最好的方面，人生就会迎来一路阳光。”[③] 对青年，习近平认为青年的价值取向决定了未来整个社会的价值取向[④]，并用“扣子理论”形象地将青年人的价值取向比喻为人生的第一颗扣子。只有第一颗扣子扣好了，剩余的扣子才不会扣错。他针对青年实践和培育社会主义价值观，明确提出了四点要求：勤学，修德，明辨，笃实。勤学，即“书山有路勤为径，学海无涯苦作舟”，做真学问要有吃苦、勤奋的精神；修德，即除了在思想上加强道德修养，还要在行动中注重道德实践；明辨，即明辨是非，青年面对是非黑白，要善于明辨和果断抉择；笃实，即扎实做事，

---

① 《习近平：青年要自觉践行社会主义核心价值观——在北京大学师生座谈会上的讲话》，新华网，2014年5月5日，http://www.xinhuanet.com/politics/2014-05/05/c_1110528066.htm，2017年9月19日登录。

② 《习近平：从小积极培育和践行社会主义核心价值观》，新华网，2014年5月30日，http://www.xinhuanet.com/politics/2014-05/30/c_1110944180.htm，2017年9月18日登录。

③ 同上。

④ 《习近平：青年要自觉践行社会主义核心价值观——在北京大学师生座谈会上的讲话》，新华网，2014年5月5日，http://www.xinhuanet.com/politics/2014-05/05/c_1110528066.htm，2017年9月19日登录。

踏实做人。[①] 对高校，习近平强调："要坚持不懈培育和弘扬社会主义核心价值观，引导广大师生做社会主义核心价值观的坚定信仰者、积极传播者、模范践行者。"[②] 由此看出，培育和践行社会主义核心价值观始终是习近平教育思想的核心。

（二）用中国梦鼓舞人

中华民族近代以来最伟大的梦想，就是实现中华民族的伟大复兴。中国梦不仅是国家的梦，民族的梦，更是13亿中国人民的梦。实现中华民族伟大复兴的中国梦，是党和国家工作的大局。激励和教育中国社会最具活力、最具创造性的青年群体，是实现中国梦的重要途径。习近平指出："我们教育引导青少年，一个重要任务就是用中国梦激扬青春梦，为青少年点燃理想的灯，照亮前行的路。"[③] 实现中国梦的道路是一个长期的、艰难的、曲折的过程，需要一代又一代人的持续努力。这就要求我们更应用中国梦教育鼓舞人，帮助当代中国青年找到正确方向，即"同人民一道拼搏，同祖国一道前进，服务人民，奉献祖国"；"要激励青年自觉把个人的理想追求融入国家和民族的事业中，书写无愧于时代的青春之歌和精彩人生"[④]。实现中华民族伟大复兴的中国梦，还要靠各行各业人们的辛勤劳动。广大劳动群众是实现中国梦的重要力量。劳动没有高低贵贱之分，习近平指出："任何一名劳动者，无论从事的劳动技术含量如何，只要勤于学习、善于实践，在工作上兢兢业业、精益

① 《习近平：青年要自觉践行社会主义核心价值观——在北京大学师生座谈会上的讲话》，新华网，2014年5月5日，http://www.xinhuanet.com/politics/2014-05/05/c_1110528066.htm，2017年9月19日登录。

② 习近平：《习近平在全国高校思想政治工作会议上强调：把思想政治工作贯穿教育教学全过程 开创我国高等教育事业发展新局面》，《人民日报》，2016年12月9日，第01版。

③ 闻言：《为实现中华民族伟大复兴的中国梦而奋斗是中国青年运动的时代主题——学习〈习近平关于青少年和共青团工作论述摘编〉》，《人民日报》，2017年9月12日，第06版。

④ 同上。

求精，就一定能够造就闪光的人生。”[①] 广大劳动群众也要敢想敢干，敢于“做梦”，[②] 中国梦不仅是国家的梦、民族的梦，还是每一个中国人的梦。中国梦具体到个人，就是各行各业的人，通过诚实劳动来实现人生的梦想、改变自己的命运。

（三）育人为本，立德树人

21世纪以来，中国共产党始终坚持以人为本的科学发展观。教育是培养人的事业，更要自觉坚持教育以人为本。《国家中长期教育改革和发展规划纲要（2010—2020年）》中，将“优先发展、育人为本、改革创新、促进公平、提高质量”作为指导未来中国教育改革和发展的二十字工作方针，坚持育人为本，是以人为本在教育领域中的具体体现，是对教育工作的根本要求。习近平教育思想以此为出发点，将“育人为本，立德树人”作为教育的中心环节。习近平指出：“要坚持把立德树人作为中心环节，把思想教育工作贯穿教育教学全过程，实现全程育人、全方位育人。”[③] 而如何立德树人，关键在提高师德水平。习近平提出“三个牢固树立”，作为师德准绳。“三个牢固树立”即：牢固树立中国特色社会主义理想信念；牢固树立终身学习理念；牢固树立改革创新意识。这不仅是对教师职业规范的要求，也是对如何立德树人提出的明确目标。[④] 习近平关于立德树人教育根本任务的论述，体现了当前我国教育实践重要的教育价值论基础。

---

① 《习近平：在知识分子、劳动模范、青年代表座谈会上的讲话》，新华网，2016年4月30日，http://www.xinhuanet.com/politics/2016-04/30/c_1118776008.htm，2017年9月24日登录。

② 同上。

③ 《习近平在全国高校思想政治工作会议上强调：把思想政治工作贯穿教育教学全过程 开创我国高等教育事业发展新局面》，《人民日报》，2016年12月9日，第01版。

④ 《习近平向全国广大教师致慰问信》，新华网，2013年9月9日，http://www.xinhuanet.com/politics/2013-09/09/c_117294186.htm，2017年9月20日登录。

二、习近平教育思想的内涵

十八大以来，以习近平为核心的党中央，坚持把教育摆在优先发展的战略位置，一批标志性、引领性的改革举措取得明显成效。[①]这些成果的取得，与习近平教育思想的指导作用是分不开的。习近平教育思想不仅包括对基础教育、高等教育、职业教育、教育公平等中国传统教育问题的思考与论述，还提出了对党员、教师、科技工作者等社会中坚阶层的意识形态教育要求。

（一）对基础教育的思考

基础教育是实现中华民族伟大复兴的奠基工程，要把基础教育放在优先发展的位置。习近平在看望北京八一学校师生时指出："基础教育在国民教育体系中处于基础性、先导性地位。"在我国教育体系中，基础教育规模最大。基础教育的质量优劣关系到我国能否把沉重的人口负担转化为巨大人力资源优势，能否促进社会主义现代化建设，能否实现中华民族伟大复兴的"中国梦"。[②]基础教育是立德树人的事业，是提高民族素质的奠基工程，其重要性不言而喻。对此，习近平对我国基础教育发展提出三点要求：一、要旗帜鲜明加强思想政治教育、品德教育，用社会主义核心价值观培育人，用中国梦鼓舞人，培养自尊自信自立自强的中国人；二、发展基础教育要尊重规律，遵循青少年成长特点和规律；三、要树立强烈的人才观，大力推进素质教育。[③]习近平关于基础教育的论述与

---

① 《中共中央办公厅、国务院办公厅印发〈关于深化教育体制机制改革的意见〉》，新华网，2017年9月24日，http://www.xinhuanet.com/2017-09/24/c_1121715834.htm，2017年9月24日登录。

② 李岚清：《李岚清教育访谈录》，北京：人民教育出版社，2003年11月第1版，第235页。

③ 《习近平：全面贯彻落实党的教育方针努力把我国基础教育越办越好》，新华网，2016年9月9日，http://www.xinhuanet.com/2016-09/09/c_1119542262.htm，2017年9月18日登录。

思考，有代表性地体现了我国现阶段指导教育工作的世界观和方法论，对我国人力资源优势提高、实现“两个一百年奋斗目标”和中国梦有重要意义。

（二）对高等教育的思考

高等教育发展水平是一个国家发展水平和发展潜力的重要标志。在无限接近“两个一百年”奋斗目标的今天，提高我国高等教育发展水平显得尤为迫切。对此，党中央作出加快建设世界一流大学和一流学科的战略决策。习近平指出：“我们对高等教育的需要比以往任何时候都更加迫切，对科学知识和卓越人才的渴求比以往任何时候都更加强烈。”[①] 我国是中国特色社会主义国家，这决定了我国高等教育的发展方向应该与中国特色社会主义道路相一致。因此，我国高等教育必须坚持正确政治方向。习近平为我国高等教育发展指明了方向，即为人民服务，为中国共产党治国理政服务，为改革开放和社会主义现代化服务。我国是中国特色社会主义国家，需要德智体美劳全面发展的社会主义建设者。作为培养社会主义接班人的重地，我国高校必须坚持以马克思主义为指导，必须坚持党的教育方针，必须坚持正确的政治方向。[②] 教育强则国家强。习近平教育思想强调我国高等教育发展水平应与中国特色社会主义发展水平相适应，应与中国特色社会主义道路发展方向相一致。只有这样，才能增强国家核心竞争力，才能为中国特色社会主义伟大实践服务，才能实现“两个一百年”奋斗目标，才能早日实现中华民族伟大复兴的中国梦。

（三）对职业教育的思考

职业教育是中国国民教育体系重要组成部分，肩负着人力资源

---

① 《习近平在全国高校思想政治工作会议上强调：把思想政治工作贯穿教育教学全过程 开创我国高等教育事业发展新局面》，《人民日报》，2016年12月9日，第01版。

② 同上。

开发的重任，是培养高素质劳动者和技能人才的重要途径，必须高度重视，加快发展。习近平在2014年全国职业教育工作会议上强调，职业教育要培育和践行社会主义核心价值观，着力提高人才培养质量，努力培养数以亿计的高素质劳动者和技能人才。发展职业教育，习近平从两方面提出要求：在思想上，要树立正确人才观，培育和践行社会主义核心价值观，营造人尽成才的良好环境；在实践上，要深化体制机制改革，坚持产教融合，坚持工学结合，努力建设中国特色职业教育体系。职业教育是大有可为，也应当大有作为。[①] 习近平教育思想强调更好支持和帮助职业教育的发展，这为实现“两个一百年”奋斗目标和中华民族伟大复兴的中国梦提供坚实的人才保障。

（四）对教育公平的思考

2013年9月，习近平在为联合国“教育第一”全球倡议行动一周年纪念活动视频的讲话中谈道：“努力让13亿人民享有更好更公平的教育。”让每个孩子享有受教育的机会，这是人民对教育的最朴实的愿望。教育公平是社会公平的重要基础，要不断促进教育发展成果更多更公平惠及全体人民，以教育公平促进社会公平正义。“大力促进教育公平，让亿万孩子同在蓝天下共享优质教育、通过知识改变命运。”[②] 习近平十分关注教育公平，多次强调要优化教育资源配置，逐步缩小区域差距。他关注最多的，仍是贫困地区的教育发展问题。习近平十分注重精准扶贫在教育领域的实践，对贫困地区的基础教育投入力度、办学经费的保障以及贫困学生的资助体系等都提出具体可行的灼见。阻断贫困代际传递，从让贫困人

---

① 《习近平：加快发展职业教育让每个人都有人生出彩机会》，新华网，2014年6月23日，http://www.xinhuanet.com/politics/2014-06/23/c_1111276223.htm，2017年9月17日登录。

② 《习近平致国际教育信息化大会的贺信》，新华网，2015年5月23日，http://www.xinhuanet.com/2015-05/23/c_1115383959.htm，2017年9月18日登录。

口子女接受教育开始。[①]“让每一个人都有人生出彩的机会”[②]是习近平对教育公平的最殷切期望，充分彰显了习近平以人为本的教育思想。

（五）对社会中坚力量的意识形态教育要求

十八大以来，我国在经济、政治、文化、军事、生态、外交等各个领域取得一系列成就，在习近平治国理政思想的指导下，向着中国梦迈进。可以说，当前是我国无限接近“两个一百年”奋斗目标的关键时期，需要全国各族人民万众一心、众志成城的努力。习近平对以党员、教师、科研工作者等为主的社会中坚力量提出意识形态教育要求，以社会主义核心价值观为指导，进行思想建设，指明奋斗方向，以早日实现中华民族伟大复兴的中国梦。第一，对党员的意识形态教育要求。十八大报告中提出，对党员要进行党性教育。坚定理想信念始终是共产党人安身立命的根本。“共产党员特别是党员干部要做共产主义远大理想和中国特色社会主义共同理想的坚定信仰者和忠实践行者。”[③]习近平曾形象地指出：“理想信念就是共产党人精神上的‘钙’，没有理想信念，理想信念不坚定，精神上就会‘缺钙’，就会得软骨病。”[④]为深入贯彻落实习近平系列重要讲话精神，提高共产党员的先进性与纯洁性，我党先后在党内开展“三严三实”“两学一做”等学习教育活动，用教育引导广大党员坚定理想信念，抓好思想理论建设；用教育引导广大党员、干部认真学习和实践马克思列宁主义、毛泽东思想、中国特色社会主义理论体系，树立正确的世界观，自觉培育和践行社会主义核

① 《习近平：全面贯彻落实党的教育方针努力把我国基础教育越办越好》，新华网，2016年9月9日，http://www.xinhuanet.com/2016-09/09/c_1119542262.htm，2017年9月18日登录。

② 《习近平：加快发展职业教育让每个人都有人生出彩机会》，新华网，2014年6月23日，http://www.xinhuanet.com/politics/2014-06/23/c_1111276223.htm，2017年9月17日登录。

③ 《习近平论如何做合格的共产党员——十八大以来重要论述摘编》，《党建》，2014年第7期，第4页。

④ 同上。

心价值观，始终保持共产党人的高尚品格和廉洁操守①。全党要重视党员的党性教育活动，习近平指出，只有全党本领不断增强了，"两个一百年"的奋斗目标才能实现，中华民族伟大复兴的"中国梦"才能梦想成真。②第二，对教师的意识形态教育要求。教师是人类历史上最古老的职业，是太阳底下最光辉的职业。习近平在同北京师范大学师生代表座谈时谈道："一个人遇到好老师是人生的幸运，一个学校拥有好老师是学校的光荣，一个民族源源不断涌现出一批又一批好老师则是民族的希望。"国家繁荣、民族振兴、教育发展，需要我们大力培养一大批好老师。对于教师，习近平提出以下四点要求：一要有理想信念，即指中国特色社会主义向心力；二要有道德情操，即老师要有师德师风；三要有扎实学识，为学生传道授业解惑；四要有仁爱之心，教育事业需要爱心。③习近平以上论述，充分体现了对广大教师的亲切关怀和殷切期望，是新时期进一步加强教师队伍建设的重要遵循。第三，对科研工作者的意识形态教育要求。中国要实现"两个一百年"奋斗目标，必须有强大的科技。科研工作者处在我国科研前线，是"国家的财富、人民的骄傲、民族的荣光"。习近平指出，新形势下，科研工作者应在科技创新方面有新理念、新设计、新战略。"创新始终是一个国家、一个民族发展的重要力量，也始终是推动人类社会进步的重要力量。"④习近平以上论述，实际也是为我国科技事业发展提出要求，以优化我国科技事业发展总体布局，早日实现"两个一百年"奋斗目标和实现中华民族伟大复兴的中国梦。

---

① 《习近平论如何做合格的共产党员——十八大以来重要论述摘编》,《党建》, 2014年第7期，第4页。

② 《在中央党校建校80周年庆祝大会暨2013年春季学期开学典礼上的讲话》，人民网,2013年3月3日，http://politics.people.com.cn/n/2013/0303/c1024-20655810.html，2017年9月20日登录。

③ 《习近平：做党和人民满意的好老师——同北京师范大学师生代表座谈时的讲话》，人民网，http://politics.people.com.cn/n/2014/0910/c70731-25629122.html，2017年9月17日登录。

④ 《习近平：为建设世界科技强国而奋斗——在全国科技创新大会、两院院士大会、中国科协第九次全国代表大会上的讲话》，新华网，2016年5月31日，http://www.xinhuanet.com/politics/2016-05/31/c_1118965169.htm，2017年9月20日登录。

三、习近平教育思想的实践意义

习近平教育思想作为习近平新时代中国特色社会主义思想的重要组成部分，不仅在理论上对中国特色社会主义教育事业发展指明道路，在实践上也对全面建成小康社会的决胜阶段、中国特色社会主义进入新时代的关键时期有重要意义。

（一）为中华民族的伟大复兴提供人才支撑

当今社会，综合国力的竞争就是人才的竞争。习近平指出："人才越来越成为推动经济社会发展的战略性资源，教育的基础性、先导性、全局性地位和作用更加凸显。"[①] 十九大报告中明确提出："建设教育强国是中华民族伟大复兴的基础工程，必须把教育事业放在优先位置。"[②] 依靠教育将庞大的人口负担转为源源不断的人才资源，这才是我国在激烈的国际竞争中的重要潜在力量和后发优势[③]。实现"两个一百年"奋斗目标，实现中华民族伟大复兴的中国梦，归根到底靠人才；而能否成功培养出人才，关键在教育。中国特色社会主义已经进入新时代，中国的教育事业已然开启了新篇章。必须把教育事业放在优先位置，深化教育改革，加快教育现代化，办好人民满意的教育[④]。在前所未有的挑战与机遇并存的今

---

① 《习近平：做党和人民满意的好老师——同北京师范大学师生代表座谈时的讲话》，人民网，2014年9月10日，http://politics.people.com.cn/n/2014/0910/c70731-25629122.html，2017年9月17日登录。

② 《习近平：决胜全面建成小康社会夺取新时代中国特色社会主义伟大胜利——在中国共产党第十九次全国代表大会上的报告》，新华网，2017年10月27日，http://www.xinhuanet.com/politics/19cpcnc/2017-10/27/c_1121867529.htm，2018年1月30日登录。

③ 《习近平：做党和人民满意的好老师——同北京师范大学师生代表座谈时的讲话》，人民网，2014年9月10日，http://politics.people.com.cn/n/2014/0910/c70731-25629122.html，2017年9月20日登录。

④ 《好起点人生转折点，国家转折点》，《40位代表委员热议改革开放40年·教育篇》，《光明日报》，2018年3月3日，第06版。

天，中国在习近平总书记的领导下选择了这样的教育之路，让人人成才，让13亿用知识与信念充实起来的中国人成为托举民族复兴梦的强大引擎。① 就如习近平总书记所言："有了源源不断的人才优势，中华民族伟大复兴指日可待。"②

（二）为世界教育事业提供借鉴

中国是一个社会主义国家，中国的教育事业也是社会主义的教育事业，中国的教育发展必须用中国自己的特色理论去指导。从确立优先发展教育战略，到科教兴国战略，再到人才强国战略，都是在中国特色社会主义理论的指导下，根据社会发展的需求与中国自身发展的需要作出的决定。改革开放40年，中国这一系列改革与尝试，实现了在教育事业上跨越式发展，并逐渐取得了今天的瞩目成果。而党的十八大以来，以习近平同志为核心的党中央进行了一系列推动中国教育事业发展的新改革，提出了许多有利于促进中国以及世界教育事业发展的新倡议，其成果有目共睹，在世界范围内得到了广泛认同，为世界教育事业的进步和发展提供了中国智慧和中国方案。

---

① 《40位代表委员热议改革开放40年·教育篇》，《光明日报》，2018年3月3日，第06版。

② 王丕君：《为实现中国梦造就宏大人才队伍——学习习近平总书记人才思想体会》，中国网，2016年6月28日，http://www.china.com.cn/cppcc/2016-06/28/content_38763216.htm，2017年9月20日登录。

浅析马克思关于人的现实本质思想在大学生心理健康工作中的运用

基础教学部　宗　敏

马克思虽未直接研究过心理学，但是在马克思的著作中，与心理学有关的言论有着丰富的内容，马克思与心理学都把人和人的心理作为共同的研究对象。马克思认为人类的心理是社会历史的产物，在人类社会发展到一定阶段，随着人们共同劳动和相互交往的需要而有语言和意识的产生，人类的心理在这个基础上发展，并与动物的心理区别开来。[①] 马克思主义哲学作为重要的哲学理论对心理学的发展过程一直有着深远的影响。马克思批判了旧唯物主义的局限和唯心主义的抽象性，强调实践活动在认识过程中的作用，认为人的活动是主体和客体的辩证法。关于意识的实质、意识的源泉、意识发展的动力等，马克思、恩格斯都有精辟的论述，并且指明了问题的关键就在于实践。[②] 此外，唯物主义社会历史观，发展观和整体观，都对心理学的发展具有重要的影响。直到今天，西方马克思主义心理学流派也一直在兴盛发展，"蔚成了当代国外理论

① 赵璧如：《心理学哲学理论问题研究述评》，《社会心理科学》，2006年第1期，第17—21页。

② 马文驹：《马克思主义哲学是心理科学的指南——纪念马克思逝世100周年》，《心理学探新》，1983年第1期，第42—46页。

心理学研究运动中的一支重要代表性力量”。[①]大学生心理健康工作是重要的心理学应用实践，如何用理论指导实践，如何在实践中发展出自己的工作思路和框架，是当前实践工作中的重点问题。本文试图以马克思有关人的本质的论述为出发点，探讨社会关系、实践论与大学生心理健康的关系。

一、马克思有关人的本质的论述

发展心理学一直有着遗传和环境决定的争论。人脑是生物进化的结果，但是在人脑进化的过程中，社会文化历史条件却一直产生着重要的影响，从而使其具有一定的社会文化属性。这使得人脑不同于任何其他动物脑的主要客观内容，文化表象是人脑优越于动物脑的主要思维形式。所以，马克思指出，我们不能仅从大脑内部来寻找意识的来源，意识现象决不是大脑细胞单纯生理活动的结果。[②]要想揭示附着于大脑的社会文化历史属性，就需要考虑人的社会性。马克思并不否认个体的省生物性，他认为：“人作为自然存在物，而且作为有生命的自然存在物，一方面具有自然力、生命力，是能动的自然存在物，这些力量作为天赋和才能、作为欲望存在于人身上……”但是,他认为人与人之间的先天察赋的差别是很小的。而他们（例如,哲学家和搬运夫）之间的能力的重大差别是在劳动活动的过程中形成和发展起来的。

不同于费尔巴哈离开人的实践和社会性去观察人，只能看到孤立的人的个体，马克思则用实践的观点去探寻人的本质。人们正是通过有意识的实践活动，发展出自由意志，成为一个人。而通过实

① Parker I. Critical Psychology and Revolutionary Marxism, *Theory & Psychology*, Vol.19, No.1, 2010, pp.71-92.

② 乐国安等:《理论心理学的历史反思与时代担当》(笔会),《苏州大学学报》，教育科学版,2017年第2版，第1—26页。

践活动组成的各种社会关系构成了一个人的个体本质。这种社会关系是动态的，需要经过不断的选择和变换，才能达到相当成熟的程度，形成稳定的社会关系。张奎良（2014）把社会关系比作一张大网，个体的实践活动就是在这个大网上绘制了不同的经纬线，每个人所绘制的生理、家庭、职业、经历、信仰、品格、教育程度、社会组织等线条，形成自己独有的纽结，这些各不相同的纽结，锁定了单个人，构成了人的个体本质。[①] 社会关系的纽结给了个体一个定位，而社会关系对个人又不只是限制作用，个体在实践过程中又在不断地发展新的社会关系，形成自己对所有社会关系的独特定义和建构，体现了自己的独特个性。

而个体的社会互动，组成了不同的文化，体现了人类心理的文化属性。文化心理学就是研究文化心理差异的学问，在进行心理学研究和心理学实践时必须考虑到生活在不同文化、不同民族、不同社会、不同国家的人的文化背景。

二、大学生心理健康工作的现状分析

在当前的大学生心理健康工作实践中就存在着理论指导不足、文化差异融合不够等问题，具体来说有以下三对关系，亟待讨论和澄清。

（一）学生发展任务与社会支持之间的关系

大学生在大学阶段的一个核心心理任务就是独立，完成分离个体化。即这个阶段的青少年需要摆脱对家庭的依赖，脱离父母的影响，成为一个独特的个体。[②] 但是独立的过程充满挑战，大学生们

① 张奎良:《马克思人的本质思想的全景展示》,《天津社会科学》,2014年第1期，第4—13、45页。

② 宗敏:《人本主义心理学视角下大学生社会主义核心价值观教育的思考》,《北京教育》(德育版),2015年总第71—72期，第102—105页。

在刚进入大学阶段会体会到脱离家庭束缚的自由感，但是也会遇到前所未有的挫折而产生孤独感。这个时候的独立并不是完全与家庭和过去的社会关系割裂，也不能完全退回到原有的家庭和社会关系中，失去成长的动力。独立其实是重新建构与家庭的关系的过程，直到他们重新从家庭中获得心理上的支持，鼓励他们有信心面对生活中的难题，并且在新的社会关系中获得现实的支持，才算完成了分离个体化的过程。正是在这个过程大学生逐渐形成有关“我”是谁的看法。所以大学生的心理健康工作，不能不考虑到学生的发展特点，一味按照高中的管理方式严管、包办，一有问题就找家长，也不能不给学生缓冲的空间，完全让其独立面对所有挑战。

（二）个体心理健康与整体和谐之间的关系

2016年卫计委联合22部委发布《关于加强心理健康服务的指导意见》文件，强调心理健康是人在成长和发展过程中，认知合理、情绪稳定、行为适当、人际和谐、适应变化的一种完好状态。心理健康服务是运用心理学及医学的理论和方法，预防或减少各类心理行为问题，促进心理健康，提高生活质量，主要包括心理健康宣传教育、心理咨询、心理疾病治疗、心理危机干预等。心理健康是健康的重要组成部分，关系广大人民群众幸福安康、影响社会和谐发展。[①]文件把关心个体心理健康，加强心理健康服务提升到促进经济社会协调发展、培育和践行社会主义核心价值观，实现国家长治久安的高度来强调。这正说明了个体的心理健康，不能只局限在个体层面讨论和解决，而是要放到社会关系中去探讨，通过解决个体的心理健康问题，来维护社会整体的和谐问题。另一方面，也可以通过构建和谐的社会关系来影响个体的心理健康，处理好个体与整体的关系是当前大学生心理健康工作中的重要问题。

① 《关于加强心理健康服务的指导意见》，2017年1月19日，http://www.nhfpc.gov.cn/jkj/s5888/201701/6a5193c6a8c544e59735389f31c971d5.shtml，2017年1月19日登录。

（三）西方理论与中国文化之间的关系

心理咨询与心理健康工作的理论基础往往是西方的心理咨询理论，比如精神分析理论，以人为中心理论和认知行为理论等，这些理论往往建立在强调个人主义的西方文化背景下。在指导我国的心理健康工作实践时，往往会水土不服。比如在西方社会，如果一个人可以完全根据自己的喜好选择是否与周围的人保持亲密的关系，但是在中国文化的背景下，如果一个大学生不愿意与其他同学打成一片，则会承受"不合群"的文化压力和心理压力。在中国文化的背景下，心理健康绝不只是"我觉得健康就好"，还需要与他人、社会保持和谐一致。如果心理工作者深受西方心理咨询理论的影响，而又不反思其文化适应性，脱离学生的背景，采取直接鼓励让学生忽略其他人观点的做法，结果很可能事与愿违。

三、马克思有关人的本质论述的现实意义和应用

面对当前大学生心理健康工作的问题，马克思提出的实践论，辩证唯物主义思想，特别是有关人的本质的论述，具有重要的现实意义。他阐释了人的社会性本质，既强调了人受社会关系制约的一面，也强调了人可以通过劳动创造社会关系，说明人有能动的一面，二者的辩证统一构成了人的社会性本质。具体来说，可以在以下三个方面加以应用。

（一）奠定大学生心理健康工作的哲学基础

科学哲学家波谱尔（Karl Popper）早在20世纪60年代就阐述了理论对科学研究的先行指导作用。他认为理论先于经验观察、指导经验观察，科学研究者总是以一种预想的理论去观察事物，一切

观察与实验都是在一定理论指导下进行的。[①]大学生心理健康工作是一项重要的实践活动，必须要在一定的理论和哲学指导下开展工作。没有理论指导的工作很可能会因为缺乏顶层设计而走向技术主义，缺乏制度的延续性。大学生心理健康工作的对象是在中国社会背景下的大学生群体，做好这部分人群的心理健康工作，必须从中国国情出发，其指导思想必须要从马克思主义的哲学理论中寻找理论依据。马克思关于人的社会性本质的思想，和实践论的辩证唯物主义哲学观，指明了大学生心理工作的社会互动本质。大学生的个体心理健康，必然受到其过去的社会关系、现在的社会关系的影响，也需要回归到社会关系中不断地发展自己，确认自己的角色和价值。因此在具体工作中既要考虑大学生群体的心理特点，又要考虑社会发展背景的影响。在大学的校园里，促进学生社会性的充分发展，从而促进其心理健康的不断发展。

（二）建构个体工作，关系干预的协同模式

马克思有关人的社会性本质的论述，给大学生心理健康工作的开展提供了重要的工作框架和模式，即个体的心理健康工作，可以且需要通过群体、关系的协同来共同促进。当前大学生的心理健康工作是在整个学生思想政治工作的大框架下开展，这一方面体现了马克思主义思想在实际工作中的指导地位，另一方面也蕴含了充分调动各种资源，促进学生心理发展的积极心理学理念。辩证唯物主义的思想告诉我们，社会关系带给个体的不只是限制，也是动力来源。学生在与大学生校园内外的社会关系充分互动中，逐渐形成有关自己的意识、性格等看法，完成心理发展任务。例如当前在高校中广泛推广的心理委员制度和三级危机干预制度，正是充分调动个别学生的社会关系，进行支持和保护的创新模式之一。今后的大学

① 聂立清、郑永廷：《人的本质及其现代发展——对马克思人的本质思想的再认识，》，《现代哲学》，2007年第2期，第104—109页。

生心理健康工作，也需要不断强化全员参与、充分发挥校园生态作用，方可取得持续的成效。当然也需要注意让集体声音替代个体声音的倾向，在具体的工作中要充分尊重个体的需要和意愿，构建更平等、包容的校园社会关系网络，给个体更多的发展空间。

（三）活跃基于中国文化背景下的工作思路

马克思强调人的社会关系的社会历史观，对文化心理学的发展起到了重要影响。这也提示我们具体在大学生心理健康工作实践中，要考虑中国文化背景的影响，需要针对中国文化的影响展开有针对性的研究。真正了解中国大学生面临的心理困境，从历史和社会关系的角度来反思学生心理问题产生的原因，探索在社会关系中的解决之道。杨文圣提出的两仪疗法就是其中有益的尝试，展现了其对中国文化以及西方心理治疗的理解和应用的智慧。①

① 杨文圣:《两仪心理疗法——心理咨询的中国阐释》，上海：三联出版社，2017年版，第1页。

大学生中国传统文化自信重建研究

——社会主义核心价值观视角

基础教学部 赵 萍

文化自信的核心是价值观的自信。习近平在庆祝中国共产党成立95周年的大会上指出："坚持不忘初心、继续前进，就是要坚持中国特色社会主义道路自信……文化自信，……不断把中国特色社会主义伟大事业推向前进。"① 社会主义伟大的事业不仅是要努力提高当代中国的物质建设的水平，提高人民的生活水平，同样包括社会管理和社会结构的优化。在借鉴西方先进的物质文明成果的同时，对于中国传统文化的发掘和继承同样重要。中国文化中展现的民族精神和道德力量是对于建设现代化的社会关系和社会结构不可缺少的巨大精神能量。尤其对于多民族的国家，如何在民族差异性中找到文化的共性，能够产生巨大的能量而有利于民族团结和社会和谐发展。

文化自信是一种自我认同，是一个民族或国家对于自己历史发展中的物质文明和精神文明的一种认可和信心。经过百年来中华民族对自己传统文化的反思和再认识的痛苦确认过程中，这是第一次对于中国文化在国家层面上的自信强调，尤其是将文化自信与道

① 习近平:《在庆祝中国共产党成立95周年大会上的讲话》,《光明日报》, 2016年7月2日，第2版。

路、理论和制度自信并提，强调了文化自信作为根本自信的基础，并且是“两个一百年”奋斗目标和实现中国梦的前提，是中国共产党对于中国传统优秀文化自信的充分肯定和对于建设具有中国特色社会主义的进一步阐释。“文化自信，是更基础、更广泛、更深厚的自信”。①

文化是人类独特的存在方式。人类学家爱德华·伯内特·泰勒（Edward Burnett Tylor）这样定义文化，“文化是一个复杂的整体，包括知识、信仰、艺术、道德、法律、风俗以及作为一个社会成员的人所获得的任何其他的能力和习惯”。② 这里指出文化并不是抽象的难以触摸的形态，而是已经融入人在社会生活中的生活方式，而且也是可以学习的。文化自信可以看作是社会成员对于所处国的人民生活方式、特有的国粹艺术、人民在日常生活中遵循的道德规范以及本国的国内法的完全的接纳和认可，并且有一种自豪感，感到自己生活的社会环境是文明的、生活方式是健康的、道德水准是较高的，艺术发展匹配经济发展的模式，处于一种有信仰和人格提升的社会环境中。

一、中国文化自信重建的根基

“中华民族具有5000多年连绵不断的文明历史，创造了博大精深的中华文化，……最重要的是我们共同坚守的理想信念”。③ 中华文明在其他几大古文明中断消失的状况下，是世界上仅存的延续没有中断发展的伟大文明，具有顽强的生命力和独特的优势，这与

① 习近平：《在庆祝中国共产党成立95周年大会上的讲话》，《人民日报》，2015年10月15日，第2版。

② ［英］阿雷恩·鲍尔德温等著：《文化研究导论》，陶东风等译，北京：高等教育出版社，2003年版，第23页。

③ 《习近平在十二届全国人大一次会议闭幕会上发表重要讲话》，新华网，2013年03月17日，http://news.xinhuanet.com/2013lh/2013-03/17/c_115052635.htm，2018年8月29日登录。

中国优秀传统文化中拥有的独特伦理观和价值观有关。这些中国古典哲学所表达的对于人与自然、人与人之间的核心范畴和理论基石都体现了和谐发展的价值和理念。

（一）中国文化自信重建的价值意识

在认识到近代以来中华民族遭遇了危机和困境，可以说对于各种疏解的办法最终都归结到了要唤醒人们的文化意识和价值意识，也就是哺育了中华民族数千年的孔孟所开显的“怵惕恻隐之仁”，重建的是道德的价值意识。也就是即儒家文化中的人文主义。“须在道德理性之客观实践一面转出并肯定民主政治，且须知道道德理性之能通出去，必于精神主体中转出‘知性主体’以成立并肯定科学”。[①] 这是在对于儒家道德精神的现实运用。肯定道德具有的信仰价值，维护儒家学说的哲学本体地位；肯定儒家学说的“知性主体”地位，确立其学术的独立地位；肯定儒家学说中对于政体发展的贡献，“接续民族文化生命之本源大流”，运用到现实中就是对于发展科学和民主的具体落实。中国近代文化的发展就是追求科学和民主在这个文明古国发展的历史，期待民族的强大和复兴是不变的主题。根据黑格尔的历史哲学，历史是精神表现的全部历程。中国历史文化虽然并不是完美的，但不意味着它的“本原形态”有什么不足，否则也不可能在历史发展过程中展现蓬勃的生命力，并且彰显出了“仁且智的精神”。

中国文化自信表现的是首先是对于国家、本民族接纳自我价值的精神依托，是对于国家坚守价值目标的选取。具体表现是当代人民在理念层面对于国家主流先进文化、国家制度的价值表达的能力，体现的是国家文化的软实力建设的综合实力。认识到文化传递的道德力量是一种对于民族文化认识上的提升。但寻找民族精神支柱是一种新体验,需要能够从与西方传统文化的体验中区别开

① 牟宗三:《道德的理想主义》，台北：台湾学生书局，1985年版，第184页。

来，更关注本民族文化的独特性和适应性，重建本民族文化的价值意识，才能够适应现代社会的发展，找到属于本民族特有的发展之路。尤其在我国这样传统的多民族国家的形式下，共同价值观形成的强大凝聚力来增强各民族之间的共同文化自信尤为重要。

（二）中国文化自信重建的理念表达

中国传统文化中强调“正德、利用、厚生”也就是说施政者对于自己要正德，对于人民要厚生。始终传递“仁智合一而以仁为大格局”的文化体系。而在这个文化体系中“德”又是被着重强调的。《孟子·尽心上》孟子曰：“仁言不如仁声之入人深也，善政不如善教之得民也。善政，民畏之；善教，民爱之。善政得民财，善教得民心。”儒家文化认为，为政得根本在于得民心，而得民心的根本在于道德教化。因此善教相比于善政，更推崇于前者。所谓“教为政本”肯定道德教化的作用。《荀子·大略》不富无以养民情，不教无以理民性。故家五亩宅百亩田，务其业而夺其时，所以富之也。立大学，设痒序，修六礼，明十教，所以道之也。不仅有对德政更专注于德教的施行来使人在自我修为上进行提高，更探讨了教育方式的重要性。傅玄:《傅子·贵教》中提到，虎至猛也，可威而服；鹿至粗也，可教而使；木至劲也，可柔而屈；石至坚也，可消而用；…… 莫重乎身。贵教之道行，士有仗节成义死而不顾者矣。

《礼记·大学》强调“修身为本”，认为意诚而后心正，心正而后身修，身修而后家齐，家齐而后国治，国治然后天下平。修身为本，这些理念时至今日仍然是有生命力的，是时代发展所需要的核心理念。这里对于修身的强调就是对于后天受教育的强调，尤其是对于道德教育的强调，不仅有主动教育也有被动教育。现代社会理念在继承已有的传统优秀文化的前提下更推崇创新的发展理念，而优秀的中国传统文化用充满辩证法的智慧给出了解决现实社会矛盾、建设社会主义核心价值观描绘的社会形态的有益启示。

二、中国文化自信重建的思想来源

中国文化的主流中儒家文化是不可忽视的存在，但是儒家文化是有生命的，是发展和延续的，在各个不同的时代都会以不同的形态鲜活地表现出来。如果把中国文化看成是过去的，古董式的考察和研究就不是对于中国文化认识的正确态度。西方有些学者在研究古代文明时抱有研究古董的态度来进行切入，这是由于西方学者的不同视角造成的。作为血液中浸满中国传统文化的中国人，要采用自己的独特视角来客观地看待中国文化的现代意义。如果我们也把中国文化限定在古代，变成考古的范围，这样的态度就是把中国文化看成了死的文化，采用“寻找、发现”这本身就是对于中国文化的误读，是不珍视中国文化。中国文化的智慧是深入到中国人生活和生命发展中的深刻体现，是以伦理、习俗和传统仪式所展现的一些日常的生活细节。

《尚书·大禹谟》“正德利用厚生”展现的中国文化是具有独特价值观系统的文化，是从这个民族的最纯粹的民族性中产生的原生文化精神，不仅仅具有独特性，还具有本源性。中国文化最独特的一点在于对于心灵世界，也就是价值世界的探讨。正德是统治者的自我修为，律己要严；利用厚生是施政方式，对人要宽。这首先是作为统治者要把握的一个道德观念也就是价值观。

事实上对于传统文化发掘其“价值对象性”才可以转化其为当代所运用的创造性，才可进一步发掘出其内在的“古今通理”。对于古代传统优秀文化的自信，不仅在于认识先贤的思想的表面，更要领会古代文化中的哲学内涵及本质，更重要的是要挖掘这些优秀传统文化能够流传至今所蕴含的内在价值和精华。

（一）正确的价值观和理想信念引领

价值观是主体理性选择的结果。外交人员选择正确的价值观和理想信念也需要进行正确的输入。中国传统文化自信重建的核心主旨就是利用中国传统文化中的哲学和智慧传达，通过受教育建立对核心价值观和对树立崇高理想信念认可这样的效果。

中国文化是一种生态伦理，也就是生存哲学和思维方式的特殊标识，是中华民族区别于其他民族最重要的民族气质特征。《论语》中有一句非常重要的话："古之学为己"；儒学被称为"为己之学"或"身心性命之学"……所谓"己欲立而立人，己欲达而达人"，不可避免要对社会、国家负起责任。[①] 中国传统文化具有鲜明的中国特征，包含有中国先贤们长期积累下的哲学智慧。正如中国儒家文化中所主张的"人和自然和谐共生""致中和"的自然伦理观以及老子的"以辅万物之自然而不敢为"所蕴含和谐的理念都与当代社会主义核心价值观中所强调的理念相一致。

（二）道德教化重建道德共识

在中国文化中，"德"从来就不是通俗的。"知德者鲜矣"（《论语·卫灵公》），道家更是提到"德"和"道"一致的地方，"上德不德，是以有德。下德不失德，是以无德。……故失道而后德，失德而后仁。……（《老子·三十八章》）"当"德"是整体的聚集概念时，就是一个统一的规则。道德的形成是全社会经过漫长时间里人类行为的磨合和博弈，是人类社会学习的结果，从而形成对社会有利的稳定均衡的道德规范。

现代社会强调人之间的交往，遵守公共秩序变得尤为重要，建立道德规范成为社会首选。首先，道德具有公共服务性质。将道德视为公共服务的观点认为道德蕴含有个人和社会之间的隐形契约形

---

① 杜维明：《儒家传统的现代化》，北京：中国广播电视出版社，1992年版，第52页。

式。即在社会上的每一个人都和社会达成默契，遵守共同的承诺，同时也可以享受社会提供的道德服务。例如，当个体在公共场合保持安静时，同时也享受到这种道德约束其他人在公共场合保持安静，这就是一种公共服务的体现。并且道德需要示范和舆论引领。道德作为公共服务时，它可以保持社会的稳定状态，但社会个体只有在具有相信自己能得到公共服务的信心时才会主动提供服务，如果丧失这种信心，社会道德就会失去支撑而崩塌。其次，道德需要社会主体的共识。道德是一种个人发自内心的是非判断，不能有来自外界的强制力，因此道德才是最有约束力的力量。有人在偷窃甚至在行凶时，内心由于道德感引发的恐惧才是真正的惩罚。道德判断可以说是社会人的理性判断，道德实践则属于价值观的判断。社会主体在衡量自己的道德是否符合理性时所依赖的标准最大可能来自于周围人所共同遵守的价值观。最后，建立稳定清晰的道德观是社会健康的标志。对于一个社会，大部分的社会成员拥有相近的道德观容易达成彼此认同的价值观念，社会的道德是非判断一致，这样的社会比较地安定和谐。

社会主义核心价值观教育其实就是一种道德教育。“核心价值观，其实就是一种德，即是个人的德，也是一种大德，就是国家的德、社会的德”[①]。这种通过重建道德来达成价值观教育的方式正是中国文化的优势。孔子也认为个人意志可以左右自己行为，主张敬畏自然（“畏天命”）、尊重自然规律（“重天道”）。《论语·阳货》：“四时行焉，百物生焉，天何言哉？”

首先，以被教育者参加到社会建设中来，以实际行动来促进中国文化自信重建，尽可能地消除道德和利益之间的冲突。最主要是要保障遵守了社会道德的社会成员的利益。诚实劳动的报酬如果远不及投机商的回报，复杂脑力劳动者的付出没有得到保证，这就会

① 习近平：《青年要自觉践行社会主义核心价值观——在北京大学师生座谈会上的讲话》，《人民日报》，2014年5月5日，第2版。

挫败社会成员坚守价值观的信心，不公平的现象成为常态的结果就是社会道德的崩塌。其次，引导社会成员建立新的道德观，如果从低收入到高收入的渠道是畅通可实现的，人们就会接受收入中的差距，这样的差距只会鼓励人们努力工作，这就需要消除特权和不正当手段致富带给人们的无力感和绝望，发掘中国文化中人性坚强的一面。一些不必要的虚假的做法破坏了文化所传递出的行为规范作用，甚至扭曲了其中的道德内涵，不仅不能促进道德的教化，甚至于让人产生了虚假道德的条件反射。

（三）中国文化意义的榜样激励

榜样在中西方哲学中都有着不同的含义。西方文化中最突出的是作为人的耶稣基督和苏格拉底。在基督教中，教徒对于基督精神的效仿让基督更像是神而不是人，可见基督不是榜样，是一种精神象征，他通过恩典和赎罪来救世而不是敦促追随者效仿他的表现。而作为人的苏格拉底更接近世俗所追求的榜样，追求一种价值观和理想的生活，并以追求知识为目的。但作为历史人物，苏格拉底始终被迷雾所笼罩，与真实的世界是有距离的。可以说这些亦人亦神的形象是德行和知识的传递者，使他们和想要效仿他们的普通人之间隔着难以跨越的鸿沟，这样的榜样是可望而不可即的理想。中国文化中的榜样是多样的。孔子认为，榜样是一种弘扬了“道”的新的存在模式，也就是说仁者通过实现“义”或创造“礼”，为其他追求“仁”的人提供了榜样。[①] 榜样并不是复制，是在延续榜样的模式下引入新的意义进入社会环境，服从原则或者为原则提供例证。社会环境是人创造和解释的，必须是一个可以实现的可能成就自我的社会环境。

中华民族在自己的发展过程中，从未缺乏过民族英雄这一角

① ［美］郝大维、安乐哲著：《孔子哲学思微》，蒋弋为、李志林译，南京：江苏人民出版社，1996年版，第165页。

色，在每个时代都有为了国家慷慨献身的仁人志士，这些先贤都是在中国文化的熏陶下表现出来的对于中国文化中家国价值观的实践，而这些价值观是绵延不绝的民族精神的传承。社会成员在秉承这些民族精神，树立起民族文化自信的观念之下，也自然有了正确的价值观来应对所处的不同的社会环境和观念环境。在遇到与自己观念不符的观念的冲击时，会从自己所自信的中国文化中以及秉承的正确的当代社会主义核心价值观中汲取力量，增强自己在处置复杂环境中突发状况的能力和勇气。

结　语

社会主义核心价值观教育不仅包含了中国传统文化的精华部分，也包含有先进的人类文明的共同的文化和成果。道德作为价值表现是一种精神追求，表象在社会上就是人类的价值观需要。在价值高度一致的情况下就构成了人类社会的标志。社会不能没有道德，而道德的存在是社会发展的标志。在社会经济高速发展的时代，继承和发展传统中国文化中的道德哲学，强调道德在“人”类社会中的特殊地位，强调道德成就人类社会的内在价值。重塑道德崇高和秩序性，是中国文化自信的核心价值取向。

高校图书馆编目业务社会化研究

图书馆　王瑛帆

随着信息技术的迅猛发展和高校图书馆服务范畴的不断拓宽，高校图书馆的编目环境也发生了巨大的变化。面对信息资源的大量涌现，编目内容、数量、种类和形式都在数以万计的增长，对于传统编目工作来说，利用相应的社会资源将独立的业务外包给社会化的专业机构，以求得更高的工作效率和更好的服务质量是目前高校图书馆编目行业发展的必然趋势，但与此同时，这种社会化的发展带来的挑战和问题是相伴而行的。

图书编目是将各类文献资源进行文献分类、文献著录、文献加工等一系列工作的统称，其作为图书馆最核心的传统业务之一，不仅是其他各类工作的基础，也是图书馆面对数量庞大的文献资源所必须进行的技术处理，是保证后续读者借阅、馆藏建设、参考咨询等工作顺利进行的必不可少的重要环节。编目业务社会化是指借助社会专业机构的资源和人力，将馆内的编目业务承包给相关部门，通过协商、签订合同等方式以规范其服务的范围和质量，满足图书馆的特定需求。以外交学院图书馆采编部外包工作为例，目前外交学院图书馆已与其采购文献资源的三家相关单位协商，要求其对本馆购置的纸质资源提供编目套录MARC和后期加工等服务。总体来讲，这种方式体现了高校图书馆现代化的经营理念，提高了图书馆的整体运行效率。

一、编目业务社会化的成因及形式

我国图书馆采编业务的社会化始于上个世纪末期，在2004年和2006年，国内分别召开过两次有关于图书馆采编业务社会化、市场化的全国性研讨会，与会者一度展开过相当激烈的讨论，赞成者和反对者都不在少数。部分人认为编目业务外包只是辅助手段，没有发展前景；而也有学者指出编目业务外包是一种必然趋势，将会对传统编目工作产生冲击。随着编目数据规范自动化水平不断提升，编目工作数字化发展为编目外包提供了背景支撑。我国的编目行业里，现有多家大型的联合编目机构为全国图书馆和书商提供高质量的数据保证，如中国高等教育文献保障系统、全国图书馆联合编目中心、地方版文献联合采编协作网等。根据国家统计数据，全国图书馆联合编目中心的用户数量达到1000家，成员馆600多家，日均下载量每天超过200万条。共享书目数据在节约成本和时间的同时保证了数据的质量，为编目业务社会化提供了可能性。

另外图书馆的编目业务量剧增也是推进其社会化的成因之一。高校图书馆对文献资源建设的重视程度日益加深，教育部等部门对高校图书馆的考核也规定了硬性指标，每年的进书量只增不减，但由于编制等问题的制约，编目人员的数量却在严重缩水。以外交学院图书馆为例，每年本馆平均采购文献资源数量约两万册左右，加之赠书、绿色通道、国际法专款等多种文献资源每年编目数量可超过两万五千册，而目前馆内正式编目人员仅两人。为不造成图书积压，保证流通效率，引进编目外包工作势在必行。目前，我国大部分高校图书馆都在不同程度地发展编目业务社会化工作，对于编目人员来说，一方面能使工作效率显著提高，另一方面也能有时间和精力投入到编目领域相关理论的研究和创新工作中去，这对图书馆建设的整体发展和读者服务的全面提升起到了至关重要的作用。

编目工作的社会化最初是以联合编目的形式出现的，馆员可通过网络下载图书编目数据，根据本馆规则进行修改、补充和删减，以达到和馆内其他数据资源形式上的统一。近些年，编目业务外包逐渐发展成为编目业务社会化的主要形式，指社会相关专业机构按照各馆要求独立完成编目工作中的某些或全部环节。如按照编目内容上区分，可分为“完全外包”和“部分外包”。完全外包是指编目所有环节均由外包公司工作人员完成，整个流程为：图书前期加工（贴磁条、盖馆章等）→编目数据套录及加工→编目数据审核→图书后期加工（打印书标、贴书标、覆膜等）→移交流通部门。部分外包是指编目工作中的部分环节由外包公司承担，馆员承担其他内容。如按照工作地点区分，还可分为“馆内业务外包”和“馆外业务外包”，顾名思义，是在编目工作地点上加以区分。外交学院图书馆目前采取的是馆内部分业务外包，这同时也是我国大部分高校图书馆采取的工作形式。值得注意的是，编目业务社会化的形式并不是一成不变的，随着图书馆各方面工作的进展情况、人员分布情况，以及图书馆对文献编目需求情况的不断改变，外包模式也要随之不断调整，以达到最佳效果。

二、编目业务社会化面临的主要问题

尽管图书馆编目工作社会化推动了图书馆整体现代化管理理念的实际应用，但在这一过程中，越来越多的不确定因素导致其工作中出现了许多传统编目工作方式中从未产生过的问题，从而影响了后续的借阅及图书馆资源建设工作，需及时给予注意并加以避免。

（一）套录数据标准不一致

目前，高校图书馆编目部门一般均与外包方签订编目数据服务合同，从而在其服务的内容和形式上加以约束。外包方从calis等平台获取相应资源并套录，对没有资源的书目，外包方按calis联机合作编目规则自行著录MARC数据。但事实上，每个图书馆在著录的细节和规则制定上都有各自的要求和规范，这些细节和规范也都是根据各所高校在文献资源建设及教学科研方面的不同需求而一直沿用的。外包商如不能详尽准确地了解这些馆内特有的规则和习惯，就会使编目质量大打折扣，甚至出现索书号混乱、重复等严重影响读者检索及借阅的现象发生。以外交学院图书馆编目细节为例，以下着重阐述几点容易在外包商套录和自编数据过程中出现的问题。

1.分类号与主题词

我国高校图书馆现一般使用《中国图书馆分类法（第五版）》进行文献分类，采用《文献主题标引规则》、《中国分类主题词表》、《汉语主题词表》作为文献主题标引的通用标准。但由于分类标引和主题标引这两项工作需要编目员对文献内容进行准确、透彻的总结和判断，对综合素质要求较高，所以在工作质量上也很容易出现参差不齐的现象。另外，由于许多文献跨学科、多主题，需要编目员在分类标引工作中根据本校资源建设要求有所偏重，这对外包工作人员来说无疑更加大了困难。以我校图书馆分类标引习惯为例，由于本校专业设置和教学科研的需求，对政治、经济、法律、历史等内容的文献需求量更大，对涉及多个领域的文献资源来说，在分类标引和主题标引时就更应偏重在以上相关方向，以方便师生的检索和借阅。这对于外包方来说，都是工作的难点和重点。

2.著者号

区别于目前大部分高校图书馆采取种次号作为索书号的一部分，外交学院图书馆一直沿用著者号。著者号的选取和使用上需要注意的细节和规则相比种次号更复杂，人工筛选痕迹更明显，工作难度更大。如本馆在分类号、著者号均相同时，采取著者号后加b、b2、b3……，c、c2、c3……的规则著录；再如版本不同时，本馆采用著者号后加“—版次”的方式著录；又如著者号不取编者，只取著者，传记用被传人取号……这些细则内容繁杂，涵盖面广，正式编制的编目人员要进行详细的学习和长时间的实践才能灵活掌握并应用。对于外包公司的人员来说，想要准确无误地对著者号进行编目操作，没有系统的学习和相对稳定的工作历练，是不可能将工作完满完成的。

3.编目细节

除去索书号的严格要求，在具体MARC字段上，我馆也有比较独特、细致的规范。如020字段，要求对文献装帧方式进行以缩略语形式的注明；在250字段，要求第一版次不特殊注明；以851字段作为我馆馆藏代码。另外在加工环节，中英文文献书标有明显的区分；工具书，翻译中心文献要做特殊处理以便流通部门加以区分……整个编目过程中涉及的具体细节要求内容量大、处处需要认真仔细地甄别和操作，而每所高校也都是以这样严格和严谨的态度对待每个编目环节。外包公司的编目人员如不能认真学习并仔细地对待每一本加工文献，就不能够达到每所图书馆的自身要求。

（二）工作人员工作现状不达标

正如上文所述，编目工作对编目员的综合素质有着高标准的要求，反观目前编目工作社会化机构提供的编目人员，由于利益、竞争等各方面的影响，其综合素质很难达标，这也是影响编目社会化工作质量的重要原因之一。

1.专业技能水平有限

对于一名合格的编目人员来说，除去要具备专业的理论素养之外，还要具有较高的信息技术水平，深厚的综合文化内涵，要尽可能地掌握最新的文化动态，牢固把握本职单位的资源建设方向……编目人员要持续不断地努力拓宽自己知识领域的深度和广度，才能在一定高度上准确地把握每种文献资源的主题、价值，并将这些通过编目工作的技术手段体现给读者并建立起本馆庞大的文献资源体系。对于每一所图书馆来讲，培养一名优秀的编目人员需要长时间的工作历练和多机会的综合培训，但社会机构提供给馆方的工作人员基本上都无法达到如此高标准的要求，这就是造成编目数据质量日益下降的主要原因之一。大部分外包的工作人员目前都是经过简单粗糙的培训即可上岗，在专业技能方面尚不能达到熟练掌握，更难做到精益求精了。

2. 人员流动性大

由于外包方在利益方面的种种考量，其内部的工作人员可能一人肩负多家图书馆的编目工作，且由于薪酬等方面的问题，编目人员的流动性非常大，一年甚至一学期内就要多次更换编目人员，而每次来馆加工的人员都要重新学习其馆内部的工作细则，刚刚掌握可能又要调整至其他单位，这就造成了工作衔接不顺，工作质量难以保证。且由于社会机构的薪酬与工作量直接挂钩，外包人员希望通过加大文献编目的数量来获取更多的利益，一味追求速度，很难保持钻研精神，只是机械性的套录数据，从而影响了整体数据质量。

（三）业务合作管理机制不成熟

与外包方建立详细和健全的管理机制是保证编目质量的关键。但就目前现状来看，我国高校图书馆与社会团体制定的管理合作方案并没有发展到较为成熟的阶段，需要研讨和商榷的环节还有很多，其中最主要的问题出现在社会机构希望获取利益最大化的心态与图书馆方希望工作质量精益求精的目标出现冲突。以外交学院图书馆为例，根据日常工作中的统计数据，外包人员的错误率明显高于正式馆员，且由于外包方承担多家图书馆业务工作，如协调不周就会发生工作延误、衔接不畅、人员脱岗等各类问题。馆方对外包公司人员并无直接领导管理权限，评估反馈工作不能及时进行，也会对工作质量产生一定影响。

三、编目业务社会化的建议

文献数据质量是开展流通、参考咨询等其他各类业务的基石，是影响读者借阅、馆藏资源使用效率的重要因素。因此，对编目社会化这一工作方式的变革图书馆需格外慎重、严谨，对其过程中发生的种种问题需及时关注并尽快解决，以下为笔者几点粗浅的建议。

（一）建立标准化的编目细则

首先，高校图书馆应大力加强编目外包工作的规范性，首当其冲就应建立健全的编目工作细则。正如前文所述，除去最基本的编目工作通用规范之外，各馆应制定详细、科学、可操作的工作流程规范，要使每个环节的具体要求均清晰、准确地体现在细则中，使外包方有章可依。将馆方的差异性、独特性以显著的条目对外包方加以规范、指导，以便延续本馆传承的馆藏特色。另外，在工作中，可将细则在实践的基础上不断强化、细化，并与外包方积极沟通，这不仅有利于规范外包方的编目工作，更有利于传承馆方编目部门的优良经验和工作方法，达到充分控制编目质量的目的。

（二）建立严格的验收、审查制度

尽管编目业务社会化使馆员解脱于事务性的工作，但资源质量控制的责任必须由馆方编目人员承担。馆方应在工作之前对外包商工作人员做好根据馆内需求所必须的培训和指导，根据具体情况提出编目工作的具体要求，在工作过程中出现的问题要及时沟通，快速解决。图书馆应由专业馆员分担数据审查和验收工作，将质量管理和审核工作贯穿于编目业务外包的全流程。如外交学院图书馆编目部门现由专人负责对外包公司写入的中、西文文献数据进行严格审核，着重校对ISBN号码、题名、著者、出版项等重要字段，并对索书号进行再一轮查重，避免出现副本漏查、重号、丛书分著等现象。通过自检、互检等多种方式、多道程序的审核可大大提高编目数据的标准化和准确性，同时也提升了读者的查全率和查准率，为资源共享提供了前提和保障。

（三）加强业务合作管理机制

理想的高校图书馆与社会机构的业务合作模式应该是参与式的。首先，应制定约束力强有利于双向增值的业务外包合同，具体涉及服务水平和标准、工作人员基本素质要求和在岗工作时间要求、风险承担、赔偿责任等多个细节，以保证工作质量的标准化。其次，馆方可参与外包方员工的管理和培训，向其提供专业业务方面的建议和相关支持，提高工作人员业务技术水平和整体综合素养。同时，也应积极征集外包方对图书馆管理、资源建设和业务技能方面的意见，积极构建评估、反馈的沟通机制。最后，在日常工作管理中，也应增强外包公司人员的归属感，邀请其参加馆内的活动和评选，可大力减少人员流行动性，保障工作有序开展。

（四）加强信息反馈机制

编目部门还应坚持加强与读者服务部门的沟通交流，建立质量信息反馈制度，并积极关注读者培训工作。流通借阅、参考咨询等工作中一旦发现文献数据质量问题，编目部门应及时协助解决并对在一定时间段内的错误、问题进行整理和分析，以便在日后的工作中加以避免，更好地对馆藏书目数据进行常态化的管理，不断提高馆藏数据质量。另外，在图书馆读者培训工作中，还应加强对读者文献信息检索方法和途径的指导，让读者尽可能地掌握检索技巧和策略，提高检索率。对读者提出的意见和建议，也要积极与馆内其他部门沟通，使反馈信息第一时间送达至相关工作人员，以便对工作进行更加合理的安排和调整。

编目业务社会化并不意味着图书馆编目行业的衰退和缩减，而是开启了另外一种更为复杂、更为综合性的编目工作模式，使编目工作不仅仅局限于工作内容本身的操作和实践，还囊括了管理、协调等多项内容。为达到最佳的合作效果，图书馆与外包商还应在建立行业性规范、标准化外包机制方面展开更积极、更进一步的交流与协作。而对于高校图书馆来说，以更加严谨的态度研究、探索编目社会化的工作模式，建立健全的管理监督体系，不断优化馆藏数据资源，是其本身的职责所在，也是未来发展的大势所趋。

中文外文期刊联合智能处理系统开发与应用

图书馆　袁浩雄

一、中外文期刊登录联合处理系统的需求

我馆于2015年7月开发了《中文期刊自动登到系统》，3年来该系统在馆领导、组领导和全组同志的共同努力下不断完善、日趋成熟，大大提高了工作效率和准确度，使图书馆阅览部期刊登到工作取得很大的成绩。

在中文期刊自动登到的同时，我馆同志一直考虑将外文期刊自动处理。在开发过程中也遇到一些问题和技术难题，主要有以下几点：

（一）外文期刊电子清单的获得

我馆外文期刊主要从中国图书进出口公司购进，而电子清单可从中图网站下载，下载的文件为文本文件，格式也不是很规范，需要转换成Excel格式，这就需要编写程序转化格式，形成新的Excel格式文件。

（二）外文期刊的刊期情况比较复杂

外文期刊有些直接给出刊期，此类期刊处理与中文期刊相同，易于处理；还有些期刊给出总期，需要间接计算出刊期，有一个计

算的问题；更困难的是有些期刊属于多卷次多刊期，对于此类期刊处理比较复杂，有些期刊甚至会出现后卷先到情况，需要进行动态存储，错位调整。为此，我馆开发人员采用了先进的数据结构、智能化的算法，成功地解决了这一问题。

二、解决问题的方案和软件开发使用的技术

1.为了获得外文期刊清单电子版文件，我馆首先调用VB的API底层程序将UTF—8格式文件转换成ANSI格式，又采用逐行读取逐个字段截取的方法，获取期刊信息（刊名、刊号、年份、卷次、卷期、包号），为外文期刊自动处理准备了电子信息。

2.采用先进的数据结构，将期刊到馆信息和卷次分布情况分别用长整数型数据代表（JL（1—4）和DL（1—4）），建立了合理实用的数学模型。

3.对于期刊错位、后卷先到的情况，我馆实现了动态调整的方案，与之对应在数据结构上我馆采用了数据逻辑左移的运算法则，将刊期的变动抽象为长整型数的变动。在中文期刊登录系统开发时，我馆已经采用了这一思路。但那时刊期为静态存储，现在我馆又实现了动态存储，智能调整，实践证明了这种数据结构的优越性。

4.批处理文件生成是输出的结果，也是与北邮系统衔接的桥梁，我馆在此采用逻辑运算的方式实现了批处理文件记录的查重功能，使批处理记录不重不漏。

三、期刊处理软件实现的功能

（一）期刊总期自动排序，首总期错位时自动调整

举个例子：第一次刊总期4510，第二次刊总期4513，系统将

4511、4512自动生成，只是状态为未到，而4510、4513则状态为已到。

再举个例子：第一次刊总期为4510，第二次为4509，系统将重新排位，刊期文件中顺序为4509、4510。

这就是系统刊总期处理的智能化。

（二）多卷次自动排序，错位刊期调整移动

举个例子：第一次为189卷10期，第二次为189卷9期，系统文件顺序将是189（9），189（10）。

再举个例子：第一次为189（23），第二次：190（2），第三次：189（24）系统将顺次生成记录189（23）、189（24）、190（1）（未到）、190（2）。

这就是系统多卷次处理的智能化。

（三）多卷次首期非第一期，系统动态调整信息

举个例子：首期为79（3），这时就有一个首卷首期的问题，我馆采用存储和显示分别处理的方案，既解决了系统存储数据的格式一致性，又解决了批处理输出和备有系统显示的合理性。

（四）合订本期刊生成多刊期文件，再次汇总

合订本期刊的处理与中文期刊处理系统也不尽相同。由于多卷次、总刊期的出现使问题变得有些复杂，为此我馆采用生成合订本文件、汇总合订本文件的并行处理方式。

举个例子：190卷（25/26），生成合订本记录为190（26），与原记录190（25）并行汇总、并行生成批处理文件。

（五）批处理文件生成功能简洁易行

批处理文件（ Excel）是与北邮对接的关键，包括以下字段：1记录控制号、3刊期、2刊名、6状态、5总期、4卷次。

1.其中《1.记录控制号》和《3.刊期》用来匹配期刊记录，锁定用以修改状态和内容的记录。

2.《2刊名》用来显示期刊名称，起到提示的作用。老版软件有匹配功能，但系统数据库刊名有时与来刊清单刊名不完全相同，所以一般不选，此番新版开发保留原版功能也可，若改为单纯提示功能更好。

3.《6状态》此字段为新增字段，1为已到，3为预计，增加此字段的目的是为了应对期刊的动态存储与登到，应对期刊错位调整的情况，一期刊记录既可以由《1已到》变为《3预计》，也可以由《3预计》变为《1已到》，若不选此字段，则默认值为1。

4.《4卷次》和《5总期》用来写入期刊记录的内容。若不选则保留原来内容，而选则改变原来内容，此两字段不再作为用来匹配的字段，这样做是为了期刊记录的动态调整。

（六）打印功能更加完善

此番修改期刊处理软件，打印格式更加合理、美观。第一行为架位号，第二行为年份、刊名、卷次、卷期，字段长度动态调整，既能保证打印不超长又能充分利用空间长度打印出更多有用信息。

四、与北邮软件系统完美结合

（一）期刊处理系统与北邮软件系统相得益彰

一方面期刊处理系统可独立运行，汇总、打印功能齐全，另一方面期刊处理系统提供了批处理文件生成选项，与北邮软件系统预留了接口，在运行北邮软件的同时可作为二次开发的子系统使用，北邮软件系统是一个开放式的兼容性软件体系。北邮的领导和同事也积极地与我馆合作，促成了期刊处理自动化的实现。

（二）期刊软件系统实现了与北邮软件系统的无缝对接

我馆开发的期刊处理系统与北邮软件系统双向数据交互，既可从北邮软件系统导入架位信息、登到管理信息，又可通过批处理文件的生成向北邮系统写入期刊数据信息，使过去手工登到烦琐复杂的工序一键锁定。北邮期刊管理系统的每一个登录信息都可实时地反映在我馆开发的期刊软件系统中，我馆开发的期刊处理系统既是北邮系统的子系统，也可成为北邮软件系统的孪生体系。

（三）期刊处理软件系统全程自动化、智能化

我馆开发的期刊处理系统操作简洁，无论多卷期刊还是不确定性刊期，无论刊期错位移动还是总期、首总期变换都可一键敲定。对期刊电子信息通过建立《字段名》文件自动搜索，快捷方便，系统充分利用年度字段、刊期字段生成期刊记录控制号、期刊重复或移动信息，以隐秘的密码信息体现了期刊的输入、输出信息，在这里数据结构不仅是实现软件功能的工具，更是一种计算机软件文化。

（四）借鉴北邮软件的设计思想，创新发展，青出于蓝

北邮软件系统是一套非常优秀的软件，功能齐全、界面友好，特别值得指出的是，北邮软件是一个开放系统，任何信息都可以转出EXCEL表格。在开发我馆期刊软件的过程中我们借鉴了北邮系统的优势思想，特别是记录控制号的引入和发扬。同时我们也对期刊数据存储方式进行了大胆的改革，从一本杂志一个记录到一年杂志一个记录，大大节省了存储空间、提高了运行效率，增加了期刊数据的宏观调控能力。

五、新版期刊处理软件应用的效果和意义

我馆2015年7月开发了中文期刊自动处理系统，截至2017年3月该系统一直运行平稳。今年4月我馆又开发了外文期刊处理系统第一版，实现了外文期刊处理的半自动化，2017年10月至今我馆又开发了外文期刊处理软件第二版，实现了外文期刊处理全自动化、全智能化。该系统应用中不断优化、日臻成熟，促进了期刊处理工作。

（一）系统自动处理，效率极大提高

期刊登到工作是一件烦琐复杂的工作，需要根据刊名、刊号检索期刊数据，然后需要找到刊期，尤其是外文刊物和多卷次刊物。刊期的锁定颇费精力，我馆开发的期刊处理软件彻底解决了这一难题，效率极大提高，过去2到3小时的工作，如今10分钟即可搞定，真可谓磨刀不费砍柴工。

（二）电脑自动处理，工作精确度有保障

过去，期刊人工登到难免有疏漏之处，如今，电脑自动处理万无一失，期刊处理系统不仅保证了期刊登到的顺利进行，而且为后续工作铺平了道路。二次登到、上架阅览等工作也更加顺畅。

（三）智能系统，动态调整刊期

刊总期、多卷次期刊登到简洁，无须人工反复核对、调整，电脑代替人脑，程序代替人力，再复杂的问题也是手到擒来。

（四）输出打印，清晰工整

期刊处理系统不仅实现了期刊的登到，同时可打印出期刊的标签，包括架位号、年份、刊名、卷次、期次，一目了然，对打印信

息的长度实现动态调整，最大限度地输出期刊信息，使读者方便阅读。

（五）界面友好，便于交流推广

期刊处理系统采用按钮式操作系统，将系统功能有序排列，系统初始化、年初架位导入、同步期刊数据导入、汇总打印批处理、二次登到核对等功能一看便知，一蹴而就。该系统在使用中得到使用者的好评，北邮公司的领导和同事看后也很欣赏。

六、图书馆软件自主开发的前景

我馆长期以来一直致力于软件系统的自主性二次开发工作，先后开发了《善本书自动处理系统》《验收对账系统》《英文查重系统》《中文查重系统》《流水传票自动打印系统》《勤工助学报表自动打印系统》等软件，促进了图书馆的日常工作。《期刊自动处理系统》出台后，极大地提高了工作效率。展望未来，图书馆自动化工作大有可为。

（一）期刊处理系统的设计思想发扬光大，书刊一体，全面自动化

期刊自动化处理系统的开发应用为我们树立了很好的样板，期刊可自动处理，书目信息也可自动处理；采访验收可自动处理；编目也可自动处理。整个图书馆后台工作都可实现自动化，把烦琐费时费力的瓶颈性工作交给电脑来完成，图书馆员解放出来从事更多创造性的工作，服务读者、提供阅读信息、论文信息，使图书馆工作走上新的模式、新的台阶。

（二）图书馆软件全面智能化、自动化

图书馆软件应具有识别功能，可根据书目信息自动判断文种，批量作业，无须人工干预，无论期刊还是书籍都可自动处理。图书馆员只要核对价格、贴上标签即可，剩下的时间可以浏览图书、摄取书目信息，对图书进行深度编目、深度处理以更好地服务读者。

（三）提供更加全面期刊信息，便于管理、便于服务

利用先进的计算机技术，完善期刊信息，便于查询、检索、阅读、浏览期刊信息，形成期刊摘要，为广大师生提供高质量的信息服务。

（四）加强合作，资源共享，共同提高

图书馆事业的发展需要大家通力合作，众人捧柴火焰高，这方面我们已经取得了很大的成绩，如馆际互借、外出参观。我们还要在深度上、广度上加强合作与交流。我们既要与兄弟馆交流技术与经验，还应该与图书馆软件的创造者——北邮公司在技术经验上多交流、多合作。此次我馆开发的期刊处理软件就跟北邮进行了合作，北邮公司也为我馆开发的软件预留了接口，我们应该把开发的软件推广出去，服务图书馆事业，发光发热，同时可以听取意见、借鉴他山之石。

七、图书馆自主开发应用软件的启示

我馆长期从事图书馆软件的二次开发工作，促进了图书馆工作，提高了计算机应用水平，使图书馆业务走上智能化、自动化的道路。这是全组同志、全馆同志共同努力的结果，探索、实践、再探索、再实践，任何事业的成功都离不开这一指导思想，软件的开发给我们许多启示，激发了我们更多的思考。

（一）软件二次开发必不可少

目前，各种软件系统应有尽有，图书馆软件如此，其他业务软件也是如此，为什么我们还要自主开发软件呢？这是因为，公司开发的软件系统都是通用软件，对于单位特殊的定制化的需求则缺少人力物力，或者就是经济问题。一个小软件动辄几千甚至上万元，都交给公司开发单位就得破产，公司就得累死。另外对于单位日常的业务软件开发人员不尽了解，所以必须发动群众，群策群力，三个臭皮匠赛过诸葛亮，别看微软名气大，民间高手也不差。

（二）软件开发大有可为

20世纪90年代，软件开发曾经热闹过一段，那时软件主要是把手工劳动搬到机器上，后来随着人才的涌入，软件行业经历了一个相对过剩的低迷时期。如今，随着人工智能的发展，计算机软件呈现出新的发展势头。另一方面，各行各业的发展越来越需要对数据的自动处理和智能化操作。需求决定市场，计算机软件发展蓬勃兴起，方兴未艾。

（三）软件技术家喻户晓

30年前，当计算机作为一种新型行业出现时，还是一种少数人玩得起、玩得懂的精英行业。今天，中学生也会编程序，家家买得起电脑、用得起电脑、玩得起电脑，将来，软件编程成为一种工作技能，就像英语、开车一样。现在很多人学习Excel编程VBA，这就是数据库编程。

（四）数学思想遍地开花

计算机就其本质来说，就是数学的化身，一切科学的根本在于数学，中国有重视数学的好传统，应该发扬光大，从小养成理性思维的习惯，养成探索世界、造福人民的习惯，培养千千万万个华罗庚、培养千千万万个陈景润、培养千千万万个马云，这样我们的计算机软件事业才能发展起来。

（五）普及科技发展教育

科技是为人服务的，教育是培养国民的素质。我们的教育方针是培养社会主义事业的劳动者，应该普及教育、科技、数学、软件开发，应该发扬鲁迅先生所提倡的“拿来主义”精神，把海参鱼翅当萝卜白菜来吃，而不用来宴请宾客。

（六）与时俱进迎接大数据时代的来临

大数据、智能化时代已经来临，我们应该加强学习，加强交流，时刻以时代弄潮儿的精神投入社会进步的潮流。不管是20岁还是60岁，不管是高管还是打工仔，不管是学富五车的教授、博士，或是才疏学浅的平头百姓，人人学习，人人开发，人人上进，人人奋斗，这样我们的国家才有希望，我们个人才有前途和希望。